진정한 믿음과 깨달음의 시작
다시 읽는 법화경

조계종
출판사

서문

또 하나의 디딤돌이 되길 바라면서

　동양 삼국 불교계에서 가장 널리 읽힌 경전은 『법화경』이라 말할 수 있다. 중국에 번역된 이래 수많은 사람들이 『법화경』에 의지해 신앙생활을 영위했다. 그런 만큼 동양 삼국에 미친 『법화경』의 영향 또한 광범하다. 미술, 음악, 인쇄, 건축, 조각뿐만 아니라 사상과 풍속도 변화시켰다.
　구마라집이 『법화경』을 번역한 이후 천태사상이 등장하며 1,500년이 넘도록 동양 삼국의 사상과 그 전개에 막대한 영향을 미쳤다. 특히 관음신앙은 중국의 낭낭신앙과 결합하여 대중 속으로 파고들어가거나 아니면 바다에 의지해 사는 사람들에게 해신신앙으로 자리 잡았다. 서민들의 애환과 그 역사를 함께했다고 말해도 과언이 아니다.
　역사성을 떠나 『법화경』 자체만 보더라도 그 안에는 고원한 사상과 더불어 어머니의 품처럼 따스한 온기가 스며 있으며, 모든 사람의 가치를 인정하고 포용하려는 상대주의가 자리 잡고 있다. 그것이 이 경전을 사랑하게 된 이유이며, 이 책을 쓰게 된 동기이다. 보다 많은 사람들이 『법화경』의 내용과 지향점을 올바로 이해하길 바라는 마음이 전제되어 있는 것이다.

그동안 많은 곳에서 『법화경』을 강의했지만 이렇다 할 교재가 없어서 답답하게 생각하고 있었다. 그러던 중 「금강신문」에서 『법화경』 연재 제의가 들어왔다. 부끄러움을 모르고 각 품에 사족을 달기 시작했다. 18품까지 연재를 마치고, 이후의 품은 틈을 내어 쓰게 되었다.

원고를 재정리하면서 느낀 것이지만 부족한 곳이 너무나 많았다. 어떤 곳은 너무 어렵고, 어떤 곳은 너무 딱딱하거나 문장이 거칠었다. 다듬고 윤문을 더했지만 재주가 미천한 사람이라 한계가 있는 것도 숨길 수 없다. 그럼에도 책을 내기로 결심한 것은 『법화경』을 보다 깊게 이해하고자 하는 사람들이 있으리란 판단 때문이다. 기존에 출간된 『법화경』 관련 서적이 입문서나 전체적인 내용을 개략적으로 소개하는 데 그치고 있다.

주지하다시피 『법화경』은 인도에서 편집된 경전이다. 따라서 경전 속으로 깊이 들어가기 위해서는 인도문화에 대한 전반적인 이해가 필요하다. 그에 더해 중국의 기라성 같은 법화사상가들의 해설을 듣게 된다면 『법화경』을 탐구하고 이해하는 데 도움이 될 수 있으리라 생각했다. 하여 각 품을 해설하면서 이러한 필자의 의도를 반영했다. 중국 법화사상가들의 해설이 다소 어려운 점이 있지만 신앙적으로 도움이 되리라 본다.

발간사를 쓰면서 인연 있는 사람들에게 감사를 표하고 싶다. 졸고를 오랫동안 연재할 수 있도록 허락해 주신 금강신문사의 이은윤 사장님, 이 책이 나올 수 있도록 이끌어 준 필자의 오랜 도반 최승천 부장님, 그리고 윤완수 차장님, 조계종출판사의 관계자 여러분께 감사드린다. 또한 『법화경』을 완강(完講)할 수 있도록 배려해주신 도림 큰스님께도 감사의 말씀을 드리고 싶다. 기타 음양으로 도움을 주신 분들이 많지만 일일이 거명치 못하는 실례에 대해 용서를 구하고자 한다.

  필자는 늘 '왜, 이 길이 아니면 안 되었는가?'를 자신에게 묻는다. 그렇지만 어리석게도 명확하고 자신 있게 대답하지 못했다. 다만 운명처럼 이 길에 필자 자신의 존재 의의와 삶의 가치가 놓여 있다고 생각한다. 많은 길이 있을 수 있겠지만 이 길을 걸었기에 보다 행복했다고 본다. 그런 점에서 보잘 것 없는 책이지만 여기에 조금의 공덕이라도 있다면 이 시대를 함께 살고 있는 수많은 대중과 불교도들에게 회향하고 싶다. 그리고 이 책이 한국불교의 발전을 위해 작은 조약돌이 될 수 있다면 필자는 그것으로 감사할 따름이다. 더하여 이 책을 계기로 보다 훌륭한 『법화경』 책들이 출간되기를 바란다.

2010년 4월

삼동거사 차차석 두 손 모음

해제 01

대승불전 중 『법화경』의 위상과 특징

　부처님의 근본정신을 회복하자는 명분을 내건 새로운 불교운동은 기성 교단의 견제와 핍박에도 대중적 지지기반을 확대했다. 그것은 부파불교로 대표되는 기성 교단과 달리 대중의 종교적 욕구를 충족시켜 줄 실천적인 불교를 강조했기 때문이었다.

　이러한 실천적인 성격은 새로운 경전의 성립에도 그대로 반영되었는데, 대승불전의 일반적 특징을 보면 다음과 같다.

　첫째, 대승불전은 육바라밀 또는 더 나아가 십바라밀을 종교사회적 실천윤리로 강조한다. 이것은 수행과 생활을 조화시킨 것으로 초기불교의 가르침을 확대 재해석한 것이다.

　둘째, 힌두교에 일반화되어 있는 주문(呪文)을 경전 안에 수용한다. 힌두교와 다른 점이 있다면 대승경전에서 강조하는 주문은 경전 자체를 주문처럼 암송하는 것이며, 그러한 암송 자체에 무량한 공덕이 있다고 강조한다는 점이다.

셋째, 명상에 관한 것인데, 대승불전에서 강조하는 삼매는 초기불교에서 강조하는 삼매와 달리 영적인 체험을 중시한다. 대승불전은 삼매를 통해 제불보살과 감응하며, 나아가 삼매를 통해 초논리적인 열반적정의 세계를 체험할 것을 강조한다. 그런 점에서 삼매는 다리 역할을 한다고 말할 수 있다.

대승불전은 상통된 부분이 많음에도 그 성격이 다양한데, 크게 두 부류로 분류할 수 있다. 첫째는 무신론적 입장을 견지하는 경전들이다. 『반야경』, 『유마경』 등이 여기에 해당한다. 이러한 경전들은 대부분 해체론에 근거해 철저한 무집착과 공을 강조한다. 둘째는 유신론적 입장을 견지하는 경전들이다. 『아미타경』, 『법화경』 등이 여기에 해당된다. 이들은 해체론적 입장이 아니라 부처님을 초인격화시켜 인류를 구원할 수 있는 구세자(救世者)로 묘사한다. 이밖에 위의 두 가지 성격을 절충하는 입장에서 등장하는 것이 여래장계 경전이나 유가유식계 경전들이다.

『법화경』은 이상과 같은 경전들 속에서 유신론적인 속성을 보이는 입장에 서 있다. 그렇기 때문에 부처님과 중생들의 관계 설정이 무엇보다 중요하다. 우리에게 부처님은 어떠한 존재인가 하는 본질적인 의문을 제시한 것이다. 그리고 이에 대한 해답으로 제시된 것이 출세본회(出世本懷)를 중심으로 전개되는 방편설법이다. 중생들을 열반으로 인도하기 위해서는 중생들의 근기에 맞추어 다양한 설법을 해야 하는데, 그러다 보니 부처님의 설법에 논리적 정합성이 결여된 듯한 느낌을 주기까지 한다. 이러한 문제 때문에 『대지도론』에서는 사실단(四悉檀)을 이용하여 진제와 속제로 모든 교설을 체계화하고자 한다. 다만 궁극의 목표가 명확하다는 점에서 보면 논리적 정합성보다 도덕적, 종교적 성격을 더 우선시한 경전이라 말할 수 있다.

성립사적으로 『법화경』은 반야사상의 영향을 받은 것으로 분석된다. 『법화경』 전편을 통해 부처님의 초월성과 영원성이 강조되고 있지만, 그것 못지않게 공(空), 무상(無相), 무원(無願)을 삼삼매 정신이라 가르치고 있는 까닭이다. 혹은 일체법공의 정신을 버려선 안 된다고 누누이 강조한다. 어떠한 편견에 의지해 판단해선 안 되며 모든 존재를 있는 그대로 관찰해야 한다는 것이다.

다만 『법화경』은 반야계 경전과 달리 대승과 소승을 대립적 입장에서 바라보지 않는다. 『반야경』을 중심으로 한 대승불교 운동가들은 정통성과 정당성을 확보하기 위해 기성 교단과 첨예한 대립과 갈등을 겪어야 했을 것이다. 그들은 기성 교단을 소승이라 폄하하며 비판했다. 소승의 가르침은 중생들을 열반의 세계로 인도할 수 없다고 주장했으며, 그들의 가르침을 따르면 구원은 고사하고 지옥에 가지 않으면 다행이라 주장했다. 기성 교단에 대한 독설도 서슴지 않았다.

대승불교 운동의 확대는 기존 부파교단에도 변화를 요구했다. 대중적 지지기반의 붕괴는 부파교단의 사원경제에 위협을 가했으며, 이러한 현실적인 문제를 해결하기 위해 승원 외부에 건립되었던 불탑을 사원 내부로 끌어들였다. 동시에 시대 흐름에 적응하기 위해 다양한 변화를 도모하지 않을 수 없었다. 이것은 이후 전개되는 대승불교 운동과 직결되어 있다고 말할 수 있다.

기성교단과 신흥 대승불교 운동과의 첨예한 대립과 갈등은 바람직한 것이 아니었다. 각각의 주장을 떠나 모두가 부처님의 정신을 실현하기 위해 헌신하는 법의 계승자들이었기 때문이다. 이러한 상황에서 상호

간의 장단점을 파악하고 그것을 발전의 전기로 삼고자 양쪽을 비판하고 융합하려는 불교운동가 집단이 등장하게 되었다. 『법화경』을 중심으로 한 대승불교 운동가들이 바로 그러한 무리 중의 하나였다.

『법화경』에서 주장하는 회삼귀일(會三歸一)사상은 바로 이러한 불교교단사의 전개 과정을 드러내는 것이기도 하다. 성문(聲聞), 연각(緣覺), 보살(菩薩)은 궁극적으로 일불승(一佛乘)에 귀착하는 것이기 때문에 배척할 필요가 없다는 주장이 그것이다. 성문이 초기불교 이래 석가모니 부처님의 가르침을 잘 이행하는 출가자 집단을 지칭한다면, 연각은 대중을 외면하고 철학적 사색에 빠져 있는 이기적인 부파교단의 출가자들을 지칭하는 것이었다. 반면 보살은 대승불교에서 이상적인 인물로 간주되고 있었는데, 특히 반야사상을 중심으로 대승불교 운동을 전개하며 기존의 부파교단과 정면으로 대립했던 불교운동가들을 지칭하기도 했다.

그렇지만 『법화경』은 성문, 연각, 보살을 각각의 개성이나 근기에 따라 드러나는 성품으로 인식했다. 즉 자신의 성향과 근기에 따라 성문, 연각, 보살이 될 수 있다고 말한다. 그리고 이러한 주장의 정당성을 확보하기 위해 삼승에 대한 새로운 해석을 시도했다. 성문은 사성제에 대한 가르침을 좋아하는 불교도, 연각은 십이연기설을 좋아하는 불교도, 보살은 육바라밀의 가르침을 좋아하는 불교도라 해석했던 것이다. 그리고 이러한 가르침들은 모두 일불승으로 들어오는 길이기 때문에 어느 길을 선택했다 하더라도 그것이 가치의 우열을 나타내는 것이 아니며, 그렇기에 논란이나 대립의 조건이 될 수 없다고 말한다. 오히려 나의 주장에 동의하지 않는다는 이유로 상대방이 틀렸다고 주장하는 것이야말로 불합리한 일이며, 자가당착이라 비판한다.

이처럼 『법화경』은 회삼귀일을 주장하여 기성 교단과 신흥 불교 운동의 대립과 갈등을 종식시키고자 했다. 어떠한 교리를 통해서든 열반의 세계에 들어갈 수 있다면 그것으로 충분하며, 그것이 바로 부처님께서 중요하게 여겼던 포용과 융합의 실천적 표현이라 본 것이다.

『법화경』은, 인간은 누구나 내면적인 가치를 존중받아야 하며 인격적 차원에서 평등하다고 말한다. 남녀노소, 출가자와 재가자를 불문하고 가르침을 어떻게 실천하고 있는가를 판단의 준거로 삼고자 했다. 더 나아가 인간은 누구나 구원받을 수 있다는 점에서 수기(授記)를 강조하고 있다. 수행이 출가자들의 전유물이 된 이면에는 재가자들이 하기 어려운 전문성을 지닌다는 점에서, 종교적 실천과 현실 생활이 유리되지 않도록 오종법사행(五種法師行)을 중시했다. 오종법사행을 실천하는 사람은 누구나 법사가 될 수 있으며, 일체의 선행이 성불의 원인이 된다고 가르쳐 출가자와 재가자의 장벽을 허물고자 했다. 형식이 아닌 본질을 추구하여 현실을 이상적인 세상으로 만들고자 했던 것이다. 이것이 법화행자들이 추구했던 대승보살사상이었다.

해제 02

『법화경』의 경명과 그 의미

"이때 사부대중은 일월등명불께서
대신통력 나투는 것을 보고 모두 기뻐해
무슨 일인가 서로 묻더니
부처님께서 삼매에서 깨어나시어
묘광보살을 칭찬하되 너는 세상의 눈이 되어
모두가 귀의해 믿게 되는 법장을 수지하리니
내가 설한 법을 너라야 능히 깨우쳐 알리라.
묘광보살에게 이렇게 칭찬하여 기쁘게 해 주시고
법화경 설하시되 육십소겁을
자리에서 일어나지 않으시니, 설하신 묘법
묘광보살이 모두 받아 지니리라."

『법화경』「서품」의 게송이다. 『법화경』은 내용이 매우 신앙적이고, 문장이 아름다운 것으로 유명하다. 『반야경』이나 『유마경』처럼 높고 깊은 깨달음의 세계를 설명하려는 교리도 별반 등장하지 않는다. 종교문헌이 지니는 관념적인 내용도 그다지 보이지 않는다. 오히려 보살도의 실천과 융합의 정신을 찬양하고 있다는 점에서 대중적이다. 따라서 혹자들은 『법화경』에는 교리가 없고, 단지 찬양만이 존재할 뿐이라 말하기도 한다.

그러나 성급한 판단은 잠시 미루어 두는 게 좋다. 『법화경』은 그렇게 간단하게 정의할 수 있는 경전이 아니다. 2천여 년에 걸친 『법화경』의 전개 속에서 수많은 사람들이 생명의 자양분을 얻기도 했으며, 숨 막히는 실존의 한계상황을 극복할 수 있는 묘약을 찾기도 했다. 그들의 기도와 공덕을 그렇듯 간단하게 형용할 수는 없을 것이다. 그렇다면 『법화경』에는 대체 어떠한 가치가 담겨 있기에 그토록 오랜 세월 동안 불교도들의 의지처가 되어 온 것일까.

이제 필자는 저 내면의 가치를 찾아 독자와 함께 『법화경』의 세계를 순례할 생각이다. 좋은 안내자가 되어 독자들의 신심을 북돋워 주는 것은 필자의 몫이겠지만, 짧지 않은 이 불법의 순례를 즐기며 동참하는 것은 독자의 몫이다. 주의해야 할 점은 『법화경』을 순례하다 보면 우리의 상식이나 논리로는 이해할 수 없는 상황에 봉착하는 경우가 많다는 것이다. 그럴 때면 차이콥스키의 '호두까기인형'을 관람한다고 생각하기를 바란다. 처음엔 이해할 수 없는 정황들도 극이 끝나면 고개가 끄덕여지듯이 여행이 지속되다 보면 여러분도 무릎을 치며 찬탄하게 될 것이다.

무엇보다 필요한 것은, 경전 말씀이란 믿음 아래 끝까지 완주하겠다는 정신 자세이다. 현재 나의 상식이나 지식으론 이해할 수 없는 일들이지만 믿고 순례하는 과정에서 여러분의 의문도 점차 해소될 것이다.

효율적인 여행을 위해서는 오리엔테이션이 필요하듯이 경전 순례도 오리엔테이션이 필요하다. 하지만 순례의 지루함을 덜기 위해 간소화하기로 한다. 다만 목적지에 대한 대강의 설명이 필요하듯이 우리가 함께 순례할 『법화경』이란 이름이 지니는 의미만큼은 짚고 넘어갈 필요가 있다.

『법화경』의 원래 이름은 산 다르마 푼다리카 수트라(saddharma pundarikasutra)이다. 삿(sad)이란 바르다는 의미이며, 다르마는 법(法)이란 의미이다. 법이란 단어는 존재 일반이나 규범, 정의 등의 개념도 함유하고 있는 매우 다의적인 용어인데 여기서는 부처님의 가르침이란 의미로 사용되었다. 푼다리카(pundarika)는 하얀 연꽃을 의미한다. 『법화경』에는 푼다리카 이외에 빨간색의 연꽃을 의미하는 파드마(padma)도 활용되고 있는데, 경의 제목에 파드마 대신 푼다리카를 사용한 것은 번뇌에 오염되지 않는 부처님과 불성을 비유적으로 설명하기 위해서라 해석한다. 수트라는 원래 실[絲]이나 선(線)을 의미하는 용어였다. 성인들의 말씀을 패엽에 기록하기 시작한 뒤 패엽경을 묶기 위해 실이나 선을 사용하게 되었는데, 의미가 바뀌어 중생을 보호하고 거두어들인다는 의미로 사용되었다. 초기불교시대에는 부처님의 가르침 중에서도 핵심을 지칭하는 단어로 사용되기도 했다. 수트라(sutra)를 한역할 때 사용한 경(經)도 유사한 의미이다. 경전의 이름이 지니는 전체적인 의미를 우리말로 옮기면 '올바른 가르침의 하얀 연꽃'이라 요약할 수 있다.

여기서 눈여겨보아야 할 것은 '왜 하필이면 연꽃을 경전의 제목으로 사용한 것일까' 하는 점이다. 그것은 '연꽃이 진흙 속에 살면서도 물에 집착하지 않듯이 보살도 세간에 살되 세간법에 집착하지 않고 보살도를 실천한다'는 의미를 강조하기 위해서다. 즉 사바세계의 어려움을 핑계로 불교적인 삶의 가치를 훼손하지 말고 진실한 믿음으로 보살도를 실천하는 것이 참된 부처님의 제자란 점을 강조한 것이다.

『법화경』의 내용을 연꽃에 비유한 이유는 인도인으로서는 유일하게 『법화경』에 대한 주석서를 남긴 세친(世親, 바수반두)이 다음과 같이 설명하고 있다.

"연꽃이 진흙 속에서 싹을 틔었지만 청정한 꽃을 피우듯이 최고의 가르침인 『법화경』은 소승에서 나왔지만 그것에 집착하지 않고 꽃을 피운다. 그처럼 성문이 『법화경』을 지니면 그들이 처한 진흙을 벗어나 성불할 수 있다. 연꽃이 꽃과 열매를 모두 지닌 것처럼 믿음이 부족한 사람들에게 『법화경』은 법신을 열어 보여 믿음을 일으키게 한다."

결국 믿음이 부족한 사람들에게 법신을 깨닫게 하는 데 머무르지 않고, 그 속에 융합되어 그 길을 함께 가게 한다는 의미에 주목했던 것이다. 따라서 『법화경』은 단순한 종교적 체험에 그치는 것이 아니라, 그 종교적 체험을 사회적 정화와 불성의 현현으로 확산시켜야 한다고 말한다.

중국 천태종의 개산조사인 천태 지의 스님은 도생 스님의 방편과 진실이라는 논리를 활용하여 연꽃을 이문육유(二門六喩)로 설명한다. 적문(迹門)과 본문(本門)을 연꽃으로 설명하고, 연꽃에 대한 여섯 가지 비유를 설명하는 것이다. 적문은 『법화경』의 전반부 14품을 지칭하는 말이며, 본문은 『법화경』 뒤편의 14품을 지칭한다. 이에 따르면 법신불이 중생을 구원하기 위해 그 모습을 방편으로 드러낸 부분이 적문이며, 본문은 시공을 초월해 존재하는 법신불의 영원성을 설명하는 부분이다.

『법화경』의 범어 이름을 보면 축법호가 286년에 번역한 『정법화경』이 원의에 가깝다고 말할 수 있다. 그럼에도 『묘법연화경』을 줄여서 『법화경』이라 부르는 이유는 무엇일까? 정법과 묘법의 차이인데 정(正)이란 단어는 사(邪:간사하다, 어긋나다, 치우치다) 혹은 곡(曲:굽다, 휘다)이라는 용어의 반대개념을 강하게 내포하고 있다. 부처님의 가르침은 정사, 시비, 흑백 등 이분법적인 개념을 초월해 있는데 그런 점에서 정(正)이란 단어는 적합하지 않다고 생각한 것이 구마라집이었다. 여기서 등장한 단어가 묘(妙:묘하다, 젊다)란 글자다. 묘법이란 이분법적 개념의 틀을 뛰어넘은 가르침이란 이미지를 줄 수 있기 때문이다.

해제 03

『법화경』의 성립 과정

　『법화경』은 크게 세 부분으로 구분할 수 있다. 첫째는 제1「서품」부터 제9「수학무학인기품」까지로 사상적인 특징으로는 지옥, 아귀, 축생, 아수라, 인간, 천상을 설하지만 10계에 대해서는 언급하지 않으며, 성문들에 대한 수기를 언급하고 있다. 또한 수지, 독・송, 해설은 설하고 있지만 서사는 설하지 않으며, 사리탑의 건립과 예배, 공양을 찬탄하고 있다. 두 번째는 제10「법사품」부터 제22「촉루품」까지로 사상적 특징은 오종법사에 대해 설하고 있으며, 나아가 원생보살사상과 경탑(經塔)에 대한 신앙이 강력하게 설파되고 있다. 또한 『법화경』에 대한 홍포의 다짐과 결의, 악비구들의 핍박에 대한 인욕과 실천을 언급하고 있으며, 나아가 부처님의 영원성과 보편성을 강조하고 있다. 세 번째는 제23「약왕보살본사품」부터 제28「보현보살권발품」까지로, 사상적 특징은 대승을 대표하는 보살들이 등장하여 중생을 제도하기 위한 보살행을 보여주며,

법화행자들을 보호하고자 하는 다짐과 다라니를 강조하고 있다.

이와 같이 『법화경』을 세 부분으로 나누는 데 대해서는 학자들에 따라 다양한 학설이 있지만 대체적으로 큰 무리는 없는 듯하다. 편의적으로 이들을 편집의 시대적 순서에 따라 제1류, 제2류, 제3류라 지칭하기로 하자. 그렇게 본다면 『법화경』이 편집된 순서는 제1단계부터 점차적으로 증보된 것으로 보는 것이 일반적인 학설이다. 또한 운문이 산문보다 그 성립이 오래된 것으로 보는 것이 일반적이다. 시대를 거슬러 올라갈수록 암송 위주의 전승이 중시되었다는 점을 고려할 때 운문의 성립이 산문보다 빠르다는 것은 이론의 여지가 없을 것이다.

제1류 부분에 해당하는 품 중에서도 「방편품」, 「신해품」, 「비유품」은 가장 먼저 성립된 품으로 간주되고 있으며, 이어서 「약초유품」과 「화성유품」, 그리고 수기와 연관된 품들이 성립되었다고 보는 것이 일반론이다. 이들을 '원시 법화경'이라 부르기도 하는데 제1류 법화경의 사상적 핵심은 바로 「방편품」에 있으며, 나머지 품들은 「방편품」의 사상을 다양한 설법의 방식으로 표현하고 있다.

일본의 대표적인 『법화경』 연구가인 다무라 요시로외[田村芳朗] 씨에 의하면 제1류의 성립 시기는 대략 기원후 50년경으로 간주한다. 또한 제2류는 기원후 100년경 성립된 것으로 보며, 제3류는 기원후 150년경을 전후해 성립된 것으로 간주한다. 그러나 이와모토 유타카[岩本裕] 씨는 언어학적인 차원에서 『법화경』을 분석했는데 전체적으로 4단계의 과정을 거쳐 성립한 것으로 본다. 즉 제2장부터 제9장까지의 운문 부분은 동인도에서 기원전 1세기경에 성립한 것으로 보며, 산문 부분은 북인도에서 기원후 1세기경에 성립한 것으로 간주한다. 또 제10장부터 제19장까지의 운문과 산문은 서북인도에서 기원후 100년경에, 제20장부터 제23장까지와 제25장부터 제27장까지는 서북인도에서 기원후 2세기경에 성립한 것으로 보고 있다. 다만 현재의 『묘법연화경』에서 제12「제바달다품」은 언급하지 않았는데, 여하튼 『법화경』의 편집은 빠르면 기원전 1세기경, 늦어도 기원후 50년을 전후로 시작되었으며 적어도 기원후 150년경에는 완성 단계에 접어들었던 것으로 추정된다.

이렇게 『법화경』의 성립사를 살펴보는 것은 법화사상을 보다 면밀하게 이해하기 위해서다. 인도의 문화와 역사, 사상적 전개 속에서 『법화경』을 이해하는 것이야말로 다른 무엇보다 『법화경』의 본질을 파악하는 지름길이기 때문이다. 그러나 간과해서 안 될 것은 『법화경』이 신앙의 대상으로 2천여 년간 애송되어 왔다는 점이다. 과거의 불교도들은 현재와 같은 연구 방식이 아니라 『법화경』 전체를 일시에 설해진 부처님의 가르침으로 생각했으며, 그런 전제 속에서 『법화경』을 유기적으로 이해하기 위해 노력해 왔던 것이다.

현재 한역된 『법화경』은 세 가지가 남아 전해오고 있다. 서진 무제 태강 7년(286년) 축법호가 번역한 『정법화경』, 요진 문환제 홍시 8년(406년) 구마라집이 번역한 『묘법연화경』, 수나라 문제 인수 원년(601년) 사나굴다와 달마굽다가 공역한 『첨품묘법연화경』 등이 그것이다. 이 세 가지 『법화경』은 내용상 약간의 차이를 보이는데, 이는 성립사를 연구하는 데 중요한 자료이다. 이들의 차이를 간단하게 정리해보면 다음과 같다.

첫째 「약초유품」 후반 - 범어본, 티베트어본, 『정법화경』, 『첨품법화경』에는 있지만 구마라집 역 『묘법연화경』이나 현행하는 『묘법연화경』

에는 없다.

둘째 「오백제자수기품」과 「법사품」 전반 - 『정법화경』에만 보인다.

셋째 「제바달다품」 - 범어본, 티베트어본, 『정법화경』, 『첨품법화경』에서는 「견보탑품」의 후반부에 실려 있으며, 라집역 『묘법연화경』에는 없다. 현행본에서는 「견보탑품」 다음 장에 배치되어 잇다.

넷째 「촉루품」 - 범어본, 티베트어본, 『정법화경』, 『첨품법화경』에는 마지막품에 배치되고 있지만 라집역 『묘법연화경』이나 현행하는 『묘법연화경』에서는 「여래신력품」 다음 장에 배치되어 있다.

다섯째 「관세음보살보문품」의 게송 - 범어본, 티베트어본, 『첨품법화경』, 현행 『묘법연화경』에는 있지만 『정법화경』이나 라집역 『묘법연화경』에는 없다.

여섯째 「보문품」 게송 중에서 아미타송 - 범어본이나 티베트어본에만 있다.

일곱째 「다라니품」 - 범어본, 티베트어본, 『첨품법화경』에서는 「여래신력품」의 다음 장에 배치되어 있으며, 『정법화경』과 라집역 『묘법연화경』이나 현행하는 『묘법연화경』에서는 「보문품」의 다음 장에 배치되어 있다.

위와 같은 변화 속에서 「제바달다품」이 현행본 『묘법연화경』에 편입된 것이 언제인가는 정확하게 알 수 없다. 다만 『출삼장기집』을 편찬한 승우(445-518)의 스승인 법헌(法獻)이 고창국에서 범어본 『법화경』에서 제바품에 해당하는 부분을 필사해 귀국했는데, 그것을 법의(法意, 달마마제)와 함께 번역했다. 그것이 490년의 일이므로 그 후 오래지 않아 현행본 『묘법연화경』에 편입되었다고 추정할 수 있다. 광택사 법운(467-

529)이 저술한 『법화의기』에는 「제바달다품」이 빠져 있는데 천태 지의 (538-597)의 『법화문구』(587)에 「제바달다품」이 포함되어 있는 것으로 볼 때, 「제바달다품」은 독립된 경전으로 편집되어 유통되다가 『법화경』 「견보탑품」의 후반부에 삽입되었거나 혹은 그 다음 장에 배치된 것으로 추정하고 있다.

차례

서문 ······ 2
해제 ······ 5

제1 서품(序品) ······ 23
제2 방편품(方便品) ······ 39
제3 비유품(譬喻品) ······ 79
제4 신해품(信解品) ······ 93
제5 약초유품(藥草喻品) ······ 107
제6 수기품(授記品) ······ 121
제7 화성유품(化城喻品) ······ 135
제8 오백제자수기품(五百弟子授記品) ······ 159
제9 수학무학인기품(授學無學人記品) ······ 169
제10 법사품(法師品) ······ 177
제11 견보탑품(見寶塔品) ······ 191
제12 제바달다품(提婆達多品) ······ 203
제13 권지품(勸持品) ······ 211
제14 안락행품(安樂行品) ······ 221

제15 종지용출품(從地踊出品) …… 233

제16 여래수량품(如來壽量品) …… 245

제17 분별공덕품(分別功德品) …… 257

제18 수희공덕품(隨喜功德品) …… 265

제19 법사공덕품(法師功德品) …… 273

제20 상불경보살품(常不輕菩薩品) …… 281

제21 여래신력품(如來神力品) …… 289

제22 촉루품(囑累品) …… 297

제23 약왕보살본사품(藥王菩薩本事品) …… 305

제24 묘음보살품(妙音菩薩品) …… 319

제25 관세음보살보문품(觀世音菩薩普門品) …… 327

제26 다라니품(陀羅尼品) …… 341

제27 묘장엄왕본사품(妙莊嚴王本事品) …… 349

제28 보현보살권발품(普賢菩薩勸發品) …… 357

색인 …… 365

제1 서품序品

설법을 듣는 청중들

『법화경』「서품(序品)」은 경전의 첫머리로서 시작되는 부분이다. 아시다시피 불경의 시작은 반드시 '내가 이렇게 들었다[如是我聞]'로 시작된다. 그것은 경전의 내용이 편찬자 마음대로 구성한 것이 아니라 부처님의 가르침을 듣고 여러 대중의 공신력을 얻어 편찬되었다는 것을 상징적으로 말하는 것이다. 대승불교철학에서 부처님의 말씀을 이렇게 들었다는 것은 불성이 부처님의 가르침을 통해 우리에게 나타나기 때문이며, 그 가르침을 듣고 내면의 불성을 깨닫게 된다는 의미를 내포한다.

불교 역사상 제1차 결집은 석가모니부처님께서 처음 열반한 뒤에 기사굴산(영취산) 칠엽굴에서 거행되었다. 당시 5백 명의 대표적인 스님들이 한자리에 모여 석가모니부처님께서 평생에 설파한 법문을 모아 교단의 나침반으로 삼고자 했다. 아난존자가 평소 들었던 가르침을 암송하면 5백 명의 다른 스님들이 추인하는 형식이었는데 이 과정에서 인정받지 못한 것은 경전에 편입될 수 없었다. 계율은 우바리존자가 평생 들은 설법을 암송했는데, 위와 같은 과정을 거쳐 율장이 성립되었다.

역사적 사건에 입각해 말하면 이렇게 들었다는 구절의 주체는 아난과 우바리이며, 이것이 전통이 되어 대승경전의 편찬 역시 같은 형식을 취하고 있다. 좀 더 현실적으로 이 부분을 해석하면 불교신자는 자신들 마음대로 행동하고 사는 것이 아니라 부처님의 설법과 계율에 따라 판단하고 살아야 한다는 점을 강조하는 것이기도 하다. 시공을 초월해 부처님의 말씀은 이렇게 우리에게 다가오고 있다.

『법화경』 역시 '내가 이렇게 들었다'로 시작한다. 이어서 '어느 때 부처님께서는 왕사성의 기사굴산 중에서 위대한 비구의 무리 1만 2천 명과 함께 계시었다. 이들은 모두 아라한으로서 모든 번뇌가 이미 다 사라져버려 더는 남아 있는 번뇌가 없고, 자신들을 이롭게 하는 이로움을 얻었으며, 일체 존재의 속박에서 벗어나 마음에 자유로움을 얻은 이들이었다'는 찬탄의 말씀으로 시작한다.

대승경전은 일반적으로 언제(설법한 시기), 어디서(설법한 장소), 누가(설법의 주체), 누구에게(설법을 듣는 대상, 會衆이라 표현), 무엇을 설한 것인가를 설명하는 것에서 시작된다. 일종의 무대 설정이라 생각하면 되는데 『법화경』 역시 동일한 형식을 취하고 있다. 위의 인용문은 바로 그러한 무대 설정을 말해주는 것이지만 다른 점은 그 모임에 참석한 대중들이 정신적 자유와 심리적 평안을 획득한 자들이란 점을 찬탄하는 것이다. 『아함경』을 비롯한 초기불전이 불특정 다수의 범부들이나 수행자들을 대상으로 설법하고 있다면 『법화경』은 깨달음을 성취한 보살들을 그 대상으로 삼고 있다.

『법화경』이 설해진 장소는 왕사성 교외에 있는 기사굴산이다. 재미있는 것은 설법의 장소가 『법화경』의 중반(「견보탑품」에서 「촉루품」까지)부터는 지상의 기사굴산에서 허공으로 잠시 옮겨졌다가 마지막 부분(「약왕보살본사품」에서 「보현보살권발품」까지)에서는 다시 영취산으로 내려온다는 점이다. 이는 『화엄경』의 설법 구조와 유사하다.

경전은 위의 인용문에 뒤이어 부처님의 대표적인 제자들의 이름과 유학무학인 2천 명, 6천 명의 권속을 거느린 마하파사파제 비구니, 문수보살과 관세음보살 등 보살마하살 8만 인, 제석천과 2만 명의 권속, 8부중과 무수한 그들의 권속, 재가신자들의 이름을 나열하고 있다. 이들은 모두 부처님의 설법을 듣는 청중인데 인간뿐만 아니라 다양한 신들도 등장하고 있다. 이들은 한결같이 부처님의 설법을 들으며 단 한 구절이라도 놓치지 않으려고 귀를 기울이고 있다.

이들 청중을 나열하는 대목에서 주목할 만한 점은 부처님의 설법을 듣는 존재들이 인간에 한정되지 않는다는 것이다. 종의 차이나 승속, 남녀의 차별, 범부와 성인이라는 분별을 뛰어넘고 있다. 특히 무수한 성문들이 등장하고 있는데, 이들은 석가모니부처님 재세 당시에 이미 석가모니부처님의 가르침을 듣고 아라한이 된 성자들이다. 그럼에도 『법화경』의 설법을 듣기 위해 머리를 조아린다. 아약교진여, 마하가섭, 사리불, 대목건련, 마하가전연, 아니루다, 수보리, 아난, 부루나 등 초기불교를 대표하는 기라성 같은 성문제자들을 열거하고 있다. 이런 사람들도 『법화경』의 설법을 듣는다는 것은 대승불교 운동가들과 대립하고 있던 부파교단의 출가승들에 대한 일종의 무시 또는 우월의식의 표출이라 볼 수 있다. 아니면 법화운동의 정당성을 강조하기 위한 일종의 시위라 말할 수도 있다. 동시에 『법화경』을 듣고자 하는 사람들이나 『법화경』의 가르침에 따라 신행생활을 하고자 하는 사람들은 먼저 겸손한 마음을 지녀야 한다는 점을 상기시키는 것이다.

문제는 이것으로 끝나지 않는다. 무수한 대승보살들을 청중으로 설정하고 있다는 점이다. 교리적으로 말하면 이들은 법신불의 원력을 대신 실천하기 위해 모습을 나타내는 화신들로 부처와 다른 존재가 아니다. 인간들 입장에서 보자면 보살도를 완성하여 온 생명이 환희의 노래를 부르며 살 수 있도록 불국토를 건설하기 위해 등장하는 원력보살이란 점에서 법신불보다 더 친근감을 가질 수 있다. 그런데 그러한 보살들도 『법화경』의 설법을 들으려고 법회에 참석했다.

흥미로운 사실은 『법화경』 내용 중에 이 경전이 석가모니부처님께서 열반에 드시기 오래지 않은 때에 설해진 것이라 말하고 있다는 점이다. 즉 '40여 년 설법을 마치고'라는 구절이 「견보탑품」이나 「종지용출품」에 나오고 있다. 이것이 사실이라면 「서품」에서 청중으로 거론되고 있는 성문 중에서 아약교진여, 우루빈나가섭, 가야가섭, 나제가섭, 사리불이나 목건련 등이 이미 열반에 든 이후에 『법화경』이 설해진 것이 된다. 역사적으로 본다면 논리적 모순이 아닐 수 없다. 이미 죽은 사람들이 법회에 나와 『법화경』을 듣고 있기 때문이다.

경전의 편집자들도 그러한 사실을 모르지는 않았을 것이다. 오히려 그러한 사실에 구애받지 않고 가공의 인물이나 신들까지 자유스럽게 등장시켜 거침없이 활동하는 모습을 묘사함으로써 그들 스스로 새로운 불교운동의 좌표를 드러내려고 한 것이라 보아야 할 것이다. 역설적으로 말하면 『법화경』은 당시까지의 일반적인 불경의 구조를 탈피하여 상상할 수 없이 자유로운 사상적 지평을 열고자 했던 것이다.

전통적으로 중국의 법화사상가들은 『법화경』을 네 가지 시각에서 해석하고자 했다. 불교 발생의 인연을 밝혀서 해석하는 인연석(因緣釋), 부처님의 모든 가르침을 네 단계[四敎]로 구분해 해석하는 약교석(略敎釋), 부처님의 가르침을 본체와 작용, 혹은 본체와 현상의 관점에서 해석하고자 하는 본적석(本迹釋), 형식이나 문자의 구성에 구애받지 않고 문장의 핵심이라 생각되는 것을 중요하게 생각하는 관심석(觀心釋) 등이 그것이다. 특히 관심석은 중국 전통의 지사문의(指事問義)나 취사통경(就事通經)의 사상적 연장선상에 있다. 그 이전으로 올라가면 노장사상에서 말하는 득어망전(得魚忘筌)과 득의망언(得意忘言)을 연상할 수 있는데 이러한 전통이 선종에 들어오면 파격(破格)이나 파상(破相)이란 형식으로 표현된다.

설법에 앞서 꽃비·대지 진동 등 기적이 일어나는 등 온 우주가 축복하다

「서품」에서는 청중들이 부처님의 설법을 듣기 위해 모여 있는데 여기서 설법을 하는 부처님은 일월등명불이다. 이 이름에는 해나 달처럼 어둠을 밝혀주는 의지처가 되는 부처님이란 의미가 있다. 주목할 것은 이 부처님의 호칭이 과거, 현재, 미래에 일관되게 통용된다는 것이다. 이는 불교라는 종교의 시원이 된 부처님이 석가모니불이란 것을 돌이켜 볼 때 의아스러운 일이 아닐 수 없다.

여기에서 우리는 석가모니부처님께서 열반에 들기 전에 '너 자신에게 귀의하고 법에 귀의할 것이며, 너 자신을 등불로 삼고, 법을 등불로 삼아라'라고 말한 마지막 유훈을 생각할 필요가 있다. 여기에도 등불이 나오는데 등불이란 어둠을 몰아내는 지혜를 상징하며, 우리가 궁극적으로 의지해야 할 대상이다. 일월등명불은 그런 점에서 부처님이 지니는 종교적 기능을 상징적으로 표현한 것이라 해석할 수 있다. 즉 중생들의 어둠을 몰아내고, 해와 달처럼 언제나 광명을 주는 진실한 의지처가 되어준다는 의미이다. 그렇게 본다면 석가모니불이라 부르든 일월등명불이라 부르든 그것은 중요한 문제가 아니다. 이름과 무관하게 시공을 초월해 언제나 태양처럼 우리를 밝혀주는 그러한 의미의 부처님으로 다가서 있기 때문이다.

일월등명불이 청중에게 둘러싸여 대승경전을 말씀하시니 그 이름이 『무량의경』이었다. 보살을 가르치는 법이며, 부처님께서 보호하시고 생각하는 가르침이었다. 이 경전을 다 설한 뒤에 다시 『법화경』을 설하고자 무량의처삼매에 들어가는데 이때 상상할 수 없는 일이 일어난다. 『법화경』의 설법을 축하하려는 우주적인 축제가 벌어지는 것이다. 이것을 상서로운 모습, 혹은 기적이라 말하는데 전후 2회에 걸쳐 12번 일어난다. 지금의 개념으로 말하면 행사를 시작하기 전에 진행되는 축하 퍼포먼스라 말할 수 있다.

중국 양나라시대의 유명한 고승인 법운(法雲) 스님은 『법화경의기』라는 저서에서 「서품」에 나오는 우주적인 축제를 법화육서(法華六瑞)라 표현하고 있는데, 전반을 차토육서(此土六瑞), 후반을 피토육서(彼土六瑞)라 부른다. 여섯 가지의 상서로운 징조라는 의미이다. 천태종의 개창조사인 천태 지의 스님도 이 학설을 채용하고 있는데, 동시대에 활동한 삼론종의 길장(吉藏)은 입장을 달리하고 있다. 그는 『법화경의소』라는 저서에서 상서로운 모습에 꽃을 뿌리는 것, 땅을 흔든 것, 빛을 뿌리는 것 등 세 가지만이 기적에 해당한다고 해석한 것이다. 하지만 이후 『법화경』을 연구하는 대다수의 승려들은 법운 스님과 지의 스님으로 이어지는 법화육서를 수용하고 있다.

법화육서의 내용은 다음과 같다. 차토육서의 첫째인 설법서(說法瑞)는 부처님께서 무량의경을 다 설했는데도 대중이 자리를 떠나지 못하는 현상이다. 둘째, 입정서(入定瑞)는 부처님께서 무량의처삼매에 들어가신 것이다. 셋째, 우화서(雨花瑞)는 하늘에서 흰 연꽃(푼다리카)과 붉은 연꽃(파드마)의 꽃비가 내린 것인데 이것은 산화(散花) 공덕의 의미를 동시에 지닌다. 넷째, 지동서(地動瑞)는 대지가 여섯 가지로 진동한 일이다. 대지가 진동했다는 것은 지진을 말하는 것이 아니라 축하의 몸짓을 나타냈다는 의미다. 여섯 가지란 동서남북상하의 방향이니까 너무 좋아 특정한 방향을 가리지 않았다는 의미가 된다. 다섯째, 중희서(衆喜瑞)는 그 자리에 동참한 대중 모두가 함께 기뻐하는 것이다. 여섯째, 방광서(放光瑞)는 부처님의 미간에 있는 백호에서 빛을 뿌려 동방의 일만팔천 불국토를 비추신 일이다. 이것은 시공을 초월해 중생을 구원하는 모습을 보여주는 기적이다. 이들 여섯 가지의 범우주적인 축제는 부처, 중생, 자연이 함께 『법화경』의 설법을 고대하며, 그것을 축하한다는 의미이다.

피토육서란 차토육서의 마지막에 나오는 방광서 중에서 일만 팔천의 불국토에 나타난 여섯 가지의 기적과 같이 상서로운 모습을 말한다. 여기서 피토란 타방세계를 지칭한다. 첫째, 견육취서(見六趣瑞)는 지옥, 아귀, 축생, 수라, 인간, 천상의 육도윤회의 모습을 보여주는 일이다. 둘째, 견제불서(見諸佛瑞)는 피토에 계시는 여러 부처님들을 보여준 일이다. 셋째, 문제불설법서(聞諸佛說法瑞)는 피토에 계시는 여러 부처님들의 설법을 친히 들을 수 있도록 해준 일이다. 넷째, 견사중득도서(見四衆得道瑞)는 사부대중이 수행하여 마침내 열반에 도달하는 과정을 보여준 일이다. 다섯째, 견보살소행서(見菩薩所行瑞)는 수많은 보살들이 각종 인연과 믿음과 지식에 의지하여 수행하고 있는 모습을 보여주는 것이다. 여섯째, 견제불열반서(見諸佛涅槃瑞)는 여러 부처님들께서 열반에 들어가는 모습을 보여주는 일이다.

피토육서의 여섯 가지는 경전에 의하면 방광(放光)에 의해 드러난다. 이 방광은 부처님께서 지혜를 뿌려 중생을 제도하는 일이라 이해하면 될 것이다. 피토육서는 차토육서와 달리 부처님의 위신력에 따라 중생들이 경험하는 불가사의한 종교적 체험의 세계를 말한다. 믿음에 의지해 수행하지 않는 사람들은 경험할 수도, 이해할 수도 없는 불가사의한 세계이다.

그런데 이러한 우주적 퍼포먼스는 『법화경』에만 나오는 것이 아니다. 부처님의 탄생, 성도, 설법, 열반 등의 일이 있을 때는 반드시 나타나는 현상이다. 『보요경』 제2 「삼십이서품(三十二瑞品)」에 따르면 부처님께서 탄생하던 당일 밤에 정원수에 갑자기 과일이 달렸으며, 육지에 수레바퀴와 같은 청련화가 피어나는 등 32종의 기적이 연출되었다고 한다. 또한 『대반열반경』 제1 「수명품」에 의하면 열반에 들어가는 당일 이른 아침에 부처님께서는 형형색색의 빛을 뿌려 삼천대천세계를 비추었으며, 동시에 대지나 산야, 바다까지도 진동했다고 서술하고 있다. 그런 점에 착안하여 『법화경』을 편집한 운동가들은 설법을 축하하는 축제를 우주적 차원에서 구상하고 연출했던 것이다. 부처님의 교화로 우리가 의식의 지평을 넓히고, 수행을 통해 열반에 도달하는 것 자체가 기적인데, 이를 우주적 축하의 대상으로 묘사하고 있다. 이는 기적이 부처님께서 만든 것이 아니라 그의 가르침을 받아 실천하는 우리에 의해 가능하다는 사실을 암시하는 것이다.

자비를 바탕으로 지혜의 진리를 설하다

무량의처삼매에서 깨어나 설법을 하려고 하자 여섯 가지의 기적이 연출되었다는 것은 앞에서 설명했지만, 경은 뒤이어 기적을 연출한 이유를 밝히고 있어 주목된다. 부처님께서 말하는 기적이 무엇인가를 암시하는 것인데 경은 이 대목에서 문수보살과 미륵보살을 등장시킨다.

지혜를 상징하는 문수보살과 자비를 상징하는 미륵보살. 전혀 별개의 것처럼 보이는 두 보살은 교리적 측면에서 보자면 새의 양 날개와 같은 역할을 하는 보살이다. 불교가 지혜를 숭상하고, 그것의 체험을 중시하고 있지만 지혜가 대중화·일상화라는 종교적 실천으로 전개되려면 다름 아닌 자비가 그 바탕이 되어야 한다. 지혜가 지성이나 종교적 수행의 궁극적 경지에 머물고 만다면 그것은 불교의 핵심이 될 수 없다. 자비라는 따스한 손길로 화현될 때 지혜의 참다운 의미가 살아날 수 있기 때문이다.

경전에서는 문수와 미륵이 전생의 스승과 제자로 묘사되고 있다. 명예와 이익을 추구한다는 의미의 구명(求名)이라는 수행자가 있었는데, 그는 영리하지 못해 경전을 읽더라도 이해하지도 기억하지도 못했다. 그렇지만 전생에 선근을 많이 심었기 때문에 한량없는 부처님을 만나 공양하고 찬탄할 수 있었다. 그가 바로 미륵보살이다.

이때 묘광(妙光)보살이란 수행자가 있었다. 마침 일월등명여래께서 삼매에서 깨어나 묘광보살을 인연으로 『법화경』을 설하게 된다. 묘광보살은 바로 문수보살의 전생이며, 묘광이란 이름은 중생들의 어둠을 제거하는 미묘한 빛이란 의미를 지니고 있다. 당시 미륵은 묘광의 제자 8백 명 가운데 한 명이었다. 문수와 미륵은 이미 과거세부터 부처님께서 대승경을 설하려고 하면 나타나는 상서로운 모습을 알고 있었다. 그렇기 때문에 대중의 궁금증을 풀어주기 위해 전면에 나서는 것이다.

일월등명여래는 60소겁 동안 몸과 마음을 기울여 설법하다가 덕장(德藏)이란 보살에게 수기를 주고 열반에 들게 되며, 그 이후 묘광보살은 80소겁 동안 대중들을 위해 『법화경』을 설하게 된다. 일월등명여래의 아들로 묘사되고 있는 여덟 왕자도 모두 묘광보살의 제자가 되어 무수한 부처님을 공양한 뒤 불도를 완성하게 되며, 맨 나중에 성불한 아들의 이름이 연등불(燃燈佛)이었다.

그런데 일월등명여래는 경전에서 밝히듯이 시공을 초월해 존재하는 부처로 묘사되고 있다. '부처님이 계셨는데 이름이 일월등명이고, 다음에 또 부처님이 계셨는데 그 또한 이름이 일월등명이며, 이렇게 2만의 부처님이 모두 하나같이 일월등명이라 불렸으며, 성도 똑같아서 모두 파라타(頗羅墮)였다' 는 구절이 그것이다.

일월등명(日月燈明)이란 '해와 달처럼 중생을 밝혀주는 의지처' 라는 의미를 함축하고 있다. 뿐만 아니라 역대의 부처님은 모두가 중생들에게는 해와 달과 같은 존재이다. 따라서 경전에서는 동시에, 혹은 헤아릴 수 없는 세월에 걸쳐 무수한 부처님이 존재하면서 중생들의 빛이 되었는데 그들을 우리는 보편적으로 일월등명과 같은 부처님이라 부른다는 것이다.

시간과 공간을 초월해 중생의 빛이 되고, 지광이가 되는 부처님이 묘광보살에게 그 법맥을 전달하며, 묘광보살의 정신은 연등불에게 전달된다. 연등이란 어둠을 밝혀주는 등불이다. 이로 보면 일월등명이든 묘광이든 연등이든 모두가 동일한 의미를 지닌다. 우리가 역사적 실존 인물로 아는 석가모니부처님 또한 연등불에게 수기를 받아 불도를 완성한 것으로 알려져 있다. 세상을 구제하는 빛의 상속인 것이다.

경전에서는 모든 부처님의 성이 파라타라는 점을 강조하고 있다. 파라타란 말은 천태 지의 스님의 『법화문구』에 의하면 세 가지 의미가 있다. 첫째는 빠르다는 의미의 첩질(捷疾)이며, 둘째는 근기가 예리하다는 의미의 이근(利根), 셋째는 여러 사람을 만족시키는 언변을 뜻하는 만어(滿語)이다. 이들을 종합해 본다면 '파라타'라는 설법을 통해 가능한 한 빨리 중생을 안심입명의 경지로 인도한다는 의미이다. 파라타란 성에 모든 부처님들의 본질적인 사명이 담겨 있는 셈이다.

여기에서 우리는 『법화경』이 지혜와 자비를 대승의 가르침을 끌고 가는 두 수레바퀴로 생각하고 있다는 것을 알 수 있다. 지혜가 부처님의 지견이나 일승을 의미한다는 학자들의 해석은 두 번째로 치더라도, 그것이 이기적인 것이 아니라 중생의 이익과 행복을 위해 기여하는 자비로 나타날 때 참다운 의미가 있다고 해석할 수 있기 때문이다.

다시, 여섯 가지 기적이 나타난 이유에 대해 문수보살은 다음과 같이 말한다.

"선남자들이여, 내 생각에는 세존께서 이제 위대한 진리를 설하시며, 위대한 진리의 비를 내리시며, 위대한 진리의 나팔을 부시며, 위대한 진리의 북을 치시며, 위대한 진리의 의미를 연설하실 것입니다."

뒤이어 문수보살 자신은 과거 여러 부처님들의 경우를 경험했다고 강조한다.

위의 구절에 대해 천태 지의 스님은 다음과 같은 해석을 더하고 있다.

'위대한 진리를 설하신다' 는 것은 설법서(說法瑞)요, '위대한 진리의 비를 내린다' 는 것은 우화서(雨華瑞)요, '위대한 진리의 나팔을 부신다' 는 것은 대중심희서(大衆心喜瑞)요, '위대한 진리의 북을 친다' 는 것은 지동서(地動瑞)며, '위대한 진리의 의미를 설한다' 는 것은 방광서(放光瑞)이다.

이렇듯 여섯 가지 기적과 대비하여 해석하고 있는 천태 지의의 관점은 사뭇 특이하다. 기적을 초현실적인 것으로 해석하지 않고 부처님의 행동과 교화 속에서 찾으려 했던 것이다. 이러한 해석은 본받을만하지만 그러나 찬탄은 찬탄일 뿐이다. 부처님의 위대성을 찬탄하려는 구절에서도 특별한 의미를 찾으려 한 치밀함은 뛰어나지만, 오히려 경전에 대한 접근을 어렵게 만들 수 있다는 점에서는 바람직한 일이라고만은 할 수 없다. 다만 중생을 일깨우고, 이롭게 하고, 인식의 전환을 위해 부처님의 위대함을 찾으려 했다는 점에서 평가받아야 할 것이다.

한 가지 더, 인용문에 나온 '선남자' 라는 단어가 갖는 의미를 생각해 보자. 선남자는 선여인과 함께 대승경전에 자주 등장하는 호칭으로 홀

룡한 집안의 아들과 딸로 풀이하는 것이 일반적이다. 그렇지만 부처님의 제자들 모두가 귀족 출신이 아니었다는 점을 생각하면, 부처님의 가르침에 따르겠다고 맹서하고 수행하는 출가자나 재가자에 대한 일반적인 호칭이라 말할 수 있다. 뒤에 다시 언급하겠지만 선남자 선여인이란 단어에는 당시 인도사회의 계급 모순을 해결하기 위한 부처님의 가르침이 스며들어 있는 것이다.

제2 방편품 方便品

방편이란 무엇인가?

『법화경』은 28품으로 구성되어 있다. 그중에서 전반 14품과 후반 14품을 나누어 적문(迹門)과 본문(本文)으로 구분하는 것이 천태 지의 스님 이래의 전통적인 이해 방식이다. 그리고 전반 14품의 핵심으로 「방편품(方便品)」을, 후반 14품의 핵심으로는 「여래수량품」을 그 중심에 두고 있다.

현대적인 불교학 연구 방법이 등장한 이후 『법화경』을 연구하는 방식 역시 달라졌다. 문헌학 혹은 사회학적인 연구 방법은 『법화경』이 한날한 시에 성립되었다는 가정 아래 연구되었던 과거의 연구 방법과는 다른 접근 방법을 보여준다.

그동안 『법화경』의 성립 과정에 관한 학자들의 연구 보고는 많았다. 각각의 주장이 타당성을 지니고 있기에 섣불리 어느 학설이 가장 정확하다고 결론지을 수는 없다. 다만 3단계 정도의 과정을 거쳐 오늘날 우리가 읽고 있는 『법화경』이 완성되었다고 보는 것이 일반론이다. 그

중에서 「방편품」은 맨 처음 편집된 『법화경』에 속한다. 흔히 원시 『법화경』이라 불리는 부분이다. 이들의 내용은 산문과 운문(시로 된 부분)으로 구성되어 있는데 운문이 성립한 뒤에 산문이 등장한 것으로 추정한다.

원시 『법화경』은 「방편품」을 중심으로 「비유품」과 「신해품」이 가장 일찍 성립된 것으로 보며, 거기에 「약초유품」, 「수기품」, 「화성유품」을 더하기도 한다. 필자 역시 약간의 시차를 두고 「약초유품」과 「수기품」, 「화성유품」이 부가되어, 원시 『법화경』이 성립된 것으로 본다. 왜냐하면 「방편품」이 원시 『법화경』의 사상과 이론을 소개하는 품이라면 「비유품」과 「신해품」은 그 내용을 대중이 이해하기 쉽도록 설화적으로 표현하는 방식을 취하고 있기 때문이다. 「약초유품」 이하 「화성유품」 역시 「방편품」의 사상을 부연 해설하는 품이다.

원시 『법화경』을 「방편품」에서 「약초유품」까지라 할 때, 「서품」을 비롯한 제22 「촉루품」까지가 시차를 두고 차례로 『법화경』에 편입되었을 것이다. 이들을 제2기 『법화경』이라 부르는데 이러한 품들 역시 「방편품」의 사상을 부연하고 있으며, 실천을 강조하는 것이 특징이다. 결국 「방편품」의 사상을 다양한 시각에서 설명하면서 불교적 삶을 실천하고 완성하는 것에 무량한 공덕이 있다고 강조한다. 이로써 알 수 있듯이 『법화경』의 사상적 핵심은 「방편품」에 있다. 「방편품」을 이해하면 『법화경』 전편을 이해했다고 말해도 과언이 아니다. 물론 전통적 이해의 방식에서는 「여래수량품」을 『법화경』의 핵심으로 간주해 왔다. 그것은 불타의 영원성과 편재성이 중국인들이 중시하는 도의 영원성과 편재성이란 점과 사상적으로 상통했기 때문이었다.

그러면 방편이란 무엇인가. 『유마경』은 부처님이나 깨달은 자의 입장에서 다음과 같이 설명한다.

"비록 몸에 병을 지니고 있더라도 항상 생사에 머물면서 일체중생을 이롭게 하되 조금도 싫증을 내지 않는 것을 방편이라 한다. 설사 몸에 질병이 있어도 영원히 열반에 들지 않는 것을 방편이라 한다(『유마경』「문질품(問疾品)」)."

중생을 인도하기 위해 그들과 함께하는 것이 방편이며, 그들의 병을 제거하기 위해 그들 속으로 들어가는 것이 방편이라 풀이한다.

그런데 『법화경』은 『유마경』에서처럼 구체적인 설명이 없고, 다음과 같은 언급만 하고 있다.

"내가 성불한 이래 여러 가지 인연과 비유로 널리 가르침을 펼쳤으며, 무수한 방편으로 중생들을 인도하여 모든 집착을 여의도록 하였으니, 그것은 여래가 방편과 지견으로 바라밀을 이미 다 갖추었기 때문이니라."

사전적으로 '방편'이란 수단이며, 그 수단은 중생이 집착을 끊고 열반에 들어가게 하는 것을 말한다. 불교사상에서 이러한 역할을 하는 것은 부처님의 가르침이다. 팔만사천 법문으로 알려져 있는 가르침을 한마디로 법(法)이라 표현하기도 하지만 달리 표현하면, 그것은 무수한 방편이다. 따라서 그것은 이쪽 언덕에서 저쪽 언덕으로 넘어가기 위해 강을 건너는 뗏목과 같은 것이다.

방편은 우리를 피안으로 건네준다는 점에서는 좋지만 피안에 도달하고 나면 그 효용성이 사라지는 것이기도 하다. 방편에 대해 구체적으로 설명하면 9분교(중송, 계경, 수기, 게송, 감흥어, 여시어=본사, 본생담,

미증유법, 방광)나 12분교(9분교 + 논의, 인연, 무문자설)가 방편에 속하는 것이다. 문사수(聞思修:듣고 생각하고 닦는 것) 또한 모두 방편에 속한다. 이들 모두가 부처님의 가르침을 구체적으로 표현하는 수단이기 때문이다.

또한 지견바라밀은 피안에 도달했을 때 얻어지는 정신적인 깨달음의 경지를 말한다. 흔히 부처님의 지혜란 표현을 쓰며, 달리 일불승(一佛乘) 혹은 일승(一乘)이란 단어를 사용하기도 한다. 이것은 본래부터 존재하는 것이란 차원에서 자연지(自然智), 진실지(眞實智)라 말하기도 한다. 부파불교 이래 방편지와 자연지로 구분되어 온 것이다. 문제는 깨달음의 경지, 일불승의 세계는 논리적인 틀을 사용해서는 다가설 수 없다는 점이다. 의식적인 접근도 허용하지 않는다. 깨달음의 세계는 논리를 부정하고 직관에 의지해 마침내 도달할 수 있다는 점에서 상식적인 세계와 다르다.

서울로 가는 방법은 다양하다. 자가용, 버스, 자전거, 도보, 비행기, 배 등등. 그렇지만 이러한 모든 경우는 서울에 도착하면 어떻게 왔는가 하는 과정의 문제는 될지언정 서울에 이미 도착했다는 점에서는 동일하다. 마찬가지로 어떠한 방편을 통해 부처님의 지견을 터득하더라도 터득했다는 사실이 중요할 뿐, 방편은 이미 의미가 사라지게 된다. 다만 부처님의 지혜를 깨닫지 못한 자들 다시 말해 서울을 가려는 사람들에게만 여전히 방편이 중요하다는 것이다.

그런 점에서 천태 지의 스님은 방편을 다음과 같이 해석한다.

"방(方)은 본받는 것이며, 편(便)은 사용하는 것이다. 혹은 방편이란 문(門)이다. 문이란 통할 수 있는 것을 말한다."

방편이란 부처님의 세계로 들어가는 문이며, 부처님의 지혜를 깨닫게 하는 수단이기 때문에 위와 같이 풀이하는 것이다. 천태 스님과 같은 시대에 활동한 길장 스님은 다음과 같이 해석하고 있다.

"일승이 진실이란 점을 나타내고자 하면 먼저 삼승이 방편이란 점을 밝혀야 한다. 만일 먼저 삼승이 방편이란 점을 밝히지 않으면 일승이 진실이란 점을 나타낼 수 없다. 때문에 경전에서 '방편문을 써서 진실한 모습을 보여준다' 고 말한 것이다."

"공을 비추는 것이 진실[照空爲實]이며, 현상을 섭렵하는 것이 방편[涉有方便]이다. 반야바라밀을 진실로 삼고 오바라밀을 방편으로 삼는다(『대승현론』석명2)."

천태 스님이나 길장 스님의 지적처럼 방편은 바로 부처님의 지혜를 깨닫게 해주는 통로이다. 그리고 그것은 다름 아닌 부처님의 가르침, 즉 법(法)인 것이다. 한문으로 법은 가르침이란 의미도 있지만 본받는다는 의미도 있다. 천태 스님은 가르침을 통해 우리가 제불보살의 행적을 본받으면 된다는 생각을 했던 것으로 보인다. 사실 부처님의 가르침 속에 깨달음의 길이 있고, 그것을 본받으면 우리도 부처님과 같은 성자가 될 수 있다. 그런 점에서 방편은 중요한 것이 아닐 수 없다. 부처님의 가르침인 법보란 바로 방편이며, 『법화경』에서 「방편품」이 앞에 놓여 있는 중요한 이유가 바로 여기에 있다.

십여시에 대해

『법화경』「방편품」의 사상 중에서 특히 눈여겨보아야 할 것은 십여시(十如是)이다. '열 개의 이와 같은 것'이라는 의미의 십여시는 천태 지의의 세계관과 존재관을 구성하는 핵심이다. 만일 십여시가 없었다면 천태의 일념삼천론(一念三千論)은 구상되지 않았을 것이며, 그의 유심론적 세계관도 후대에 영향을 미치지 못했을 것이다. 천태의 일념삼천설이 나옴으로써 이후의 중국불교사상사에서 일념의 마음, 혹은 일심(一心)이 중요한 사상적 키워드가 될 수 있었던 것이다.

일심을 중심으로 세계를 파악하고자 했던 그의 노력은 남종선, 화엄종, 정토종 등에 다양한 영향을 미치게 된다. 선종의 유심론적 세계관이나 존재론의 사상적 원류 역시 천태를 무시하고는 말할 수 없다. 그러한 모든 사상의 배후에 십여시설이 있는 것이다.

『법화경』에서의 십여시는 일체 모든 존재의 실상(實相:참다운 모습, 진실)을 설명하기 위해 시작된다. 십여시의 가르침을 담고 있는 「방편품」의 다음 구절을 보자.

"아서라, 사리불아. 다시 말할 필요 없나니, 이유가 무엇인가? 부처님께서 성취하신 것은 가장 희유하고 이해하기 어려운 도리이니 오직 부처님과 부처님만이 모든 존재의 실상을 구명할 수 있느니라. 이른바 모든 존재의 이와 같은 상(相), 이와 같은 성(性), 이와 같은 체(體), 이와 같은 역(力), 이와 같은 작(作), 이와 같은 인(因), 이와 같은 연(緣), 이와 같은 과(果), 이와 같은 보(報), 이와 같은 본말(本末)이 궁극적으로 평등한 것이니라."

모든 존재의 참다운 모습은 오직 부처님과 부처님만이 알 수 있다는 전제 아래 일체 모든 존재가 지니고 있는 공통의 속성 열 가지를 십여시란 말로 나타내고 있는 것이다. 그리고 이들 각각의 개념에 대해 천태 지의는 다음과 같이 해석하고 있다. 우선 십여시를 개괄하여 상(相:현상), 성(性:성질), 체(體:실체), 력(力:공능), 작(作:활동), 인(因:1차 원인), 연(緣:2차 원인), 과(果:직접적인 결과), 보(報:간접적인 결과), 본말구경등(本末究竟等:궁극적인 평등)으로 설명한다. 천태 지의의 대표적인 저서인 『마하지관』에 의거해 십여시를 좀 더 구체적으로 살펴보면 다음과 같다.

상이란 현상으로 즉 우리 눈앞에 전개되어 있는 일체의 모습이며, 이것은 각각의 개성과 차별성을 지닌다. 현상이란 표면적으로 드러난 다양한 차별성들의 조합이다. 나무는 나무대로, 돌은 돌대로 각각의 모습을 달리하기 때문에 그 모습을 보고 각각의 특성을 판별할 수 있다. 상이란 단어가 지시하는 것은 그러한 차별성을 말한다.

성은 세 가지의 의미로 파악하고 있는데 개변(改變)할 수 없는 것, 종류, 실성(實性=불성) 등이 그것이다. 여기서 실성은 이성(理性) 또는 불성(佛性)과 동의어로 설명된다. 이러한 성이 있기에 일체의 존재가 본질적인 차원에서 평등하다고 보는 것이다.

체란 체질(體質)을 말한다. 육도중생은 물질과 정신으로 체질을 삼고, 이승은 오분법신으로 체질을 삼으며, 보살과 부처는 정인불성(正因佛性)으로 체질을 삼는다고 본다.

인이란 1차 원인이다. 좀 더 구체적으로 말하면 각자의 의지행위 결과로 표출되는 업(=행위)으로 해석한다.

연이란 2차 원인을 말하며 행위를 도와주는 일체의 보조적인 것이다. 인과 연은 그런 차원에서 불가분의 관계를 형성하고 있다. 인이 주관이라면 연은 객관세계 전체라 말할 수 있다.

본말구경등이란 처음과 끝이 궁극적으로는 평등하다는 의미이다. 이러할 경우 현상은 근본이 되고, 간접적인 결과인 보는 지말이 된다. 이 근본과 지말이 인연 따라 일체의 존재를 발생시킨다. 그리고 각각의 역할과 활동, 공능은 필요한 만큼 활용되는 것이기에 본질적 가치란 차원에서 평등한 것이다.

천태는 이것을 다시 공가중(空假中) 삼제(三諦)의 시각에서 해석한다. 즉 모든 것은 인연 따라 생기는 것이기에 공이며, 본말이 모두 공이기에 공의 입장에서 일체는 궁극적으로 평등하다고 보는 것이다. 또한 현실적으로는 십여시 각각이 얽히고 다양한 모습과 과보를 만들어내므로 그것은 가의 입장에서 평등하다고 본다. 그러나 그러한 것들은 본질적인 시각에서 본다면 인연 따라 생긴 것이기에 고정적인 실체를 지니고 있지 않으며, 일체 모든 것이 상호보완적인 관계 속에서 불성에 포섭되기 때문에 중도의 입장에서 평등하다고 말한다. 공가중 삼제란 이렇듯 본질적 차원, 현상적 차원, 중도적 차원에서 존재를 파악하고 관찰하는 것이다.

흥미로운 것은 이렇듯 천태사상의 핵심이 된 십여시가 범어 원본 『법화경』에는 그 내용이 없다는 점이다. 십여시 대신 오하법이 있을 뿐인데, 세친의 『법화론』에 의하면 오하법이란 하등법(何等法), 운하법(云何法), 하사법(何似法), 하상법(何相法), 하체법(何體法)을 말한다.

하등법이란 처음에 일승을 설하지 않고 삼승을 설한 것을 지칭하며, 운하법은 하나하나의 수레에서 다양한 일을 대비하여 설한 것을, 하사법은 삼승의 수행이 청정하지만 완벽하지 않고 비슷하다는 뜻을 지니고 있다. 또 하상법이란 삼승은 오직 일승을 밝히기 위한 전단계임을 의미하며, 하체법은 궁극적으로 일승뿐이며 이승의 체는 존재할 수 없다고 하는 것이다.

이로 보면 오하법과 십여시는 전혀 별개의 것처럼 보인다. 그렇다면 『묘법연화경』을 번역한 구마라집은 어떤 근거로 십여시를 경전의 문구로 삽입하게 되었을까? 이 점에 대해 학자들은 용수가 저술한 것으로 알려진 『대지도론』에서 그 실마리를 찾는다. 『대지도론』은 모든 존재에 공통으로 존재하는 속성을 아홉 가지 법(이것을 흔히 9종법이라 지칭)으로 제시하고 있다. 이 9종법에는 십여시와 상통하는 내용인 체, 역, 인, 연, 과, 성 등이 있으며 그밖에 법, 한에(限恚), 개통(開通) 등이 있다.

그런데 기타 용어 중에서 법(法)은 작용을 의미한다는 점에서 십여시의 작과 상통하며, 개통은 본말구경등과 그리고 한에는 존재하는 것들은 각각 서로 상대방을 제한하고 부정하면서 존재하는 현실을 의미한다는 점에서 십여시의 상과 통한다.

이렇게 본다면 십여시 중에서 보에 해당하는 것만이 없는데 구마라집은 『묘법연화경』을 번역하면서 9종법에 나오는 과(果)를 직접적인 결과와 간접적인 결과로 세분하고 간접적인 결과를 의미하는 보를 첨가한 것으로 볼 수 있다. 그러면서 중국인들이 중요하게 생각하는 10이라는 숫자에 맞추어 의역한 것이라 본다.

10은 중국인들에게 만수(滿數)의 이미지가 있기 때문에 토착화를 위해서도 필요한 전략이라 말할 수 있다. 결국 오하법의 내용이 너무 추상적이고 어렵다는 점에서 『대지도론』의 9종법을 응용하여 십여시로 의역한 것이 천태사상을 구축하는 데 결정적인 영향을 미치게 된 것이다. 또한 십여시를 응용하여 구축된 일념삼천설은 중국불교의 유심론적(唯心論的) 불교사상을 수립하는 데 심대한 영향을 미치게 된다.

일체 존재의 참다운 모습

『법화경』「방편품」에서 가장 중요한 용어의 하나가 제법실상, 혹은 실상이라는 단어이다. 이 용어에는 '존재들의 참다운 모습' 정도란 뜻이 담겨 있다. 제법실상이라는 『법화경』 또는 천태사상의 핵심적인 교리에 대해 명확한 개념 파악이 없이는 『법화경』의 사상을 이해할 수 없다. 하지만 단순히 존재들의 참다운 모습 혹은 진실한 모습이라는 풀이로 쉽게 이해할 수 없다는 점에 문제가 있다.

제법실상이라는 단어를 처음 사용한 사람은 『법화경』을 번역한 구마라집이다. 그는 『법화경』이나 『대지도론』, 『중론』 등의 경전과 논소를 번역하면서 제법실상 혹은 실상이라는 단어를 사용하기 시작했다. 그리고 이러한 책들의 영향을 받은 승조(僧肇)나 도생(道生), 천태 지의 등에 의해 적극적으로 차용되면서 제법실상은 중국불교사상사에서 필요불가결한 용어로 자리 잡게 된다.

구마라집이 번역한 경전과 논소를 범어본과 대조한 결과 대략 다섯 가지 정도의 단어를 제법실상 또는 실상으로 번역한 것으로 조사되었다. 이러한 조사를 한 사람은 일본이 낳은 세계적인 불교학자이자 인도학 전문가였던 나카무라 하지메[中村 元]이다. 그는 범어와 한문 등 어학에 탁월한 재능이 있었는데 많은 학자들이 그의 조사 결과를 별다른 비판 없이 수용하고 있다.

나카무라 하지메는 제법실상의 원어를 다섯 가지로 조사했는데 그것은 다르마따, 사르와다르마따타따, 부따, 다르마스와바와 혹은 쁘라크리띠, 따뜨와샤 라끄샤나이다. 이들은 용어상의 차이에도 불구하고 그 의미는 크게 다르지 않아 법성(法性), 실제(實際), 법의 자성(自性), 법상(法相), 진성(眞性) 등으로 분석된다.

"실제란 앞에서 말했듯이 법성을 이름하여 실(實)이라 하며, 입처(入處: 들어가는 곳, 의지처가 되는 것)를 이름하여 제(際)라 한다(『대지도론』)."

구마라집은 '법성이란 제법실상이다'라고 풀이하고 있다. 이렇듯 법성과 실제는 개념상 동의어인 것이다. 『중론』에서도 법의 자성이 법성과 동의어로 다루어지고 있다.

진성이란 따뜨와샤 라끄샤나를 번역한 말인데 '존재가 존재로서 성립해 있는 실다운 모습'이라는 의미에서 법상과 같으며, 연기의 이법(理法), 즉 현상이 연기의 법칙 위에 전개되고 있다는 사실에서 연기의 법칙 그 자체를 의미한다.

제법실상의 범어 원어는 다양하지만 그들은 모두 동일한 개념 즉 법성을 의미하며, 그 법성은 '일체의 존재가 서로 의지하고 서로 제한하는 관계 속에서 성립해 있는 실다운 모습을 의미하고 있다'는 점에서 연기(緣起)와 동일한 개념이다.

이렇게 본다면 『법화경』의 사상 역시 초기불교 이래 불교의 핵심사상인 연기론의 입장을 계승하여 발전시키고 있다는 점을 알 수 있다. 용어 차이 때문에 생소할 뿐이다.

『법화경』을 한역하면서 구마라집은 제법실상을 연기와 동일한 개념으로 사용하고 있지만 동시에 다양한 표현도 서슴지 않고 있다. 법자성인(法自性印), 법의 상속성, 법의 불변성, 무분별법 등의 표현이 그것이다. 법자성인이란 다르마-스와바와-무드라(mudra)를 지칭하는데 구마라집은 주로 실상인(實相印)으로 번역하고 있다. '모든 존재들이 상의상관(相依相關)의 관계 속에서 존재하는 것을 기인(旗印)으로 삼았던 가르침'이라는 의미를 지니고 있다. 좀 더 쉽게 풀이하면 존재하는 모든 것들은 연기의 법칙 속에 움직이고 있다는 점을 움직일 수 없는 사실로 가르치는 가르침이라는 의미이다.

또한 무분별의 법을 제법실상과 동일한 개념으로 해석하는 것은 '망상(妄想)을 제거한 법성'이라는 의미를 지니고 있기 때문이다. 이 경우 망상이 현실적으로 그렇지 않은 것을 그러한 것으로 착각하고 오해하는 것을 의미한다면, 무분별은 그와 반대로 현실을 있는 그대로 바라보고 존재하는 것을 존재하는 그대로 인식하는 것을 말한다. 이것은 연기의 참모습을 있는 그대로 보는 것이라는 점에서 실상이나 제법실상과 그 의미가 직결된다. 망상을 떠나 대상의식을 던져버리고, 있는 그대로의 사물을 관찰하고 파악하는 제법실상이라는 점에서 분별의식에 젖어 사는 우리에게 시사하는 바가 크다고 할 것이다.

경이 의미하는 내용은 위와 같지만 천태 지의는 제법실상을 삼제원융론에 입각해 해석하고 있다. 즉 그는 인연에 의해 만들어진 현상을 임시로 존재하는 가제(假諦)라 말한다. 그러한 것들의 본질은 인연에 의해 만들어진 것이므로 인연이 다하면 사라지고 만다는 점에서 영원한 실체가 없으며, 그러한 점에서 공제(空諦)라 한다. 하지만 현실은 엄연히 존재하며, 그러한 것들은 연기의 법칙 위에서 움직이고 있다. 현실을 무시하고 현상의 이면에 있는 본질에 집착하는 것은 현실도피나 염세주의로 흐를 가능성이 있다. 천태는 현실에 대한 지나친 집착도 혹은 부정도 바람직하지 않기 때문에 가제와 공제의 두 입장을 동시에 관찰하는 것이 필요하다고 말한다. 이러한 관점에서 중제(中諦) 혹은 중도제일의제(中道第一義諦)라는 개념이 성립했던 것이다.
　천태 지의의 입장을 공가중의 입장에서 살펴보았지만 그것은 다만 설명을 위한 편의적인 방법일 뿐이며, 실질적으로는 모든 존재나 현상이 상호 융합과 대립 속에 전개된다는 점에서 삼제는 원융무애하다. 이것을 천태교학에서는 삼제원융론이라고 한다.
　삼제원융론은 연기의 법칙에 의해 생겼다 사라지는 일체의 것들은 세 가지 입장을 동시에 지니면서 전개된다는 점을 강조한다. 동시에 이 사상 속에는 중국인 전통의 포용과 대립의 음양오행사상의 영향도 내포되어 있다. 그렇다 해도 철저하게 불교적인 입장에서 제법실상을 이해했던 사상가가 천태였다.
　천태는 『법화문구』에서 '제법실상과 법성불법을 대상으로 삼기 때문에 색(色)이건 향(香)이건 실상 아님이 없다'고 해석한다. 법성불법이란, '법성이 부처님 가르침의 핵심'이라는 의미이다. 또한 '색이건 향이건'

하는 구절은 눈·귀·코·혀·몸과 의식의 대상이 되는 빛깔·소리·냄새·맛·감촉·인식 등으로 통칭되는 존재 일반을 간략하게 표현한 것이다. 나아가 일체 모든 것이 연기의 법칙을 벗어나 있지 않다는 현상의 성품을 '실상 아님이 없다'고 표현한 것이다.

오천 증상만의 정체

「방편품」에서 가장 극적인 장면은 부처님께서 『법화경』을 설하려고 하자 5천 명의 증상만(增上慢)들이 자리를 박차고 퇴장하는 부분이다. 증상만이란 글자 그대로 번역하면 교만하기 짝이 없는, 요즘 말로 하면 아만으로 가득 찬, 잘난 체하는 사람을 지칭한다. 이러한 무리가 나타나 『법화경』을 설하는 부처님의 말씀을 들을 필요가 없다며 퇴장하는 것이다.

「방편품」에는 사리불이 부처님께 『법화경』을 설해 달라고 간청하는 장면이 나온다. 세 번에 걸쳐 간절하게 법을 청하지만 부처님은 거절한다. 그러면서 부처님은 사리불에게, 당신이 『법화경』을 설하게 되면 세상 사람들이나 천신들이 모두 놀라고 의심한다고 말한다.

천태는 증상만들이 의심하는 이유를 다섯 가지로 고찰하고 있다. 이들은 첫째, 도에 반대하며 의심을 일으키기 때문에 손해 본다고 생각해서 놀란다. 둘째, 보살행이 너무 많은 것을 보고 놀란다. 셋째, 번뇌가 너무 많기 때문에 생각이 뒤바뀌어 놀란다. 넷째, 대승적인 회향에 대해 후회하는 마음에서 놀란다. 다섯째, 자신들을 속였다고 생각해서 놀란다는 것 등이 그것이다.

또한 길장은 『법화현의』에서 일곱 종류의 증상만에 대해 설명하고 있다. 첫째는 잘못된 공덕을 갖추고 있는 증상만, 둘째는 오직 성문의 가르침이 최고라 생각하는 증상만, 셋째는 대승이 최고라고 생각하는 증상만, 넷째는 실제로는 없으면서 있는 척하는 증상만, 다섯째는 실제로는 산란하여 선정에 들 수 없으면서도 선정에 능숙한 것처럼 말하는 증상만, 여섯째는 공덕을 모르는 사람으로 이는 대승법을 설하면서도 대승의 가르침을 실천하지 않는 증상만이다. 마지막 일곱째는 공덕이 전혀 없는 증상만이다.

이유야 여하튼 증상만이나 일반 대중은 『법화경』의 가르침을 들으면 놀라지 않을 수 없다. 가르침이 어려운 것이 아니라 실천하며 사는 것이 어렵기 때문이다. 아니면 생각이 뒤바뀌어 있기 때문에 놀라고 의심하지 않을 수 없는 것이다. 부처님 역시 그런 점을 생각하지 않을 수 없었다. 이러한 우려는 초기불교 이래 성인이 고려하는 첫 번째 요인이다. 즉 비정상적으로 사는 중생들에게 정상적으로 살아야 한다고 말하면 그렇게 말하는 사람이 비정상적인 사람이라 느껴지기 때문에 외롭고 고독하지 않을 수 없다는 것이다.

초기불전에는 부처님에게 중생을 위해 설법해야 한다고 간청하는 범천이 등장하는 장면이 나온다. 이때 단 한 명이라도 당신의 말씀을 듣고 정신 차리는 사람이 있다면 그 사람을 위해 기꺼이 전도라는 숭고한 여행을 시작하겠노라 다짐한 분이 석가모니부처님이었다.

「방편품」에 나오는 구상 역시 초기불전의 '범천이 부처님께 설법을 청하는 장면'과 유사하다. 다만 주인공이 사리불과 일월등명부처님으로 바뀌어 있을 뿐이다. 사리불의 간곡한 청법을 세 번에 걸쳐 받게 된 부처님은 '네 이제 자세히 잘 듣고 생각하라. 내 너를 위해 분별해 설하리라'며 설법을 시작하려고 한다. 이때 비구, 비구니, 우바이, 우바새 5천 명의 무리가 자리에서 일어나 부처님께 절하고 물러간다. 이들은 죄의 뿌리가 깊고 무거우며, 증상만의 마음을 지니고 있기 때문에 얻지 못한 것을 얻었다고 생각하고, 깨닫지 못한 것을 깨달았다고 생각하는 사람들이었다. 때문에 자리를 지키지 않고 물러가는 것이므로 구태여 말릴 필요가 없다고 말한다.

이 장면을 오천퇴거(五千退去)라 표현하는데, 이들이 경에서처럼 교만하고 죄업의 뿌리가 깊어서 『법화경』의 가르침을 듣지 않은 것이라 단정 지을 수 있는지는 좀 더 생각해 볼 필요가 있다.

천태는 『법화현의』에서 이들에 대해 독특한 해석을 내놓고 있다. 이들이 교만하고 죄업이 두터워 『법화경』의 가르침을 듣고 구원받지 못하지만 뒤에 『열반경』의 가르침을 듣고 구원을 받게 된다는 것이다. 달리 말하면 5천의 증상만들이 『법화경』의 가르침은 들을 수 없는 낙오자들이지만 이들도 구제해야 하기 때문에 『열반경』이 등장하게 되었다고 해석한 것이다. 따라서 천태의 교관론에 따르면 『법화경』의 가르침이 최상이며, 『열반경』은 이삭을 줍는 가르침이라는 의미의 군습교(捃拾敎)인 것이다.

천태의 해석은 매우 종교적이어서 우리가 이해하기 어려운 부분도 많다. 문헌학의 발전으로 『아함경』 이래 많은 설법을 통해 불교적 구원이 있어 왔다는 점을 알고 있는 우리로서는 『법화경』의 가르침이 최고라며, 다른 가르침을 폄하하는 그의 견해를 수용하기 어렵다.

　이에 대해서는 다양한 해석이 가능하지만 현대불교학의 방법론에 의하면 교단의 발전 과정을 이해할 필요가 있다. 대승불교라는 새로운 불교운동은 순조롭게 전개되지 않았다. 기존 교단의 반발과 저항도 심했다. 자신들의 기득권과 종교적 권위를 지키고자 새로운 불교운동을 박해하기도 했는데, 그러한 교단 내외의 정황은 대승경전의 편집 과정에도 반영되었다. 오천 증상만의 퇴장이라는 『법화경』의 구절은 이러한 사실을 암시하는 극적인 장면이 아닐 수 없다.

　『반야경』을 비롯한 초기 대승경전에는 대승불교 운동가들과 기존의 부파교단 사이에 대립과 갈등이 존재했다는 것을 암시하는 구절들이 많이 나온다. 특히 초기 대승불교 운동가들은 새로운 불교운동의 정당성을 확보하기 위해 기존 부파교단의 시대적 한계나 교단의 무기력함을 역설했다. 그것은 기존 부파교단을 소승이라 폄훼하고 있는 점에서도 알 수 있다. 부파불교의 전개를 추동한 근본 원인이 법의 정통성을 확보하기 위한 치열한 경쟁에 있었다는 점에서 보면, 기존의 부파교단과 대승불교 운동 사이에 얼마나 치열한 논쟁과 갈등이 있었는지는 쉽게 추측할 수 있다.

　따라서 5천 명의 증상만을 『법화경』의 내용에 따라 설명하면 순리에 역행하는 무리로 판단할 수도 있지만, 불교의 역사가 오랜 시간을 거쳐 형성되었다는 거시적 차원에서 바라보면 이들 증상만은 대승불교란 새로운 불교운동에 동참하지 않은 전래의 부파불교, 즉 기존 교단의 지지 세력을 지칭하는 것이라 말할 수 있다. 그리고 그렇게 해석하는 것이

『법화경』을 보다 바르게 이해하는 길일 것이다.

　역사는 도전과 응전 속에서 대립과 갈등, 파탈(破奪)과 창조의 반복으로 이루어진다. 불교 역시 그러한 흐름에서 벗어나 있지 않다. 그렇기에 지금도 새로운 불교운동이 지속되는 것이리라. 이는 긍정적인 차원에서 보면 변화에 순응하는 것이며, 새로운 시대를 끌어갈 이론을 재정립하는 것이다. 5천 명의 증상만이 퇴장한 것은 그런 차원에서 구시대의 청산이자 새로운 시대의 시작을 암시한다. 부파불교의 한계를 타파하고 새로운 불교운동이 시작되었다는 것을 의미한다. 『법화경』의 가르침에 따라 새로운 불교적 가치관을 정립하는 것이며, 그러한 가르침에 따라 자신의 삶을 새롭게 구성하는 것이다. 부처님은 '이제 이 무리에는 곁가지는 없고 참된 사람만 남았다'고 말씀하신다. 참된 사람이란 변화를 인정하는 무리이다. 5천 명의 퇴장으로 새로운 도전이 시작된 것이다. 부처님은 이를 기회로 새로운 세상을 만들자고 선언한 것이다.

부처님이 이 세상에 나오신 목적

『법화경』은 부처님이 이 세상에 나와 중생을 제도하기 위해 노력하고 있으며, 그것이야말로 우리가 부처님을 믿어야 할 가장 중요한 이유라고 말한다. 이것을 「방편품」에서는 일대사인연(一大事因緣) 또는 출세본회(出世本懷)라 한다. 일대사인연이란 '인생에서 가장 중요한 인연'이라는 의미이며, 출세본회란 이 세상에 나오신 궁극적인 목적이란 뜻이다.

"이유가 무엇인가? 일체의 부처님 세존은 오직 일대사인연 때문에 세상에 나오셨느니라. 사리불아, 무엇을 일체의 부처님 세존께서 일대사인연 때문에 세상에 나오신 것일 뿐이라 말하는가? 일체의 부처님 세존은 중생에게 부처님의 지견을 열어 청정함을 얻게 하고자 하기 때문에 세상에 나오신 것이며, 중생들에게 부처님의 지견을 보이고자 하기 때문에 세상에 나오신 것이며, 중생들이 부처님의 지견을 깨닫게 하고자 하기 때문에 세상에 나오신 것이며, 중생들이 부처님의 지견의 길에 들어가게 하고자 하기 때문에 세상에 나오신 것이니라. 사리불아 이것이 일체의 부처님께서 일대사인연 때문에 세상에 나오신 것이니라."

위의 내용을 간추리면 부처님이 이 세상에 나오신 이유가, 중생들에게 부처님의 지견(知見)을 열어서[開] 보여주고[示] 깨닫게 하고[悟] 들어가게 하는 것[入]에 있다는 말이다. 흔히 개시오입이라 말하는데 여기서 부처님의 지견이란 부처님이 지니고 있는 지혜를 말한다. 『법화경』에서는 이것을 일승(一乘)이나 일해탈(一解脫) 등의 용어로 표현하고 있으며, 『열반경』이나 여타의 대승경전에서는 불성이라 표현한다.

부처님의 지견이란 무엇인가, 일승 혹은 불성이 무엇인가 하고 물으면 그것을 논리적으로 설명하기 쉽지 않다. 일정한 범위 안에서는 논리적 설명이 가능할지라도 그 범주를 넘어선 세계는 불교적 수행에 의해서만 맛볼 수 있기 때문이다. 앞서 설명한 바 있지만 부처님의 지견의 세계는 언어로 도달할 수 있는 세계가 아니라 오직 불교적 수행에 의해서만 체험할 수 있는 세계이다. 그곳은 논리를 초월해 있는 세계로 믿음과 종교적 수행을 전제로 하는 세계인 것이다.

부처님께서 이 세상에 나오신 목적이 중생을 위한 것이라는 정의는 우리에게 희망적인 가르침이 분명하다. 『법화경』의 존재 의의를 한마디로 정의하면 그것 역시 중생을 위한 것이라 할 수 있다. 위한다는 것의 구체적인 내용이 깨달음이든 아니면 사회적 봉사든 그것은 결국 인간을 성숙시키는 것이며, 인간 세상을 평화롭게 만드는 것이며, 인간들이 서로 사랑하게 하는 것이다. 불교는 여기서 더 나아가 일체 모든 생명체에 대한 사랑과 존중을 강조한다.

이런 점은 『법화경』뿐만 아니라 다른 경전도 마찬가지다. 초기불전에 나타난 전도 선언의 정신을 비롯해 수많은 대승경전에 다양한 방식으로 표현되어 있다. 몇 가지 실례를 보자.

"반야바라밀은 큰일[大事] 때문에 생긴다. 수보리야, 일체 부처님의 큰일이란 이른바 일체중생을 구제하는 일이며, 일체중생을 버리지 않는 것이다(『대품반야경』「문상품」)."

"여래는 번뇌가 없는 대자대비로 삼계를 가엾이 여기기 때문에 세상에 나오신다. 오직 가르침을 밝혀 군맹(群萌:중생을 다양한 새싹에 비유한 것)을 구제하고자 하며, 은혜로 진실한 이로움을 주고자 한다(『무량수경』)."

『반야경』과 정토교의 기본 경전인 『무량수경』의 이러한 가르침은 표현상의 차이는 있지만 「방편품」에서 밝히고 있는 출세본회와 다르지 않음을 알 수 있다.

그러나 천태종의 창시자인 천태 지의는 『법화경』을 우위에 두고 다른 경전과의 차별화를 시도한다. 다른 경전들은 부처님께서 세상에 나오신 목적을 밝히고 있는 데 불과하지만 『법화경』은 부처님께서 세상에 나오신 목적을 달성한 경전이라고 주장한다. 그리고 다음과 같은 이유를 들어 자신의 주장을 합리화한다.

부처님께서 깨달음을 성취한 뒤 바로 『화엄경』을 설했지만 너무 고상한 가르침이라 중생들이 이해하지 못하므로 『아함경』을 설해 기초를 다지게 된다. 이어 어느 정도 이해할 수 있는 기초가 확립되자 『유마경』이나 『반야경』과 같은 한 차원 더 높은 공(空)사상을 설하게 된다. 그렇게 하여 중생들이 고상한 부처님의 가르침을 이해할 수 있는 능력을 갖추게 되자, 마침내 『법화경』을 설해 부처님께서 이 세상에 출현하신 궁극적인 목적을 달성할 수 있게 되었다고 말한다.

천태 지의의 위와 같은 차별화를 보통 오시교판(五時敎判)이라 말한다. 자신의 주장을 정당화하기 위해 다양한 경전을 필요에 따라 정리한 것이다. 오시교판을 현대의 문헌학적 방법론에서 본다면 특별한 의미가 있는 것은 아니지만 그의 심오한 사상체계를 이해하는 데는 많은 도움이 된다. 뿐만 아니라 그가 종교성과 합리성을 담보하기 위해 고심했다는 것을 알 수 있다.

그의 오시교판은 「방편품」의 게송인 다음의 구절에서 힌트를 얻은 것으로 보인다.

"둔한 무리들은 소승법을 원해 생사에 집착하고 한량없는 부처님 밑에서 불도를 닦지 않아 온갖 고통을 받고 있기에 열반을 설했나니 이 방편 만들어서 부처님의 지혜에 들게 하되 …중략… 이 9부법은 중생 따라 설하여서 대승에 들게 하는 근본이기에 설하는 것이니라."

위 게송에서 말하는 집착에 대해 길장은 『법화유의』에서 네 가지로 설명하고 있다. 삼계에 집착하는 착계(着界), 수행의 경지(욕계지 내지 멸

진정지)에 집착하는 착지(着地), 재가자는 오욕에 집착하고 출가자는 명리(名利)에 집착한다고 보는 분착(分着), 소승에 집착하거나 대승에 집착하는 것 등의 승착(乘着)이 그것이다.

지금부터는 일대사인연과 개시오입에 대한 천태 지의의 해석을 간단하게 살펴보기로 한다. 일대사(一大事)에 대해 천태는 두 가지 해석을 하고 있다.

첫째는 일을 진리나 법신으로, 대를 지혜나 반야, 사를 수행이나 해탈로 해석하는 것이다. 이렇게 진리와 지혜, 수행을 일대사로 해석하는 경우는 실천의 일치를 강조한 것이다. 두 번째는 일대사를 법신과 반야, 해탈로 해석하는 경우인데 이는 세 가지 법이 동일하다는 것을 강조한 것이다. 참고로 『열반경』에서는 대사(大事)를 불성(佛性)으로 해석하고 있다.

개시오입에 대해서는 다음과 같이 해석한다. 개(開)란 처음으로 무명을 깨뜨리고 여래장(如來藏)을 열어 실상의 도리를 보는 것이며, 시(示)란 미혹의 장애가 제거되고 지견(知見)의 본체가 나타난 것이자, 본체가 만 가지 덕을 갖추어 법계의 다양한 덕을 드러내는 것이다. 오(悟)란 장애가 제거되고 본체가 드러남에 따라 사리(事理)가 융통해져 대립이 없는 것이며, 입(入)이란 사리가 융통무애함에 따라 살바야(薩婆若:일체의 지혜)의 바다에 들어가는 것이다.

이에 대해 당나라 때의 규기는 다음과 같이 부처님의 지견을 정의하고 있다.

"부처님의 지견이란 여래가 여실(如實)함을 깨달아 그 의미를 아는 것이며, …중략… 정체지(正體智)와 후득지(後得智)가 바로 진여이니 합하여 지견이라 말한다. 성(性)으로 상(相)에 나아가기 때문에 지견이라 이름한다(『법화현찬』)."

또한 유식사상에 입각해 다음과 같이 개시오입을 해석하고 있다. 개란 '위 없다[無上]'라는 뜻이니 일체를 제거하여 남은 것이 없기 때문이다. 일체지란 부처이다. 시란 같다는 의미이니 성문, 벽지불, 부처의 법신이 평등한 것이다. 법신이 평등하다는 것은 불성과 법신은 차별이 없다는 것이다. 오란 '모른다[不知]'는 뜻이니 일체의 성문과 벽지불은 그 진실한 것을 알 수 없기 때문이다. 입이란 불퇴전의 경지를 증득케 해서 한량없는 지혜의 업을 보여주는 것이다.

지금까지 두 분의 해석을 살펴보았지만 너무 현학적이어서 일반 신자들에게는 어렵게 느껴질 수밖에 없을 것이다. 특히 입에 대한 해석은 너무도 관념적이다. 필자는 이것을 늘 부처님의 가르침에 따라 육바라밀을 실천궁행하는 것으로 해석한다. 그것이 『법화경』의 사상과 통한다고 보기 때문이다.

논리의 부정과 그 의미

「방편품」 중에서 가장 중요한 가르침의 하나는 논리를 부정하고 있다는 점이다. 궁극적인 가르침은 언어를 초월해 있기 때문에 범부들의 의식을 가지고는 도달할 수 없다고 가르친다.

"사리불에게 말씀하시되, 제불의 지혜는 심심무량(甚深無量)하며 그 지혜의 문은 이해하기도 어렵고 들어가기도 어려우니라[難解難入]. 일체의 성문과 벽지불이 알 수 있는 바가 아니니라[所不能知]. …중략… 이 법은 사량이나 분별로 이해할 수 있는 것이 아니다. 오직 부처님들만이 알 수 있는 것이다. 왜냐하면 제불세존은 오직 일대사인연 때문에 세상에 출현하셨기 때문이니라[是法非思量分別之所能解. 唯有諸佛乃能知之. 所以者何. 諸佛世尊唯以一大事因緣故出現於世]."

위의 인용문은 성자의 가르침, 좀 더 구체적으로 말하면 『법화경』의 내용은 논리적 판단이나 설명에 의지하지 않고 그것을 초월해 있음을 강조하고 있다. 이러한 태도는 '이 법은 보일 수 없는 것이며, 언어의 모습이 사라진 것이다[是法不可示 言辭相寂滅]'라는 게송에서 더욱 확연히 드러난다. 하지만 우리들을 당혹스럽게 만드는 것은 '사리불아, 너희들은 마땅히 부처님의 여러 가르침을 믿어야 하느니라. 말씀에 허망함이 없느니라[舍利弗, 汝等當信佛之諸說 言不虛妄]'라고 강조하고 있다는 점이다.

여기서 우리들은 의문을 가지지 않을 수 없다. 경전의 가르침에 따른다면 『법화경』의 내용은 볼 수도 없고, 이해하기도 어려운 것이라 하는데 그 이유는 무엇인가? 또한 부처님은 어떻게 논리나 언어를 초월해 있는 것을 논리나 언어로 표현할 수 있는 것인가? 무슨 이유로 우리들은 『법화경』의 궁극적인 내용을 이해할 수도 없고 깨달을 수도 없다고 말하는가?

쉽지 않은 대목이지만 그렇다고 아주 절망하거나 포기할 필요는 없다. 이러한 『법화경』의 가르침을 이해하기 위해서는 『금강경』의 가르침에 주목할 필요가 있다.

"여래가 설하는 일체의 모습은 바로 모습이 아닌 것[卽非相]이며, 또한 일체의 중생은 바로 중생이 아니라고 설한다. 수보리야, 여래는 진실을 말하는 자[眞語者]이며, 실답게 말하는 자[實語者]이며, 있는 그대로 말하는 자[如語者]이며, 속이는 말을 하지 않는 자[不誑語者]이며, 다른 말을 하지 않는 자[不異語者]이니라. 수보리야, 여래가 얻은 이 법은 진실한 것도 허망한 것도 아니다[無實無虛](『금강경』「이상적멸분」)."

이 구절의 논리적 지향점은 마지막의 무실무허(無實無虛)에 있다. 진실한 것도 아니요 허망한 것도 아니라는 전제 위에서 진실을 말하는 것이며, 있는 그대로 말하는 것이며, 속이는 말을 하지 않는 자라 표현하는 것이기 때문이다. 왜냐하면 진실과 허망이라는, 대립하는 두 개의 개념에 사로잡혀 있는 한 진실은 표현될 수 없다. 무엇인가 표현했다면 그것은 이미 어떠한 전제나 영향 속에서 형성된 관념의 조각에 불과하기 때문이다. 부처님은 다만 '있는 그대로', '보이는 그대로' 말하는 것일 뿐 허망하지 않은 진리를 말하는 것은 아니다. 무엇보다 진실은 허망하지 않으며, 허망은 진실일 수 없지만 허망과 대립하고 있는 진실이 있는 그대로 동시에 하나의 세계임을 말하는 것이다. 그것이 있는 그대로를 의미하는 여(如)이며, 진실인 것이다.

그런데 『금강경』에서는 '사물에 사로잡혀 버린 구도자'는 '있는 그대로' 볼 수 없다고 말한다. 이것을 일반적으로는 갇혔다고 말하는데 다른 표현으로는 암(闇:닫힌 문)이라 한다. 이것을 「방편품」에서는 '부처님의 지혜는 심원하여 볼 수도 없고, 이해하기도 어려우며, 들어갈 수도 없다'고 표현하고 있는 것이다. 결국 『금강경』의 표현에 의거한다면 '볼 수도 이해할 수도 없다'는 것은 '닫힌 문 속에 갇혀 있다'는 것을 시사하며, 무엇인가의 대상에 사로잡혀 있다는 것을 의미한다.

『구사론』에 의하면 '사물에 사로잡혀 있다'는 것은 다섯 가지 의미가 있다고 본다. 자성, 의식의 대상, 집착의 장소, 원인[因], 사용[私用]행위 등이다. 에드워드 콘즈는 이것에 '대상 의식'이라는 번역어를 부여하고 있다. 혹은 와스투란 학자처럼 장소란 의미로 사용하기도 한다. 여하튼 '사물에 사로잡혀 있다'는 것은 '의식의 대상에 사로잡혀 있거나 장소에 사로잡혀서 몸을 움직일 수 없는 상태'를 가리키는 것으로 설명할 수 있다. 그리고 그러한 상태에 있는 자들은 존재 전체를 볼 수 없다. 어떤 특정한 장소에서 특정한 대상에 사로잡혀 있는 대상만을 볼 수 있을 뿐이다. 그것은 진실일 수 없으며, 그러한 상태에 있는 사람들은 존재의 참다운 모습을 볼 수 없다. 현실의 예를 들면 인종, 출신 성분, 빈부귀천, 남녀, 지역, 종의 차이 등등에 사로잡혀 본질적 가치를 볼 수 없는 것과 같은 것이다.

여기서 대상 의식에 빠져 있는 사람들을 치료하기 위해 먼저 그들이 의지하고 있는 언어와 논리를 부정한다. 대상 의식에서 벗어난 사람들에게 부처님은 존재의 전체, 존재의 실상 자체를 여실하게 보여준다. 그것을 '여래의 도움으로' 마침내 교법이, 존재의 실상이 알려진다고 표현한다. 역으로 말하면 부처님의 도움이 아니면 존재의 실상을 있는 그대로 받아들일 수 없다는 점에서 부처님에 대한 절대적 믿음을 지녀야 한다. 부처님께서 논리에 의지하지 않고 직관적 체험에 의지해 존재의 실상을 있는 그대로 파악하듯이, 부처님을 믿는 자들도 논리에 의지하지 말고 종교적 체험에 의지해 존재의 실상, 생명의 실상을 파악해야 한다는 가르침이 전제되어 있는 것이다. 진리는 언제나 만인을 향하고 있지만 대상 의식을 버린 사람, 헤아리거나 비교하지 않는 사람에게만 열려있다. 그런 점에서 『법화경』은 우리에게 준엄한 믿음을 요구한다.

"사리불아, 일체의 부처님은 오탁악세(五濁惡世)에 세상에 나오신다.

이른바 겁탁(劫濁), 번뇌탁(煩惱濁), 중생탁(衆生濁), 견탁(見濁), 명탁(命濁)이다. 이와 같이 사리불아, 시대가 혼탁하고 어지러운 때에 중생의 허물이 무겁고 간탐과 질투로 착하지 않은 근기를 성취하기 때문에 일체의 부처님은 방편의 힘으로 일불승에서 분별하여 삼승을 설하느니라."

여기서 말하는 탁(濁)이란 『금강경』에서 말하는 암(闇)과 상통한다. 유한한 자신과 한정된 존재자인 생명체 일반에 사로잡혀 존재 일반을 바라볼 수밖에 없는 입장을 나타내는 단어이기 때문이다. 그렇지만 그러한 점을 없앨 수만 있다면 그 이면에는 한정할 수 없는 유일한 입장, 즉 부처님의 입장에서 존재를 있는 그대로 보고 수용할 수 있는 눈을 지닐 수 있게 된다. 그리고 부처님은 중생을 그러한 상태로 만들기 위해 존재한다고 말한다.

궁극적인 세계를 언어로 표현할 수 없다고 하거나 불가시적인 존재라 표현하는 것은 『법화경』만의 주장은 아니다. 현대철학자의 한 명인 하이데거는 절대자를 불가시적인 존재로 규정한다. 나아가 절대자와 소통하기 위해 오염되지 않은 소통의 도구로 특별한 기호가 필요하다고 생각했다. 동일한 맥락에서 절대의 세계는 일상의 언어로는 표현할 수 없는 것이라는 사고가 불교에도 있었다. 많은 대승경전을 비롯해 당나라의 선종에는 진일보한 사고방식이 등장한다. 남양 혜충(南陽慧忠) 국사에서 탐원(耽原) 스님을 거쳐 앙산 혜적(仰山慧寂)으로 전해진 원상론(圓相論)은 도안화된 부호를 사용해 깨달음의 세계를 표현하고자 했으며, 이것이 위앙종의 특색이 되었다. 나아가 이 도안은 송대에 들어오면 주렴계의 태극도설(太極圖說)이 성립하는 데 영향을 미치게 된다.

수행의 단순화와 만선성불론

「방편품」에는 '만선성불론(萬善成佛論)'으로 불리는 이 경전 특유의 성불론이 나온다. 「방편품」 후편의 게송은, 과거 무수한 부처님들이 헤아릴 수 없는 방편의 힘으로 모든 존재의 실상을 설하시는데 그것들은 모두 일승법을 설하는 것이며, 일체중생을 부처의 길[佛道]에 들어가게 하는 것이라 설하고 있다. 이로 인해 성불한 중생이 무수히 많은 것은 물론이다. 성불한 사람들이 닦은 인행(因行)은 다음과 같다.

첫 번째, 보시·지계·인욕·정진·선정·지혜 등을 실천.
둘 번째, 부처님께서 멸도하신 뒤에 착하고 유연한 마음(善軟心)을 지님.
세 번째, 부처님께서 멸도하신 뒤에 사리를 공양하는 것.
네 번째, 칠보로 치장하여 탑을 세우거나 돌탑을 세우며, 전단향·침수·목밀·기타 목재·벽돌·진흙 등으로 탑을 만들거나, 들판에 흙을 쌓아 불탑을 만드는 것.

다섯 번째, 어린애가 장난으로 모래를 쌓아 불탑을 만드는 것.

여섯 번째, 부처님을 위해 다양한 형상을 건립하는 것.

일곱 번째, 칠보나 투석·적백동·백랍·납·주석·철·나무·진흙·교칠포로 치장하여 불상을 만드는 것.

여덟 번째, 색채로 장엄한 불상을 그리되 자신이 하거나 남을 시켜 그리는 것.

아홉 번째, 어린애들이 장난으로 초목이나 붓·손톱으로 불상을 그리는 것.

열 번째, 탑묘나 보상(寶像), 화상(畵像)에 꽃과 향·번개를 공양하거나 남을 시켜 음악을 울리되 북 치고, 소라 불며, 피리·거문고·공후·비파·징·동발 등을 울리며 공양하는 것.

열한 번째, 노래로 부처님의 덕을 찬양하는 것.

열두 번째, 부처님의 화상(畵像)에 산란한 마음으로 꽃 한 송이 공양하는 것.

열세 번째, 불상에 예배나 합장 나아가 한 손을 들거나 머리를 약간 숙이는 것.

열네 번째, 산란한 마음으로 탑묘에 들어가 '나무불'하고 단 한 번만이라도 외우는 것

열다섯 번째, 과거·현재·미래의 모든 부처님의 설법을 단 한 번만이라도 듣는 것.

이상에서 주목할 것은 항목의 다소를 떠나 성불의 방식이 매우 일상적

이고 상식적이라는 점이다. 성불하기 위한 수행이 어렵다는 생각을 던져버리게 한다. 이런 점은 『법화경』 이전의 불교에서 주장했던 '삼아승기겁의 수행을 통해 성불한다든가, 4향 4과에 의거한 단계적인 수행론, 혹은 보살 수행의 4단계를 언급하는 반야사상, 보살의 십지를 주장하는 화엄사상 등'과 그 사상의 궤적을 달리하는 것이다.

또한 4념처관이나 5정심 등의 전통적인 수행 방식과 달리 일체의 선행이 그대로 성불할 수 있는 수행이라고 선언하고 있다는 점에서 파격적이다. 지나치게 이전의 불교사상과 차별화되고 있다는 점에서 전통적인 불교사상에서 일탈한 것이기도 하다. 파격적이기 때문에 오히려 생경한 느낌을 지울 수 없다. 그럼에도 불구하고 대승불교의 핵심이라 할 수 있는 육바라밀을 초두에 열거하며 강조하고 있는 점은 만선성불론이 대승불교의 흐름에 편승하고 있다는 사실을 강조하는 것이기도 하다. 이것은 대승불교의 보편적인 흐름에 편승하면서도 『법화경』 독자의 수행론을 제시하여 그 종교적 목적을 달성하고자 하는 법화행자들의 의도를 알려주는 것이다.

대승불교 운동의 시원을 탐색했던 일군의 학자들은 대승불교 운동이 불탑을 중심으로 활동했던 비승비속의 보살 집단에서 태어났다고 주장하기도 한다. 이들에 의하면 부파불교시대에는 삼보별체설(三寶別體說)에 입각해 불탑이 각 부파의 승원에서 독립해 있었다. 일반신자들의 종교 생활은 자유로운 광장이나 교통 요지에 위치한 불탑을 중심으로 이루어지게 되었고, 불탑에 대한 신도들의 재산 기증은 불탑을 중심으로 비승비속의 신앙자 그룹인 보살중이 탄생하게 되었다는 것이다. 이들이 불탑과 불탑이 지니고 있던 막대한 재산을 기반으로 새로운 불교운동이라 말할 수 있는 대승불교 운동을 이끌게 된다는 것이다.

이러한 주장의 옳고 그름을 떠나 대승불교가 대중적인 성향을 지니고 있었던 것은 사실이며, 대중들은 번쇄한 철학적 탐구보다는 경건한 신심과 구복에 의지하는 현실을 중시하는 종교적 경향이 강했다는 점을 의미하는 것이기도 하다. 그런 점에서 본다면 조상과 조탑 공양의 강조는 매우 대중적인 호소력을 지니지 않을 수 없었다.

또한 장난으로 부처님의 모습을 그려 합장하거나 모래로 탑을 만들어 놓고 합장 예배하거나 불상을 그려 예배하거나 '부처님에게 귀의합니다'라고 중얼거리는 것만으로도 성불할 수 있다고 강조하는 것은 수행의 단순화, 일상화를 의미하는 것으로 이해할 수 있다. 전문적인 수행자가 아니더라도, 혹은 특별하게 출가하지 않더라도 부처님과 교감하며 그의 제자가 될 수 있다고 선언한 것이다.

반면에 『법화경』보다 성립이 빠른 것으로 알려진 반야사상은 철저한 무집착 공의 정신에 입각해 조상(造像)과 조탑(造塔)을 그다지 중요하게 생각하지 않았다. 반야부 중에서 대표적인 경전 중의 하나인 『금강경』에서 '부처를 물질이나 음성으로 구하려고 하는 것은 삿된 도를 행하는 것과 같아서 여래를 볼 수 없다'고 하는 구절은 그러한 사상을 단적으로 나타내는 것이다. 그런 점을 감안한다면 조탑과 조상, 심지어 음악, 그림을 통해 성불할 수 있다고 강조하는 『법화경』의 주장은 획기적이며, 매우 개방적이고 대중적인 성향을 보여주는 것이라 말할 수 있다.

경건한 신심만으로 성불할 수 있다는 주장은 외견상 『법화경』 자체의 주장과도 상호 모순을 노출하는 것처럼 보인다.

첫째, 「방편품」에서 여래가 깨달은 지혜는 깊고 깊어 성문과 연각은 알 수 없는 것이며, 오직 부처와 부처만이 알 수 있다고 주장하고 있다. 그렇다면 어떻게 해서 성문, 연각도 이해할 수 없는 부처님께서 깨달은 일승의 세계를 범부들의 평범한 신심과 예배를 통해 들어갈 수 있다고 말하는가?

둘째, 오직 일승일 뿐 2승이나 나머지 수레는 없다고 주장하면서 역설적으로 만선성불을 주장하는 것은 논리적 모순이 아닐 수 없는데 그 점은 어떻게 해결해야 하는가?

셋째, 선행만으로도 성불할 수 있는데 성문과 연각이 이해할 수 없다고 강조한 이유는 무엇인가?

이러한 의문에 대한 대답은 수행과 직결되어 있다. 즉 불가시(不可示)의 세계인 불성을 인식하려면 수행이 필요하며, 수행을 통해 집착하는 마음, 분별하는 마음, 대상 의식 등에서 탈피할 때 비로소 그 세계에 진입할 수 있다고 보기 때문이다. 여기서 '믿음은 탐진치의 삼독을 소멸시키고, 수행은 분별의식을 탈각시킨다'는 『대지도론』의 설법을 상기할 필요가 있다. 믿음에 의거한 종교적 실천을 중시한다면 '나[我]'라든가 '나의 소유'라는 의식을 초탈할 수 있다고 보는 것이다. 나와 나의 소유라는 의식을 탈피하여 행하게 되는 일체의 복덕행과 지혜의 활동이 바로 성불로 가는 길이며, 그런 점에서 만선성불은 복덕문과 지혜문을 실생활과 연관시킨 이행도(易行道)의 실천문이라 본 것이다.

길장은 『법화현론』에서 '정인(正因)은 불성이며, 연인(緣因)은 만선'이라 말하는데 연인이 불성을 깨우치도록 도와주는 역할을 의미한다는 점에서 순수한 만선의 실천이 성불의 원인이 된다고 말하는 것이다. 천태는 『법화문구』에서 마음이 선한 사람들은 네 가지를 수행한다고 말한다. 즉 좋은 친구를 가까이하고, 정법을 들으며, 이치에 따라 사유하고, 설법대로 수행한다는 것이다. 그래서 부처의 세계를 체험하고 구현할 수 있다고 보는 것이다.

제3 비유품 譬喩品

불난 집의 비유

「비유품(譬喩品)」은 「방편품」 다음에 이어진다. 「방편품」이 『법화경』 전체의 교리적 강령을 말하고 있는 품이라면 「비유품」 이후에 나오는 품들은 「방편품」의 핵심 사상을 다양한 각도에서 이해하기 쉽게 해설하는 품이라 생각하면 된다. 그런 점에서 부처님께서 중생들을 깨달음의 세계로 인도하기 위해 어떠한 방법을 활용하고 있는가를 알려주는 것이다. 말하자면 특정한 목표를 달성하기 위해 실행하는 다양한 교육적 방법이라 이해하면 편하다. 「비유품」은 제목처럼 부처님의 설법을 비유라는 형식을 빌려 전개하는 방법이다. 『법화경』에 나오는 일곱 가지의 핵심적인 비유[法華七喩] 중에서 맨 처음 나오는데, 이것이 유명한 '불난 집의 비유[火宅喩]' 설법이다.

우선 이해를 돕기 위해 제목에 대한 법화사상가들의 해설을 살펴보면 다음과 같다. 즉 『법화문구』에 의하면 천태 지의는 '비(譬)는 비교해 가르쳐 주는 것이며, 유(喩)는 깨우쳐 가르쳐 주는 것'이라 정의하고 있다. 비유를 설하는 이유에 대해서는 '부처님께서는 일음(一音)으로 비유를 설해 중하근기의 사람들이 교묘하게 사실단(四實檀)의 이익을 얻도록 하기 때문에 「비유품」이라 한다'고 밝히고 있다.

실단은 범어 싣단따(siddhanta)의 음역이며, 성취, 종취, 이치 등의 의미가 있다. 부처님께서 중생을 깨달음의 세계로 인도하기 위해 제시한 가르침의 네 가지 범주를 말한다. 천태 지의는 『대지도론』의 영향을 받아 네 가지 실단을 부처님께서 중생에게 베푸는 사법(四法)의 가르침이라 해석한다. 즉 세계실단, 위인실단, 대치실단은 방편에 속하며 제일의 실단은 진실에 속한다고 말한다. 방편의 문을 열어 진실을 보여주기 위해 필요한 것이 사실단이라 본 것이다. 다양한 부처님의 가르침을 크게 방편과 진실로 구분하고 거기에 사실단을 배열했다고 보면 된다. 중국 법상종의 대성자인 규기는 비유에 대해 다음과 같이 언급하고 있다.

"일곱 종류의 번뇌의 성질을 지니고 있는 중생을 위해 일곱 가지 비유를 설하며, 일곱 가지의 증상만을 치료한다. 그리고 세 종류의 염만(染慢: 오염과 교만), 번뇌가 없는 사람의 삼매해탈견 등의 염만을 위해 이들을 치료하고자 세 가지의 평등을 설한다(『법화현찬』)."

인용문에 언급되고 있는 일곱 가지의 증상만이란 자기보다 못한 자와 비교해 우월감을 느끼는 만(慢), 자기와 동등하거나 나은 사람과 비교해 같거나 뛰어나다고 생각하는 과만(過慢), 자기보다 훌륭한 사람과 비교해 더 낫다고 생각하는 만과만(慢過慢), 육신을 참 나[眞我]로 집착하는 아만(我慢), 아직 깨닫지 못했으면서 깨달았다고 생각하는 증상만(增上慢), 자신보다 월등히 훌륭한 사람과 비교해 약간 못하다고 생각하는 비만(卑慢), 덕이 없으면서 덕이 있다고 생각하는 사만(邪慢) 등이다.

인용문에서 말하는 세 가지 평등이란 불법승의 평등 내지 신구의(身口意) 삼업의 평등, 혹은 마음과 부처와 중생의 평등을 말하는데 이 문단에서는 마음과 부처와 중생의 평등을 의미하는 것으로 해석된다.

또한 규기는 "일곱 가지 비유란 범부와 유학자(有學者)는 번뇌를 지니고 있다고 하거나 일곱 가지의 증상만의 염만을 지니고 있다고 말하므로 이들을 치유하기 위해 일곱 가지 비유를 설한다"고 거듭 밝히고 있다.

초기불교 이래 부처님의 설법은 다양한 형식으로 표현된다. 그렇지만 이들을 정리하면 대략 9종에서 12종을 넘지 않는다. 이것을 9분교 혹은 12분교라 말한다. 비유는 부처님의 여러 가지 설법 형식 중의 하나로 일찍부터 알려져 왔으며, 특정한 장소나 대상에 따라 비유의 형식을 취했던 것은 아니다. 그럼에도 천태나 규기는 '중하근기의 사람들을 인도하기 위해 채택된 설법 형식'으로 생각하고 있다. 명석하고 지적인 능력이 뛰어난 사람들은 굳이 비유의 형식을 취하지 않아도 부처님께서 말하는 의미를 알아차린다는 점에서 그렇게 생각했을 것이다.

여하튼 「비유품」은 불난 집이란 한계상황을 제시하여 부처님께서 중생들을 위해 어떠한 방편을 사용하고 있는가를 알려준다. 사실 인간이란 태어나면서부터 한계상황에 직면해 있다고 말해도 과언이 아니다. 『여시어경』의 말씀처럼 개개인은 문화적 환경, 자연적 환경, 개인의 기질, 교양의 정도, 취미, 기호 등 다양한 여건에 따라 각자의 한계상황을 연출한다. 그중에서도 인간이 태어나면서 지니는 다양한 욕망의 지배를 벗어나기는 쉬운 일이 아니다. 엄밀하게 말하자면 인간이란 태어날 때부터 욕망의 지배를 받으며, 그 욕망을 가능한 범위 안에서 실현하기 위해 발버둥치는 존재들이라 정의할 수 있을 정도이다. 탐욕, 성냄, 어리석음, 교만, 의심 등은 인간이 존재하는 한 따라다니는 것들이다. 그런 점에서 인간은 태생적으로 욕망의 지배를 받으며, 그 욕망을 실현하기 위해 존재한다고 강변할 수 있다. 문제는 욕망이 적절하게 조절되지 않으면 인간은 그 욕망 때문에 불행해진다는 점이다.

'불난 집의 비유'는 이러한 인간의 한계상황을 전제하고, 그러한 한계상황을 벗어나게 하는 부처님의 자비심을 묘사하기 위해 구상된 것으로 본다. 따라서 경전에서는 부처님을 장자로, 중생을 자식으로 비유하고 있다. 나아가 인간이 처한 한계상황을 다음과 같이 비유적으로 설명한다.

"장자는 늙었으며, 재산, 전답, 가옥, 하인들은 매우 많았다. 그런데 그 집은 매우 크고 넓었으나 대문은 하나뿐이었다. …중략… 그 집은 모두 낡아서 벽과 담은 무너졌고, 기둥뿌리는 썩었으며, 대들보는 기울어져 위태롭게 생겼는데, 갑자기 사방에서 불이 나 한창 타고 있었다."

이러한 상황에서 장자는 불타는 집에서 자식들이 놀고 있는 것을 생각하게 되며, 그들을 탈출시키기 위해 다시 불난 집으로 들어간다. 그는 자식들에게 집에 불이 났으니 빨리 나가는 것이 좋겠다고 말하지만 아이들은 놀이에 팔려 나갈 생각을 하지 않는다. 그래서 이들을 불난 집에서 벗어나게 하려고 장난감 수레가 밖에 있으니 나가면 그것을 주겠다고 유혹해 아이들을 탈출시킨다. 양이 끄는 수레, 사슴이 끄는 수레, 소가 끄는 수레를 주겠다고 약속했지만 불난 집에서 나온 자식들에게 장자는 크고 흰 소가 끄는 수레를 주어 이들을 만족시킨다.

　인간의 한계상황을 불난 집에 비유한 가르침은 읽으면 읽을수록 그 깊이를 느끼게 한다. 인간이란 그러한 한계상황을 인식하면서도 '존재하기 위해서'란 전제 아래 여전히 그 속에서 무엇인가에 빠져 살고 있다. 바람에 흔들리는 조각배와 같이 안정감을 지니지 못한 채 시간을 보내는 것이다. 그런 점에서 비유로 등장한 불은 매우 다의적인 의미를 지닌다. 어느 특정한 것을 표현한 것은 아니다.

　그렇다면 「비유품」에서 말하는 불이란 구체적으로 무엇을 의미할까? 경전에서는 "(나는)삼계라는 썩고 낡은 집의 불타는 가운데서 태어나 중생들이 '나고 늙고 병들고 죽으며, 근심하고 슬퍼하며, 아파하고 괴로워하며, 어리석고 아둔한 삼독의 불에서 건져내려고' 아누다라삼먁삼보리를 얻게 하느니라"고 밝히고 있다. 바로 생로병사와 삼독을 불로 비유하고 있는 것이다. 이어지는 문장에서는 근심, 슬픔, 괴로움, 번민 내지 다섯 가지 욕망을 불로 표현한다. 이러한 것들은 모든 존재가 지니고 있는 본질적인 속성, 내지 존재하는 것에 대한 두려움, 실상과 부처님의 지혜에 대한 무지, 그리고 그로 인해 발생하는 정신적 육체적인 어둠을 비유적으로 설명한 것이다. 때문에 부처님은 중생들에게 다음과 같이 가르친다.

　"너희들은 삼계의 불타는 집에 있기를 좋아하지 말며, 빛·소리·냄새·맛·촉감 등 누추한 대상들을 좋아하지 말라. 만일 탐내고 애착하면 불에 타게 되느니라."

인용문을 통해서 알 수 있듯이 불은 여섯 가지의 감각 대상을 통해 사물에 집착할 때 발생하는, 매우 종교적이고 관념적임을 알 수 있다. 종교적이면서도 관념적이라 해서 현실성이 떨어지는 것은 아니다. 현실 속에서 우리가 느끼는 행복과 불행의 본질이 여기에 있기 때문이다. 참고로 천태 지의는 불에 세 가지 종류가 있다고 설명한다. 과보의 불, 악업의 불, 번뇌의 불이 그것이다.

불을 설법의 재료로 이용한 것은 『법화경』이 처음은 아니다. 이미 『잡아함경』이나 『사분율』 등에 나온다.

"비구들이여, 온 세상이 불타오르고 있다. 온 세상이 불타오르고 있다는 것은 무엇을 말하는가? 눈이 불타고 있다. 눈에 보이는 세상이 불타고 있다. 눈의 분별이 불타고 있다. 눈이 보아서 즐거운 것이나 괴로운 것이나 모두 불타오르고 있다. 무엇 때문에 불타오르는가? 탐욕의 불이 불타오르고 있다. 어리석음의 불이 불타오르고 있다. 또한 생로병사의 근심 걱정과 고통의 불길이 타오르고 있다. 이처럼 귀에서도, 코에서도, 혀에서도, 몸뚱이에서도, 마음에서도 불길이 훨훨 타오르고 있다."

이러한 내용을 「비유품」에서는 '불난 집의 비유'로 재구성하고 있다. 다른 점이 있다면 여섯 가지 감각기관을 중심으로 설한다는 점이다. 그러나 6근과 6경은 동전의 양면과 같은 것이기에 표현의 차이일 뿐 내용상으론 상통한다.

부처님은 중생의 아버지다

『법화경』은 부처님과 중생의 관계를 아버지와 자식으로 표현한다. 그중에서도 「비유품」은 중생이 부처님의 아들이기 때문에 마땅히 그들을 보호하고 인도할 의무가 부처님께 있다고 강조한다.

"사리불아, 부처님께서 이러한 것을 보고는 다음과 같은 생각을 했느니라. '내가 중생의 아버지가 되었으니 마땅히 이러한 고통에서 건져내어 한량없고 가없는 부처님의 지혜의 즐거움을 주어 그들로 하여금 노닐게 하리라.'

사리불아, 저 장자가 자기 자식들이 불타는 집에서 무사히 빠져나와 두려움 없는 곳에 이른 줄을 알고는, 자기의 재물이 한량없는 것을 생각하고, 큰 수레를 여러 자식들에게 평등하게 나누어 준 것과 같이, 여래도 그와 같이 온갖 중생의 아버지가 되었으므로 한량없는 억천 만의 중생이 부처님의 법문으로써 삼계의 괴롭고 두려우며 험한 곳에서 나와 열반의 즐거움을 얻는 것을 보고는, 여래가 그때 생각하기를 '내게는 한량없고 가없는 지혜와 힘과 두려움 없음 등의 여러 부처님의 법의 창고가 있으며, 이 중생들은 모두 나의 자식들이니 평등하게 대승을 줄 것이요, 한 사람이라도 홀로 열반을 얻게 할 것이 아니라, 모두 여래의 열반으로써 열반하게 하리라' 하고, 삼계를 벗어난 모든 중생들에게 다 부처의 선정과 해탈의 오락 기구를 주었으니 …하략…."

길게 인용했지만 이상은 모두 「비유품」에 나오는 구절이다. 부처님은 중생의 아버지이며, 그렇기에 아비가 자식을 보호하듯이 중생을 사랑하고 보호하리란 점을 밝히고 있다. 다른 한편으론 법의 계승이라는 점에서 부처님의 가르침을 통해 삼계의 고뇌를 제거할 수 있으며, 그러한 법의 창고 속에 들어 있는 진기한 보물들을 중생들에게 평등하게 나누어 주어 부처님과 똑같은 열반을 성취하게 하리라 강조한다.

부처님과 중생의 관계를 아버지와 자식으로 설정한 것은 『법화경』이 처음은 아니었다. 이미 『장부경전』 제27경인 『기세인본경』에 보이고 있다. 이 경전에 의하면 석가모니부처님께서 바라문 출신의 제자인 바세타와 함께 바이라드바샤로 향하면서 인간의 귀천은 4성 계급에 의해 좌우되는 것이 아니라 인격에 의해 판가름난다는 점을 밝히고 있다. 이러한 대화에 이어 석가모니부처님은 다음과 같이 말씀하신다.

"바세타여, 여래에게 믿음을 두고, 믿음의 뿌리를 생기게 하며, 믿음을 확립하고, 믿음을 견고하게 해서 사문이나 바라문, 하늘이나 마구니,

범천이나 세간의 어떠한 것에 의해서도 흔들리지 않는 자에 대해서는 진실로 이렇게 말해야만 한다. '우리는 진정한 세존의 자식이다. 입에서 태어난 자이며, 법에서 태어난 자이다. 법에 의해 형성된 자이며, 법의 후계자'라고. 왜냐하면 그것은 바세타여, 이들은 여래에게 잘 어울리는 이름이며, 법신(法身)이라고도, 범신(梵身)이라고도, 법체(法體)라고도, 범체(梵體)라고도 부르기 때문이다."

이상과 같은 종류의 가르침은 『상응부경전』에도 나오고 있다. 『법화경』을 중심으로 신행활동을 하고자 했던 불교운동가들은 초기불교의 이러한 가르침을 수용하여 『법화경』의 「비유품」에서 재구성했던 것이다. 「비유품」에도 이상의 인용문과 동일한 내용의 가르침이 보인다.

"세존이시여, 제가 옛적부터 날이 저물고 밤이 새도록 항상 스스로를 책망하였더니, 이제 부처님께 듣지 못했던 미증유한 법을 듣고는 모든 의심과 뉘우침을 끊어 몸과 마음이 태평해졌습니다. 저희들은 오늘에야 부처님의 참된 자식이 되었습니다. 부처님의 입에서 태어났으며, 법의 교화에 따라 태어났으며, 부처님의 법이라는 유산을 얻은 줄을 알았습니다."

이상의 인용문을 통해 「비유품」에서 말하고 있는 '중생이 부처님의 자식'이라는 가르침이 초기불교 이래 강조되어 온 것임을 알 수 있다. 석가모니부처님은 사성의 평등을 가르치기 위해, 인권의 존엄성과 생명의 고귀함을 가르치기 위해, 인간은 자신의 노력 여하에 따라 대접을 받아야 한다는 의미에서, 모든 존재는 '부처님의 입에서 태어난다'고 표현했다. 또한 인간의 자유의지를 존중하기 위해 '법의 교화에 따라 태어난다'고 설했던 것이다.

특히 '부처님의 입에서 태어난다'는 구절은 불교에 귀의하는 사람은 누구나 차별 없이 그 존엄성을 존중받아야 한다는 점에서 오늘을 사는 불자들에게 시사하는 바가 크다. 왜냐하면 인도의 카스트제도 속에서 최상의 계급인 바라문은 범천의 입에서 태어난다고 인식해 왔으며, 부처님은 그러한 것을 부정하기 위해 불자들은 범천보다 훨씬 존귀한 존재로 알려진 부처님의 입에서 태어난다고 가르쳤던 것이다.

중생은 부처님의 자식으로서 그분의 가르침을 듣고 새롭게 태어날 수 있다. 그것을 경전에서는 화생(化生)이라 표현하고 있다. 전통적인 해석에서는 화생을 어머니의 태반을 빌리지 않고 태어나는 것으로 보았지만 『기세인본경』 등의 내용을 참고하면 법의 교화에 따라 다시 태어나는 것이라 해석하는 것이 마땅할 것이다. 또한 「비유품」에서도 다음과 같이 가르치고 있다.

"내가 옛날에 일찍이 이만억 부처님의 처소에서 위없는 도를 위했기 때문에 항상 너를 가르쳤다. 너 역시 장야(長夜)에 나를 따라 수학했는데 나는 방편으로 너를 인도했기 때문에 (너는) 나의 법(가르침) 속에서 태어났느니라."

'부처님의 입에서 태어난다'는 것을 운허 스님 역본에서는 '부처님께서 설하신 법문을 듣고 귀의하였으며'라 번역하고 있다. 이것은 천태의 해석을 충실하게 따른 결과이다. 천태가 활동하던 당시의 중국인들은 인도의 풍속과 문화에 대해 오늘날과 같이 많은 정보를 지니고 있지 않았다. 때문에 '사람이 입에서 태어난다'는 구절을 이해하기 어려웠던 것이다. 고민한 결과 입에서 태어난다는 문장을 '가르침은 입에서 나오는 것이므로 구생(口生)'이라 이해했으며, 그것은 부처님의 가르침을 받드는 것이라 인식했다. 매우 신앙적이면서도 절묘한 해석이다. 그렇지만 오늘날은 그것이 계급 타파를 위해 설해진 것이라는 경전 본래의 의미를 되살리는 것이 중요하다.

한 가지 더 간과해서는 안 되는 점이 있다. 그것은 부처님의 자식들은 부처님의 법이라는 유산을 물려받아 후세에 전해줄 의무가 있다는 점이다. 부처님의 법을 통해 삼계의 화택을 벗어날 수 있으며, 법의 교화에 따라 정신적으로 다시 태어났다는 점에서 그 은혜에 보답할 필요가 있다. 특히 부처님의 수제자인 사리불을 등장시켜 그가 부처님의 가르침을 듣고 새롭게 태어난 사람이라 강조하는 점은 『법화경』이 정법을 중시하는 경전이라는 점에서 상호연관성이 매우 크다. 즉 인도불교 교단사는 크게 법을 중시하는 지법자(持法者) 계통과 계율을 중시하는 지율자(持律者) 계통으로 구분되어 발전해 왔으며, 사리불은 아난, 가섭과 함께 지법자의 계통에 속해 있다. 그런 점에서 적어도 『법화경』을 중심으로 대승불교 운동을 전개한 사람들은 가섭을 지법자의 으뜸으로 생각하고 있었던 것은 아닐까 추정한다.

「비유품」에서 간과해서는 안 되는 내용은 사리불이 수기를 받는 장면이다. 사리불은 정법을 받들고 보살도를 구족하여 화광여래(華光如來)라는 수기를 받는다. 그가 교화하는 나라는 보살을 보배로 생각하기 때문에 대보장엄(大寶莊嚴)이라 부른다. 이 내용에서 우리는 다음과 같은 것을 생각할 수 있다. 사리불은 부처님보다 빨리 입적했으며, 활동할 당시 제자들의 추앙을 받던 인물이다. 그는 지적으로 매우 뛰어났을 뿐만 아니라 개방적이고 진보적인 성향을 지니고 있었다. 그런데 그런 인물이 『법화경』에서 최초로 수기를 받게 된다. 이것은 『법화경』의 교단사적 정통성이 어디에 있는가를 대내외에 널리 알림과 동시에 대승의 우월성을 드러내는 것이다.

제4 신해품 信解品

진정한 믿음과 깨달음의 시작

「신해품(信解品)」은 크게 두 부분으로 나눠서 설명할 수 있다. 첫째는 부처님의 자비를 비로소 믿고 깨우치기 시작한 부분이며, 두 번째는 부처님의 자비를 비유로 설명하는 장자궁자(長者窮子) 이야기가 그것이다. 먼저 첫 부분에 관한 내용을 살펴보기로 한다.

「신해품」의 전품인 「비유품」에서 사리불에게 수기를 주는 장면이 나온다. 이에 감동을 받은 수보리, 마하가전연, 마하가섭, 마하목건련 등이 마음에 진한 전율을 느끼고 부처님을 존경하는 마음을 주체하지 못해 다음과 같이 고백한다.

"저희는 대중의 지도자들이었지만 이미 늙었습니다. 스스로 '이미 열반을 얻었다'고 생각해 더는 아누다라삼먁삼보리를 찾지 않았습니다. 옛날부터 세존에게 설법을 들었지만 공(空), 무상(無相), 무작(無作)만 생각했을 뿐, 보살의 법과 신통을 즐거워함과 부처님 국토를 청정히 함과 중생을 성취하는 일은 즐거워하지 않았습니다. 왜냐하면 세존께서는 저희가 삼계에서 벗어나 열반을 얻도록 하셨으며, 저희도 나이가 들었으매 부처님께서 보살을 교화하시는 아누다라삼먁삼보리에는 조금도 좋아하는 생각을 내지 않았습니다."

 이상의 고백은 『법화경』이 전개하는 불교운동의 방향을 명백하게 알려주는 것이라 말할 수 있다. 물론 대강의 방향은 「방편품」에서 다 언급하고 있지만 기회가 있을 때마다 법화행자들이 추구하던 불교운동의 방향을 강조하고 있다. 반복 효과를 노리는 것이라 생각하면 무리가 없을 것이다. 인용문의 내용을 분석하면 다음의 사실들을 파악할 수 있다.
 첫째, 부처님의 십대제자로 알려진 불세출의 스님들이 사리불이 수기를 받는 장면을 보자 감격한다. 그들은 이후의 품에서 각각 부처님에게 수기를 받게 되지만 이미 아라한의 경지를 체득한 그들이 다시 수기를 받지 않으면 안 되는 이유는 무엇인가? 그것은 '이미 열반을 얻었다' 고 생각해 더는 노력하지 않고 안주했다는 고백을 통해 분명해진다. 나아가 공, 무상, 무작이라는 고정화된 관념에 갇혀 있었다는 점이다. 공, 무상, 무작의 본래적인 의미는 고정적인 관념의 틀에 갇히지 말라는 것이다. 그런데 반대로 그것 때문에 교조적인 생각에 빠졌다는 고백이다. 또한 부처님이 그들에게 삼계를 벗어나 열반을 얻도록 가르쳤다고 착각하고 있다.
 이상 열거한 몇 가지 사실을 통해 십대제자로 대표되는 성문승들이 다시 수기를 받아야 하는 이유를 알게 되었다. 다시 요약해 말하면, 이미 열반을 얻었기 때문에 더는 얻을 것이 없다는 교만한 마음, 그리고 관념에 갇혀 버린 형식화된 사고, 삼계를 벗어나 있는 것이 열반이라고 생각하는 비현실성 내지 관념적 사고 등이다. 이러한 점을 감안한다면 『법화경』에서 성문승들에게 수기를 주는 것은 단순히 '깨달음의 세계를 예언한다는 차원을 넘어 인식의 전환과 적극적인 사회성'을 요구하는 것이라 해석할 수 있다.

둘째, 성문승들의 반성적인 고백을 통해 『법화경』에서 중시하는 것이 무엇인가를 파악할 수 있다는 점이다. 성문승들은 우선 보살법과 신통을 즐거워하지 않았다는 고백이다. 이 문제는 육바라밀의 실천과 직결되어 있다. 즉 육바라밀 중에서 보시, 지계, 인욕, 정진, 선정은 보살법의 실천적 생활윤리이기 때문이다. 개인적 완성과 사회적 완성을 동시에 희구하는 대승불교사상의 이념이 바로 여기에 있다. 그리고 '신통을 즐거워하는 것'은 바로 반야의 완성을 지칭한다고 해석할 수 있다. 신통을 반야로 해석하는 것은 전통적인 해석 방법이다. 즉 삼명육통(三明六通)에서 말하는 명과 통은 바로 지혜를 완성했을 때 체득되는 것이기 때문이다.

그리고 '국토를 깨끗이 하는 일'에 관심을 가지지 않았다는 자책이다. 불교의 전통에서 불국정토는 불교의 가르침을 통해 완성할 수 있는 가장 이상적인 사회이다. 부처님의 가르침을 통해 개인적 인격을 완성하더라도, 그 인격의 완성이 사회적으로 투영되어 불국정토를 만드는 일에 확산되어야 한다는 점을 은연중에 말하는 것이다.

인용문만으로는 불국토를 정화하는 것이 구체적으로 무엇을 지칭하는지 알 수 없지만 수기의 구체적인 내용 중의 하나인 토상(土相:불국토의 모습)을 통해 유추해 볼 수 있다. 수보리의 수기와 연관된 토상은 다음과 같은 것이다. 즉 번뇌가 사라지고 대지는 평평하며 맑고 청정하다. 사회적으로는 태평하고 풍성하며 하늘과 인간들이 번성한다. 대지는 유리로 되었으며 여덟 갈래의 길과 황금의 줄로 경계를 삼고 있다. 가로수는 칠보로 장엄되어 있으며 항상 꽃과 열매가 무성하다. 이상 토상의 내용을 통해 알 수 있는 것은 인간이 보다 나은 환경과 삶의 질을 가꾸기 위해 끊임없이 노력하는 것임을 알 수 있다. 지금도 불교도들 중에는 불교가 단지 개인적 수행을 중시하는 종교라는 인식에 갇혀 있는 것을 볼 수 있다. 그런 점에서 『법화경』의 가르침은 생경한 것이다.

마지막의 반성적 고백은 '중생을 성취하는 일'에 마음을 쓰지 않았다는 내용이다. 중생을 성취한다는 구절의 의미는 매우 다의적이라 볼 수 있는데 여기서 몇 가지만 적시해 보기로 한다.

먼저 불교의 지도자들은 중생들이 의식주 문제로 고민하지 않도록 앞장서 노력해야 한다는 점이다. 중생들이 이기적이고 천박한 의식에서 벗어나, 남을 생각할 줄 알고 고상한 마음을 지니도록 하는 것이다. 어떠한 상황 속에서도 마음의 평안을 지니고 살 수 있도록 환경을 조성하고 가르치는 것이다. 해서 부처님은 대기설법(對機說法)을 통해 그들을 교화하는 데 주력했으며, 그들의 잠자는 의식을 일깨워주기 위해 평생토록 인도 전역을 순회한 것은 아닐까?

우리는 위의 위대한 성문승들의 고백을 통해 그들이 말하고자 하는 행간의 의미를 읽을 수 있게 되었다. 뒤이어 장자궁자의 비유를 설명하기 시작한다. 비유로 설명하는 이유에 대해 아래와 같은 게송으로 표현하고 있다.

"여러 부처님들
자재한 법 얻으시고
중생들의 모든 욕망과 좋아함
골고루 아시며
또한 그 뜻과 힘에
감당할 바 아시고
무량한 비유로써
미묘한 법 말씀하실새."

이상의 내용을 통해 우리는 왜「신해품」이라는 이름을 붙였는지 알 수 있다. 즉 부처님의 가르침에 대한 '잘못된 믿음과 깨우침'을 올바른 믿음으로 재정립한다는 의미를 강하게 표현하는 것이다.

이에 대한 고전적인 해석을 간략하게 소개하기로 한다. 천태 지의는 「신해품」에 대해 '이제 비유를 듣고 기뻐서 펄떡펄떡 뛰는데 믿음과 깨우침이 생기고, 의심이 제거되어 이치가 분명해지기 때문'이라고 정의한다. 믿음과 깨우침을 단계적으로 해석하여 '처음 의혹을 깨뜨리고 대승의 견도(見道)에 들어가기 때문에 믿음이라 이름하며, 나아가 대승의 수도(修道)에 들어가기 때문에 깨우침[解]이라 이름한다'고 전제하고, 전체적으로는 '불도(佛道)의 음성을 일체중생들이 듣게 하고, 원교(圓敎)를 듣고 원위(圓位)에 들어가게 하기 때문에「신해품」이라 부른다'고 정의한다.

하지만 길장은 삼론의 공사상에 입각해 독특한 해석을 시도한다. 첫째, 의심을 제거하면 믿음이라 말하고, 집착을 깨뜨리면 깨우침[解]이라

한다. 의심은 머뭇거리는 것을 말한다. 믿음은 결정한다는 뜻이다. 성문은 권실(權實)을 의심하며, 일과 삼에 머뭇거린다. 이러한 의심이 이미 멈추었기 때문에 믿음이라 부른다. 즉 삼은 방편이며, 일은 진실임을 믿는 것이다. 집착을 깨뜨리는 것을 깨우침이라 하는 것은 '깨우침[解]은 깨달음[了悟]으로 의미를 삼고, 집착은 미혹해 집착한다[迷執]는 말' 이기 때문이다. 둘째, '믿음은 사견을 깨뜨리는 것이며, 깨우침[解]은 무명을 깨뜨리는 것이다. 믿음은 있으나 지혜가 없으면 무명을 기르는 것이요, 지혜는 있으나 믿음이 없으면 사견을 기르는 것이다'라고 하여 믿음과 지혜는 동전의 양면과 같이 서로 보완적인 관계에 있다는 점을 밝히고 있다.

부처님의 자식이라는 자부심

『법화경』을 대표하는 일곱 가지의 비유 중 하나로 널리 알려진 것이 바로 장자궁자의 비유다. 장자(長者)는 요즘 말로 표현하면 부자이다. 원래는 상인조합의 조합장을 장자라 지칭했는데 조합장은 부자가 아니면 할 수 없었기 때문에 부자를 상징하는 단어가 되었다. 궁자(窮子)는 가난한 아들 혹은 가난한 자식이란 의미다. 이 비유의 개략적인 내용은 다음과 같다.

어렸을 때 가출하여 아버지와 헤어진 어떤 사내가 있었다. 이후 그는 쉰 살이 넘도록 타향 객지를 방황하며 가난에 찌들어 살았다. 일거리를 찾아 이곳저곳 방랑하다가 우연히 본래 자신이 살던 나라로 향하고 있었다. 마침 아들을 잃어버리고 상심하여 슬퍼하던 아버지 역시 백방으로 아들을 찾았지만 찾을 수 없어서 단념하고 한곳에 정착해 살고 있었다. 그의 아버지는 엄청난 부자였는데 아들은 그러한 사실도 모른 채 아버지가 살고 있는 고대광실로 일거리를 찾아 기웃거리게 되었다. 그러나 너무 엄청난 집의 규모에 놀라 돌아서려는 찰나 장자는 한눈에 자신의 아들임을 알아차리고 불렀지만 오히려 놀란 아들은 멀리 도망가 버리고 말았다.

자신의 아들임을 확신한 장자는 하인들을 시켜 그를 자신의 집으로 유인해 일을 시키게 된다. "너는 항상 여기서 일하고 다른 곳으로 가지 말라. 너에게 품삯을 더 후하게 주리니, 조금도 어려운 생각을 갖지 말라"고 하며, 장자 자신도 용렬하고 세파에 찌들어 겁이 많은 아들과 어울리기 위해 허름한 옷을 입고 함께 일을 하기도 한다. 마음의 안정을 찾은 아들이 성실하게 일을 하자 장자는 다양한 일을 시키며 20여 년이 지나게 된다. 함께한 시간이 많아진 만큼 가까워지자 창고도 맡기고 회계도 맡기게 되었다. 그 사이 가난한 아들은 마음이 착하고 집착이 없는 깨끗한 사람으로 변해갔다. 참으로 맑은 마음으로 맡은 일에 충실했다. 그 무렵 장자는 병으로 자리에 눕게 되었다. 죽음이 가까이 다가온 것을 직감한 장자는 친족과 시종들을 모아 놓고 가난한 아들을 가리키며 다음과 같이 말한다.

"이 사람은 진실로 나의 아들이다. 나는 진실로 그의 아버지이다. 이제 내가 소유한 일체의 재물은 모두 이 아들의 것이다."

가난한 아들은 자기 자신이 아무것도 바라지 않았지만 재보가 저절로 굴러 들어오는 것을 보고 깜짝 놀라게 된다.

이상의 비유가 끝나자 '세존이시여, 대부호 장자는 곧 부처님이시며, 저희는 모두 부처님의 아들과 같사오니 부처님께서 항상 말씀하시길 저희는 아들이라 하셨습니다' 라며 부처님의 자비심을 찬탄하게 된다.

　장자궁자의 비유를 통해 알 수 있듯이 부처님은 길을 잃고 방황하며 세파에 찌들어 사는 중생들을 자신의 자식으로 간주한다. 당신의 자식들이 방황하고 있기에 연민의 정을 금하지 못한다. 따라서 중생들이 하고 싶은 일과 욕망을 간파하시고 적절하게 근기에 맞추어 그들을 인도하게 된다. 그리고 마침내 그들을 당신의 품속에서 각자의 정체성과 자신감을 회복시키고 정신적 안정을 유지할 수 있도록 한다. 뿐만 아니라 자신이 지니고 있던 전 재산을 물려주어 부처님의 참다운 아들임을 자각하게 한다. 부처님의 자비는 이렇게 표현된다.

　장자궁자의 비유는 길 잃은 미아를 등장시켜 부처님의 자비가 어떻게 실현되는가를 알려준다. 중생들은 부처님의 자비를 통해 잃어버린 고향을 찾을 뿐만 아니라 자신들의 근본을 되찾게 된다. 상처 받은 영혼에 활력을 불어넣어 줄 뿐만 아니라 우리 스스로 부처님의 자식이라는 자부심을 지닐 수 있게 한다. 중생은 누구나 그렇게 고귀한 존재라는 점을 자각시켜 주는 것이다.

　이상에서 개략적인 이야기를 살펴보았는데 천태 지의는 이에 대해 다음과 같이 풀이하고 있다. 즉 사람과 데와(deua, 天)가 선업을 지었더라도 부처님과 인연을 맺지 못하고 삼계 속에 살면서도 부처님을 보지 못하는 것이 궁핍한 것이며, 생사를 벗어나는 핵심 방법을 알지 못하는 것을 가난하다고 해석한다. 또한 여덟 가지 고뇌의 불에 시달리고 있기 때문에 고단하다고 말한다. 사방을 돌아다니며 의식주를 해결하고자 하는 것에 대해서는 '일체의 범부들은 몸으로 대상을 느끼기에 네 가지 견해를 일으키고, 그 속에서 정도(正道)를 구하는 것이 먹을 것을 구하는 것과 같으며, 조도(助道)를 구하는 것이 옷을 구하는 것과 같다. 해서 고뇌를 싫어하고 이법을 찾기 때문에 교화할 인연을 맺는다'고 설명한다. 여기서 네 가지 견해란 일수사견(一水四見)이다. 일수사견이란 동일한 물을 보더라도 보는 자에 따라 각각 다른 견해를 일으키는 것을 말한다.

본국으로 돌아와 우연히 아버지가 사는 집 앞을 배회하는 것에 대해서는 '일체 부처님의 가르침이 본래의 나라라고 풀이하며, 동체대비를 집으로 해석한다'고 하고, 부처님을 장자로 묘사한 것에 대해서는 '큰 부자란 실상의 경계를 집으로 삼고, 만 가지 덕을 갖추고 있는 것을 부유하다고 하며, 오바라밀을 실천하는 복덕을 재물이라 하고, 반야지혜를 보배라 한다'고 해석한다.

'창고마다 보배로 가득 차 있다'는 구절에 대해서는 안에 있는 것을 가득 찼다고 하고 바깥에 있는 것을 넘쳤다고 한다. 쌀을 넣어 두는 것을 창(倉:곳집)이라 하고 물건을 넣어두는 곳을 고(庫:곳간)라 한다. 창은 선정(禪定)을 비유한 것인데 선정은 백팔삼매를 생기게 하기 때문이다. 고는 실상을 비유한 것인데 실상은 18공의 지혜를 일으키기 때문이라고 해설한다.

하인이나 마부들을 동복(僮僕)이라 하는데 이들이 많다는 것은 방편지견바라밀을 모두 갖추고 있어서 물러나고 근기에 따르는 것이 사리(事理)에 알맞기 때문이라 본다. 궁자가 타국을 편력한 것에 대해서는 '세 국토를 편력하며 비도(非道)를 행했지만 마침내 불도에 통달했다는 의미이다. 오직 법성(法性)만이 자기 자신의 나라일 뿐'이라 해석한다.

궁자가 마을을 떠돌아다닌 것에 대해서는 '오음을 관찰하는 것으로 마을을 삼고, 12입으로 고을을 삼으며, 18계로 나라를 삼는다. 여기를 떠

돌아다니며 이치를 추구하기 때문에 의식을 구하는 것이라 한다'고 풀이한다. 전통적으로 오음, 18계, 12입을 관심(觀心)의 대상으로 삼는 천태적인 해석이라 할 수 있다. 50여 년을 방랑했다는 것은 5도에 떠돌아다녔다는 것을 상징한다고 해석하기도 한다.

나이가 들었는데도 가산을 물려줄 자식이 없음을 한탄했다는 것에 대해서는 '법신이 교화한 보살들이 모두 보필하고 있는데 어찌 이러한 근심을 일으키는가?' 하고 물으며, 이에 대해 '법신이 교화하는 것은 본래 흥폐(興廢)가 없는 것이므로 누가 늙었다고 말하더라도 이것은 논란거리가 될 수 없다'고 전제하고 화신(化身)의 권속으로 두 가지가 있음을 밝히고 있다. 첫째, 법신과 보살은 서로 영향을 주고받는다. 자취는 제자이지만 근본은 스승이다. 이런 점에서 본다면 스스로 늙었다고 생각하는 것은 마땅치 않다. 둘째, 처음 화신불을 따라 도심(道心)을 일으키게 된다면 이것을 자식이라 말한다. 자식이 아버지의 가업을 계승하여 후손들로 하여금 끊어지지 않게 한다. 사리불이 수기를 받아 화광불이 된 것과 같으니 한편으론 부처의 종자가 면면히 이어져 끊어지지 않는다. 후대의 중생에게 부처의 종자를 부탁하고자 해서 늙었다고 탄식하게 되었다고 말한다.

길장의 해석도 몇 가지 소개하기로 한다. 우선 아버지와 궁자가 헤어지게 된 이유에 대해 가르침과 이치에 미혹하여 부처님을 느낄 수 없었기 때문에 아버지를 잃어버렸다고 전제한다. 구체적으로는 불성을 상실했기 때문에 육도의 차별이 있으며, 또한 제불보살이 대승의 올바른 가르침을 설해 불성을 되찾게 한다고 풀이한다.

아버지에게서 도망갔다는 구절에 대해서는 가르침과 이치에 미혹한 것은 은밀한 일이기 때문에 중생들이 지각(知覺)하지 못하는데 그것을 달아났다고 하고, 이치를 위배하고 미혹으로 향하기 때문에 떠났다고 해석한다. 길장은 천태와 달리 의식(衣食)을 인천의 즐거움으로 해석하고 있으며, 사방을 사생(四生)으로 본다. 이곳저곳을 떠돌다가 우연히 본국으로 향하게 된다는 구절에 대해 '본국은 대승의 이치이다. 법화삼매경에서 근원을 거스르는 것이 다하면 집으로 돌아가고자 하기 때문에 사람들이 고향으로 돌아간다고 말한다. 고향은 무위(無爲)를 지칭하는 것이며, 무위이기 때문에 청정한 집이라 부른다'고 본다. 우리의 정신적 고향으로 돌아가 부처님의 가업을 계승하는 것이 법화행자들에게 필요한 일이라 말하고자 했던 것이다.

제5 약초유품 藥草喩品

삼초이목의 비유

『법화경』의 일곱 가지 비유 중에 삼초이목(三草二木)의 비유가 있다. 「약초유품(藥草喩品)」에 나오는 이 비유는 중생을 초목에, 부처님의 자비는 대상을 분별하지 않고 내리는 비(雨)에 비유하고 있다. 「약초유품」의 전체적인 해석에 대해 천태는 두 가지 견해를 밝히고 있다.

첫째, 이행과(理行果)로 약을 삼는다고 해석하는 경우다. 이것은 이법과 수행, 그리고 그 결과로 약을 삼는다는 뜻인데, 여기서 이법은 회삼귀일의 가르침을 말하는 것이자 일체 모든 존재는 본질적으로 공하다는 것을 의미한다. 행은 수행을 지칭하는데 『법화경』에서 중시하는 수행은 우선 『법화경』을 받아 지니고 읽고 암송하고 해설하고 사경하는 것이다. 『법화경』의 「분별공덕품」에 의하면 수희, 독송, 설법, 겸행육도(兼行六度), 정행육도(正行六度)를 실천하는 것이라 말한다. 그러한 결과 얻어지는 과보는 일승의 경지요, 제법실상의 세계다.

둘째 약을 법에 비유하고, 풀은 근기에 비유한다고 해석하는 경우다.

여기서 약으로 삼는 법은 부처님의 가르침을 지칭하는 것인데, 그 가르침을 통해 다섯 가지 욕락(欲樂)에 빠진 우리 자신을 돌이켜 해탈의 경지로 나아갈 수 있다고 본다. 또한 풀을 근기에 비유한 것은 삼초이목의 비유에서 중생이 풀이나 나무로 묘사되고 있기 때문이다. 우선 해당 구절을 소개하고 자세한 설명을 더하기로 하자.

"가섭아, 비유하면 삼천대천세계의 산과 내와 골짜기와 땅 위에 나는 모든 초목이나 숲, 그리고 약초가 많지만 각각 그 이름과 모양이 다르니라. 먹구름이 가득히 퍼져 삼천대천세계를 두루 덮고, 일시에 큰비가 고루 내려 흡족하면, 모든 초목이나 숲이나 약초들의 작은 뿌리, 작은 줄기, 작은 가지, 작은 잎과 중간 뿌리, 중간 줄기, 중간 가지, 중간 잎과 큰 뿌리, 큰 줄기, 큰 가지, 큰 잎이며 여러 나무의 크고 작은 것들이 상중하에 따라서 제각기 비를 받느니라. 한 구름에서 내리는 비가 그들의 종류와 성질에 따라 자라고 크며, 꽃이 피고 열매를 맺나니, 비록 한 땅에서 나는 것이며, 똑같은 비로 적시는 것이지만 여러 가지 풀과 나무가 저마다 차별이 있느니라."

이상의 인용문은 크게 비와 초목, 그리고 삼천대천세계의 산과 내와 골짜기가 핵심 내용이 되어 있다. 결론부터 말하면 비는 부처님의 자비의 법음(法音:가르침)이고, 초목은 중생의 다양성이며, 삼천대천세계의 산과 내와 골짜기는 우주 법계(法界)를 상징한다. 존재의 세계는 있는 그대로 무한한 가치를 지니는 것이기 때문에 어느 것 하나 소홀히 할 수 없다. 다만 받아들이는 입장이 다를 뿐이다. 그런 점에서 산, 내, 골짜기를 법계로 보는 것이다.

　부처님은 설법을 통해 생명의 실상을 가르친다. 그렇지만 그것을 받아들이는 대상에 따라 천차만별이 아닐 수 없다. 취미도 다르고, 관심도 제각각이다. 사물을 보고 판단하는 능력도 동일하지 않으며, 지니고 있는 개성이나 소질도 다르다. 그런 점에서『법화경』이 중생을 초목에 비유한 것은 절묘하다고 말하지 않을 수 없다. 부처님은 그러한 중생들의 성품과 욕망을 꿰뚫어 보시고, 그들의 근기에 따라 설법을 한다. 하지만 그것은 다른 것이 아니라 생명의 실상을 체득하도록 이끌어 주는 것이다.

　인용문을 통해 알 수 있듯이 경전에서는 동일한 풀과 나무에도 크고 작은 것이 있다고 가르친다. 초목의 종류가 다양하지만 예로부터 다섯 가지로 구분한다. 상초(上草: 최고의 풀), 중초(中草: 중간 정도의 풀), 하초(下草: 작고 하찮은 풀)와 대수(大樹: 큰 나무), 소수(小樹: 작은 나무)다. 그리고 이에 대한 해석도 입장에 따라 다양하다.

　천태의 해석에 의하면 소초는 인천승(人天乘)이며, 중초는 성문(聲聞)과 연각승(緣覺乘)이며, 상초는 보살승(菩薩乘)이다. 소수는 통교(通敎)의 보살이며, 대수는 별교(別敎)의 보살이다. 삼론종의 길장은 약간 입장을 달리하고 있는데, 소초와 중초는 천태와 동일하게 해석하지만 상초를 보살승 중에서 지전(地前)의 40심(心)으로 해석한다. 소수는 초지보살이며, 대수는 칠지보살이라 본다.

　이 구절에 대해 천태의 입장을 보다 상세하게 소개하기로 한다. 즉 뿌리는 믿음, 줄기는 계율, 가지는 선정, 잎은 지혜로 해석하고 있는데, 이러한 전제 위에서 '작은 뿌리, 작은 줄기, 작은 가지, 작은 잎'을 인천의 믿음과 계율, 선정과 지혜로 간주한다. '중간 뿌리, 중간 줄기, 중간 가지, 중간 잎'은 2승의 믿음과 계율, 선정과 지혜로 정의한다. '큰 뿌리, 큰 줄기, 큰 가지, 큰 잎'은 보살의 믿음과 계율, 선정과 지혜로 정의한다. 이하 통교보살과 별교보살의 믿음과 계율, 선정과 지혜도 언급하고 있다.

　법상종의 규기는 삼초이목을 오성각별설(五姓各別說)로 해석하면서 '한 구름에서 내리는 비가 그들의 종류와 성질에 따라 자라고 크며, 꽃이 피고 열매를 맺나니'라는 구절에서 '자라고 크며 꽃이 피고 열매를 맺나니'라는 구절을 매우 멋지게 해석하고 있다. 즉 '자란다[生]는 것은 사람들의 처음 마음[초발심]을 비유한 것이다. 성장한다[長]는 것은 그 뒤에도 부지런히 수행하는 것이다. 꽃이 핀다는 것은 부처님의 가르침을 듣고 수행하는 것이다. 열매를 맺는다는 것은 이치를 깨달아 그 과보를 얻는 것이다'고 말한다. 법상종에서 주장한 오성각별설에는 일천제(一闡提)와 같이 불성을 지니지 못한 중생들이 내포되어 있는데 그들은 부처님의 구제를 받을 수 없다고 본다. 다만 그러한 점은 『법화경』의 근본정신과 부합되지 않을 뿐만 아니라 중국인들의 지지를 받지 못했다.

　사람이 처음부터 부처님의 가르침을 만나 생명의 실상을 깨닫게 된다면 그보다 더 아름다운 일은 없을 것이다. 그렇지만 설사 생명의 실상에 궁금증이 있다고 하더라도 대부분 맹목적인 삶의 의지 속에 갇혀 살게 된다. 감각적 허상과 정신적 허위를 만족시키기 위해 노심초사하는 것이 일반적인 현실이다. 그렇다고 우리에게 생명의 실상을 파악할 가능성 자체가 없는 것은 아니다. 누군가가 인연을 맺어주면 그 다음에는 각자의 근기와 환경에 따라 일정한 과정을 거쳐 꽃을 피우고 열매를 맺는 것이다. 규기는 그러한 가능성에 주목한 것이 아닌가 생각한다.

삼초이목의 비유를 통해 간과해선 안 되는 중요한 교훈이 또 있다. 그것은 상대적 가치를 존중해야 한다는 점이다. 부처님의 자비의 법우(法雨:진리의 비)를 근기에 따라 수용한다고 해서 그것이 근본적인 차별을 뜻하는 것은 아니다. 삼초이목이 우주 법계에 존재하는 것 자체가 그대로 법계를 장엄하는 것이다. 현상적인 차별의 모습이 있기 때문에 법계는 다양하고 아름답다.

그러나 다양한 차별상의 이면에는 본질적으로 모든 존재를 평등하게 하는 것이 있다. 『법화경』에서 말하는 일승이나 불성이 그것이다. 일반적으로는 본질적인 가치라고 표현되는 것이다. 이것을 「약초유품」에서는 '마치 저 구름이 모든 것에 비를 내리면 풀과 나무와 숲과 약초들이 그 종류와 성질대로 비를 맞아 제각각 자람과 같으니라. 여래가 설한 법은 한 모습이며 한맛이니, 이른바 해탈의 모습과 여의는 모습과 멸하는 모습이니 필경에는 일체 종지에 이르는 것이니라'라고 표현한다. 중생은 우주 법계를 장엄하는 아름다운 생명의 본질 그 자체라 본 것이다. 따라서 부처님의 자비는 대상을 가리지 않으며, 무한대의 사랑의 빛을 뿌리는 것이다. 서양 사람들이 말하는 아가페적 사랑의 개념과 통한다고 말할 수 있다.

하나의 모습, 하나의 맛, 해탈의 모습, 번뇌를 여의는 모습, 적멸의 모습 등 다양한 용어를 사용하고 있지만 그것을 하나의 단어로 압축하면 공(空)으로 돌아가는 것이다. 모든 존재의 근원은 공이며, 그렇기 때문에 평등하다고 말한다. 또한 그런 점에서 현상적인 차별과 다양성에도 본질적인 평등의 입장을 지닐 수 있는 것이다. 역설적으로 말하면 본질적인 차원에서 모든 존재는 평등한 것이기에 상대적 가치와 다양성을 존중하고 찬탄해야만 한다. 범위를 인간세계에 국한시켜 말하면 성별, 인종, 지역, 국적 등등의 외형적 차이를 넘어 인간의 존엄성을 지키기 위해 노력해야 하는 것이다. 예컨대 우리가 외모를 통해 한 개인을 판단한다고 하지만 특정한 개인은 그 자체로 이 세상에 유일한 존재이기에 아름답고 존엄하지 않을 수 없다고 말하는 것과 같다.

약초유품 2강

실천적 자비의 법우인 사홍서원

　약초의 비유를 통해 법계의 중생은 누구나 자신의 근기에 따라 부처님의 자비의 법우(法雨)를 받아들이는 것으로 가르친다. 중생 저마다의 개성과 취향에 따라 반응하는 것도 각각 다르지만 결국 귀착점은 하나라는 것이다. 그것을 일불승이라 말하기도 하는데 생명의 본질적인 가치를 아는 것이요 실천하는 것이다. 『법화경』에 나오는 전문적인 용어로는 제법실상이라 표현하는데, 이 단어는 모든 존재의 진실한 모습이란 뜻이다. 일불승은 제법실상을 깨달은 경지를 말하는 것이기도 하다.

　경전은 부처님께서 진리의 비를 뿌릴 때 '한량없는 중생들이 부처님께서 계신 곳에 찾아와 설법을 들었느니라. 여래는 이때 중생들의 근기가 영리하고 둔함과 정진하고 게으름을 관찰하여 그가 감당할 수 있도록 법을 설하되, 한량없는 이들을 모두 즐겁게 하며, 좋은 이익을 얻게 하였느니라'고 설한다. 중생들이 얻는 좋은 이익을 경은 이렇게 말한다.

"현세에는 편안하고 후세에는 좋은 곳에 태어나 불도로써 쾌락을 받고, 또한 법을 듣게 되며, 법을 듣고는 모든 업장과 걸림을 여의고, 모든 법 가운데서 능력에 따라 점점 도에 들어가게 되나니, 마치 저 큰 구름이 모든 것에 비를 뿌리면 풀과 나무와 숲과 약초들이 그 종류와 성질대로 비를 맞아 제각기 자람과 같으니라."

천태는 이러한 경전의 가르침이 중생의 다양성과 차별상을 존중하고 이해하는 것이라 해석하고, 그들이 궁극적인 귀의처에 도달하는 데는 시간의 빠르고 늦음이 있을 수밖에 없다고 생각했다. 그래서 삼초이목을 인천승, 성문과 연각, 보살, 통교보살, 별교보살로 풀이하게 된다.

천태가 다양성 속에서 근기의 차별이 존재할 수밖에 없다는 점을 인식한다는 것은 무엇인가. 그것은 부처님의 가르침을 듣고 이해하는 능력의 정도, 깨달음의 세계에 들어가는 시간의 차이라 말할 수 있다. 그렇다고 그것이 가치의 우열은 아니며, 다양성으로 이해했던 것이다. 그래서 구상된 것이 오시팔교설(五時八敎說)이다. 부처님의 일대 가르침을 설법한 시기에 따라 다섯 단계로 구분하는데, 단계적인 구별은 중생들을 점진적으로 성숙시켜 마침내는 깨달음의 세계에 들어가도록 고안된 것이라 보았다. 그리고 중생들이 다양한 만큼 설법의 방식이나 가르침의 내용이 다양하게 표현되는 것도 당연하다는 인식 속에서 오시팔교의 교판을 수립하게 된다.

경전은 중생의 다양성을 인정하되 그들을 궁극적으로는 깨달음의 세계로 들어가게 해야 한다는 부처님의 자비심을 다음과 같이 표현하고 있다.

"나는 여래·응공·정변지·명행족·선서·세간해·무상사·조어장부·천인사·불세존이니, 제도 받지 못한 이를 제도하며, 이해하지 못한 사람들을 이해하게 하며, 편안하지 못한 이를 편안하게 하고, 열반하지 못한 이를 열반하게 하느니라. 지금 세상이나 오는 세상을 실답게 아느니, 나는 일체를 아는 사람이며, 일체를 보는 이며, 도를 아는 이며, 도를 열어 보이는 이며, 도를 말하는 이이니, 너희 하늘과 인간, 아수라 등은 다 여기에 모여 나의 설법을 들을지니라."

부처님께서 일체를 알고 보며, 도를 알고 열어 보이는 자이며, 도를 말하는 자라고 스스로 말하는 것은「방편품」에서 부처님께서 세상에 출현하신 목적은 '부처님의 지혜를 세상에 열어서 보여주고, 그 지혜를 깨닫게 만들며, 그 지혜의 길에 들어가게 만드는 것'이라 말한 것과 의미가 상통한다. 그리고 부처님의 지혜를 개시오입(開示悟入)시키고자 하는 의지를 실천적으로 표현하는 것이 서원이라 말할 수 있다. 위의 인용문에서 여래 십호 다음에 이어지는 문장이 바로 부처님의 근본 서원을 나타내는 것이다. 이것이 천태를 거쳐 오늘날 불교의식에서 사홍서원으로 정형화되었다.

천태는『석선바라밀차제선문』이라는 책에서 사홍서원을 다음과 같이 설명하고 있다.

첫째, '제도 받지 못한 이를 제도하며'란 구절은 '중생은 가이없으니 맹세코 건지리라'를 말한 것이다.

둘째, '이해하지 못한 이를 이해하게 하며'란 구절은 번뇌는 무수하지만 맹세코 끊으리라를 말한 것이다.

셋째, '편안하지 못한 이를 편안하게 하고' 란 구절은 법문은 끝이 없지만 맹세코 배우리라를 말한 것이다.

넷째, '열반하지 못한 이를 열반하게 하느니라' 란 구절은 위없는 불도를 맹세코 이루리라를 말한 것이다.

이렇게 말한 뒤에 천태는 보살이 사홍서원을 알더라도 필경은 공적(空寂)한 것이니 중생을 이롭게 하기 때문이다. 그리고 그 마음이 광대하기 때문에 '크다[弘]'고 하며, 자비와 가엾어 하는 마음으로 이 가르침을 찾기 때문에 마음이 금강과 같이 견고하며, 반드시 이루고자 하므로 서원이라 말한다고 전체적으로 풀이하고 있다.

천태가 『법화경』「약초유품」을 토대로 수립한 사홍서원은 동북아 불교신행에서 중요한 의미를 지닌다. 『법화경』 이외에도 천태가 오늘날과 같은 사홍서원의 내용을 정립하는 과정에 『보살영락본업경』의 영향을 받았을 것이라 추정한다. 천태 자신이 이 경전에 나오는 구절을 인용하여 사홍서원을 보충 설명하고 있기 때문이다. 이해를 돕기 위해 이것을 소개하면 '첫째, 아직 고뇌를 여의지 못한 자는 고뇌를 여의게 한다. 둘째, 아직 악을 끊고 선을 닦지 않는 자는 악을 끊고 선을 닦기를 원한다. 셋째, 아직 안락을 얻지 못한 자는 안락을 얻게 한다. 넷째, 아직 성불하여 열반을 얻지 못한 자는 성불해서 열반을 얻기를 바란다' 등이다.

『보살영락본업경』의 내용은 사성제를 위주로 성립된 것이며, 이 경전 자체가 중국에서 편집된 것이라는 점에서 오히려 『법화경』의 영향을 받은 것이 아닌가 추정하는 학자들도 있다. 여하튼 중요한 것은 천태가 이 경전의 영향을 받았으며, 사홍서원을 정립하는 데 영향을 미쳤다는 사실이다.

사홍서원은 보살도를 완성하겠다는 다짐이다. 그렇지만 그러한 서원은 자칫 구호에 그칠 수 있다. 우선 우리 자신이 부족한 존재이고, 다른 사람의 행복과 이익을 위해 조건 없이 헌신하는 것 또한 말처럼 쉬운 일이 아니기 때문이다. 그런 점을 감안해 경전에서는 서원을 전쟁터에 나가는 군인들이 갑옷을 입는 것에 비유하고 있다. 금강과 같은 굳은 신념과 의지가 없다면 보살도를 완성하는 것은 결코 쉽지 않다는 점을 말하는 것이다. 굳은 신심을 가지고 부처님의 가르침을 실천궁행할 때 반대급부로 나에게 행복이 찾아올 것이라 생각하면 맹목적인 생존 욕구를 극복할 수 있다. 종교는 허상처럼 느껴질 때도 있지만 자기 보존에 대한 욕구나 자신의 유전자를 지속시키고자 하는 본질적인 욕망을 제어하고 극복하는 데 도움이 되기도 한다.

사홍서원은 불국정토 건설의 구체적인 실천 방안을 말하는 것이 아니라 강령에 해당한다. 따라서 이러한 강령을 완성하기 위한 실천 방안이 마련되지 않으면 안 된다. 『법화경』 역시 그런 점에 주목한다. 천차만별의 인간군, 다양한 생명의 양태, 그렇지만 그러한 차이를 넘어 그들 모두를 행복하게 만들어야 하며, 깨달음으로 인도해야만 한다는 목적의식이 있다. 존재 세계의 초목와석(草木瓦石)들에게 자비의 비를 뿌려야 한다는 경전의 비유를 기반으로 사홍서원으로 완성한 이유가 여기에 있다. 단 그것은 일체를 차별하지 않는 비와 같은 사랑이어야 한다. 그들의 선택이 완전한 것이 아니더라도 그것을 감안하고 그들의 능력을 성숙시킬 의무를 지니는 것이다.

제6 수기품 授記品

수기, 구원의 예시

「수기품(授記品)」은 말 그대로 수기를 주는 것이 주된 내용이다. 마하가섭, 수보리, 마하가전연, 마하목건련에게 수기를 주고 있다. 앞서 「방편품」에서 사리불은 부처님의 설법을 듣고 '부처님의 진실한 가르침'에 눈뜨게 되며, 스스로 부처님의 진정한 자식이라는 자각을 하게 된다. 따라서 「비유품」에서 사리불은 수기를 받으며, 자신 이외에도 설법을 듣고자 하는 성문들을 위해 진리를 가르쳐 달라고 간청한다. 이러한 간청에 의해 전개된 것이 화택의 비유와 장자궁자의 비유다.

화택의 비유와 장자궁자의 비유는 무한한 부처님의 자비를 나타내고 있다. 부처님과 중생의 관계가 어떠한가에 대해서도 명확하게 밝히고 있으며, 현실을 살아가는 중생들의 위치가 어디쯤에 있는가도 알려주고 있다. 이러한 설법을 듣고 수보리, 마하가전연, 마하가섭, 마하목건련 등도 부처님의 진실한 가르침을 깨닫게 된다. 그리고 이들이 올바로 깨달았다는 점을 「약초유품」에 나오는 삼초이목의 비유로 나타내고 있다. 그리고 마침내 「수기품」에 이르러 이들에게 수기를 주는 것이다.

마하가섭이 성불했을 때의 불명은 광명(光明)여래이다. 세상에 빛을 뿌려 어둠을 제거한다는 의미이다. 나라의 이름은 광덕(光德)이며, 시대의 이름은 대장엄(大莊嚴)이다. 토상(土相)의 특징은 부정한 것이 없고, 청정한 환경을 지니며, 일체가 다 부처님의 법을 보호하는 것이다.

수보리가 성불했을 때의 불명은 명상(名相)여래다. 나라 이름은 보생(寶生)이며, 시대의 이름은 유보(有寶)다. 토상의 모습은 마하가섭과 대동소이하다.

마하가전연이 성불했을 때의 불명은 염부나제금광(閻浮那提金光)여래다. 토상의 특징은 지옥, 아귀, 축생, 아수라가 없고, 하늘과 인간 내지 여러 성문과 무수한 보살들이 그 나라를 장엄한다.

마하목건련이 성불했을 때의 불명은 향기가 넘친다는 의미의 다마라발전단향(多摩羅跋栴檀香)여래이며, 시대의 이름은 기쁨으로 넘쳐난다는 의미의 희만(喜滿)이다. 나라 이름은 심신이 쾌적하다는 의미의 의락(意樂)이며, 토상의 특징은 하늘과 보살, 성문이 많다는 점이다.

어느 경우나 동일하지만 수기를 받는 데는 전제 조건이 있다. 수기를 받을 자격을 갖추어야 한다는 점이다. 그것을 일반적으로 인행(因行)이라 부르는데 각각 약간의 차이가 있다. 마하가섭의 인행은 3백만억 부처님을 친견하고 받들어 공양했으며, 공경 존중 찬탄하고, 널리 부처님의 가르침을 설한 것이다. 수보리의 인행은 부처님을 찬탄했을 뿐만 아니라 항상 범행(청정한 삶)을 닦았다는 점이다. 마하가전연은 8천억 부처님을 공양하고, 그들 부처님이 열반한 뒤에 탑을 세웠으며, 그 탑묘에 꽃과 영락과 향료를 공양한 점이다. 마하목건련은 마하가전연과 비슷한 인행을 보이고 있다.

　수기(授記)는 범어 브야카라나(vyakarana)를 의역한 것이다. 수결(授決), 수결(受決), 수기(受記), 기별(記別), 기설(記說)이라는 단어로도 사용된다. 순우리말로는 소식, 기별이라 말할 수 있다. 단어를 어떻게 사용하던 무관하게 현대적인 개념으로 풀이하면 깨달음이나 사후의 재생에 관한 예언이다.

　『아함경』 등을 분석하면 초기불교시대에는 수기가 다양한 형태로 사용되고 있는데, 크게 두 가지로 나눌 수 있다. 첫째는 죽은 자의 재생에 관한 수기다. 경전에 많은 사례가 보이는데 현대적인 개념으로 접근하면 호스피스나 터미널케어적인 의미도 있다. 사후 어디에 태어날지 궁금해하는 제자들이나 질문자들을 위해 주로 사용되고 있다. 또한 신통력을 증명하거나 깨달음을 확인하기 위해 사용되기도 한다. 두 번째는 깨달음에 대한 수기인데 기별이라 부른다. 여기에는 스스로가 스스로에게 미래의 상황을 예언하는 자기(自記)와 부처님께서 제자들이나 신자들에게 해주는 예언이 있다. 즉 부처님 자신이 예언하는 것과 고도의 정신 단계에 도달한 수행자가 자신의 운명을 스스로 예언하는 것으로 구별된다.

　이상과 같이 수기의 형태나 형식은 다양하다고 말할 수 있다. 그렇지만 『법화경』에 나오는 수기는 '깨달음에 대한 예언'에 집중되어 있다. 재생에 관한 예언이나 자신의 운명을 미리 예언하는 수기의 형태는 보이지 않는다.

　수기는 대소승 경전을 통해 다양한 모습으로 소개되고 있다. 그럼에도 『법화경』을 특히 수기의 경전이라 말하는 것은 전편에 걸쳐서 수기를 설하고 있기 때문이다. 무수한 성문과 보살, 그리고 수행자들이 수기를 받고 있다. 개별적으로 수기를 주는가 하면 집단적으로 한꺼번에 주기도 한다. 수기가 특별한 종교 행위라기보다는 보편적인 구원의 행위로 느껴지는 이유가 거기에 있다. 『법화경』에 나타난 수기의 형태가 보편성을 나타내고 있다는 점에서 '모든 중생은 불성을 지니고 있다'는 사상으로 발전하기 위한 전 단계로 해석하는 학자도 있다. 불성이라는 단어를 사용하지 않았지만 수기의 형식이 깨달음의 완성을 예언하는 것이며, 그 행위가 보편성을 지니고 있다는 점에서 불성의 편재성을 연상하게 된 것으로 본다.

　수기의 형식은 누구나 보살행을 닦으면 성불할 수 있다는 점을 나타내는 것이다. 이것은 5백생을 수행하지 않으면 성불할 수 없다고 주장했던 부파불교의 가르침을 뒤엎는 것이다. 또한 한 세상에 한 분의 부처님만이 존재할 수 있다고 가르쳐 온 대승 이전의 가르침도 정면으로 반박한 것이다. 동일한 시대에 수많은 중생이 성불하게 되면, 수많은 부처님이 존재할 수 있기 때문이다. 이것은 깨달음이 특정한 사람의 전유물이 아니라 수행하는 사람, 보살도를 실천하는 사람 누구에게나 열려 있는 것이란 점을 시사하며, 그런 점에서 출가자들의 권위를 부정한 것이기도 하다.

　『법화경』 전편에 나타난 수기는 일정한 형식을 갖추고 있다. 구성 요건을 다 갖춘 경우도 있지만 생략되기도 한다. 중요한 것은 전체적인 틀을 벗어나지 않는다는 점이다. 『법화경』의 수기 형식은 크게 인기(因記)와 과기(果記)로 구분할 수 있다. 인기란 수기를 받게 되는 동기, 과기란 수기의 과정과 결과이다.

인기에는 시절과 인행이 있다. 시절이란 요즘 말로 언제라는 의미이다. 인행이란 원인이 되는 행위, 즉 어떠한 일을 해서 수기를 받게 되었는가를 나타내는 것이다. 과기는 내용이 많다. 이들을 세세하게 분류하면 불명(佛名), 겁명(劫名), 국명(國名), 토상(土相), 권속(眷屬), 불수(佛壽), 법주(法住), 불화(佛化)다. 성불했을 때 사용하게 되는 이름이 불명이다. 교화 활동을 하는 시대의 이름이 겁명이다. 현대를 정보화시대라 부르는 것과 같이 생각하면 좋을 것이다. 국명은 교화 활동을 하는 세상을 지칭한 것이며, 토상은 그러한 세상의 대체적인 모습이다. 권속은 성불하여 교화 활동을 할 때 함께 활동하는 보살이나 성문, 대중을 말하며, 불수는 부처님의 수명을 지칭한다. 법주는 정법이나 상법이 지속되는 시간을 의미하며, 불화는 부처님의 교화 방법이다.

『법화경』의 수기에는 어떠한 세상을 어떻게 만들어서 어떠한 사람들과 어떻게 살겠다는 강한 실천적, 미래 지향적인 사고가 담겨 있다. 오늘의 한국불교계와 같이 퇴행적이고 소극적인 역사의식을 나타내는 것이 아니다. 능동적이고 창의적인 사고를 표출하고 있다는 점을 본받아야 한다.

불국토, 직선적 역사의식의 표현

『법화경』은 서품을 비롯해 「비유품」, 「수기품」, 「오백제자수기품」, 「수학무학인기품」, 「법사품」, 「제바달다품」, 「권지품」, 「종지용출품」, 「상불경보살품」, 「묘장엄왕본사품」 등에서 수기를 설하고 있다. 이들 중에서 「수기품」, 「오백제자수기품」, 「수학무학인기품」은 품명에서 알 수 있듯이 수기가 핵심 내용이다. 전술했듯이 『법화경』에 나오는 수기의 구체적인 내용은 일정한 형식을 구비하고 있으며, 그중에서도 토상(土相)은 불국토의 모습을 구체적으로 묘사하고 있다.

다만 토상의 내용은 일정하지 않다. 왜냐하면 수기를 받고 성불한 다음에 건설하는 불국토의 모습은 많은 제자들의 개성이나 취향만큼 다양하기 때문이다. 그런 점을 감안하면 토상을 통해 법화행자들이 꿈꾸던 이상적인 세계가 어떠한 것인지를 유추해 볼 수 있다. 동시에 법화행자들이 역사의 흐름을 어떻게 이해하고 있었는지도 엿볼 수 있다. 적어도 그들은 진취적이고 미래지향적인 세계관과 역사의식을 지니고 있었으며, 자기의 의지와 노력을 통해 아름다운 세상을 건설하고자 꿈꾸었다는 점을 알 수 있다.

각각의 종교는 독자적인 이상세계를 피력하고 있다. 유교의 대동세계, 도교의 선경, 기독교의 천년왕국, 불교의 불국정토 등이 그것이다. 물론 각각의 이상세계는 소속된 신도들, 내지 각각의 종교가 성립하기 시작하던 당시 구성원들이 꿈꾸던 세계가 담겨 있다. 다양한 문화적 배경만큼 꿈꾸는 세계가 다를 수밖에 없는 이유도 여기에 있다. 그러나 문제는 단순하지 않다. 이상세계를 동경하고, 그러한 세계를 구현하기 위해 노력하는 종교인들이 있는 한, 다양하게 표현된 이상세계는 사회적 역동성과 사회변동의 추동력을 지니기 때문이다. 끊임없는 사회의 발전을 도모한다든가 아니면 사회의 혼란기에 정치 개혁의 동력인으로 등장했던 종교적 영향이 바로 그것이다.

대체적으로 이상세계에 관한 인간의 태도는 실현 가능성이라는 차원에서 두 가지의 사회현상으로 표출된다.

하나는 인간세상에서는 실현이나 접근이 불가능한 초월적인 이상세계를 상정하는 것이다. 이러한 현상에 경도된 종교인들은 관념화되거나 극단적인 현실 혐오라는 양태로 그들의 의지를 표출한다. 종교적인 집단 자살 내지 최후의 종말이 오는 날 믿음이 있는 자는 천국으로 올라간다고 하는 휴거(攜擧)의 주장 등이 여기에 해당한다. 불교에는 미륵상생신앙이나 서방정토신앙 등이 있다.

또 하나는 실현 방법이나 시기는 한계가 있다고 하더라도 지상에서 꿈꾸는 세계를 건설할 수 있다고 보는 지상천국 운동이 그것이다. 기독교의 천년왕국 운동이나 불교의 미륵하생신앙, 『법화경』의 수기사상에 나타난 불국토 건설 사상 등이 여기에 속한다.

　기독교의 천년왕국사상은 그들이 꿈꾸던 가장 이상적인 세계의 건설을 의미하며, 천년왕국이 도래하기 이전의 전 단계는 모두 험난한 과정으로 묘사한다. 다만 천년왕국에 도달하는 과정은 쉽지 않아서 끊임없는 시련과 시험이 기다리고 있으며, 이러한 난관을 뚫고 도달했을 때 비로소 천년왕국에 안착할 수 있다고 말한다. 그들이 궁극적으로 생각하는 가치는 천년왕국에 거주하는 것이며, 그 과정은 항구적인 가치를 지니지 않는다고 본다. 그리고 이러한 사고가 서양의 역사 발전에 긍정적인 영향을 미쳤다고 간주한다. 적어도 서양이 전 세계 문명을 주도할 수 있게 된 사상적 배경에는 천년왕국이라는 목적지를 향해 어떠한 난관도 헤치고 나가야 한다고 가르친 기독교의 영향이 지배하고 있다는 것이다. 그리고 앞을 향해 부단히 나가는 것이 발전이고 진보라고 생각하는 점에서 직선적 역사관이라 말한다.

　반면에 동양은 순환적 역사관을 지니고 있기 때문에 근대문명을 태동시키지도 못했고, 현대문명을 주도하지도 못했다고 평가한다. 순환적 역사관은 출발점과 도착점이 동일하다고 본다. 초기불교, 노장, 힌두교, 선불교, 유교의 상고(尙古)주의 등이 순환론적 역사관을 대표한다. 이들은 이상세계는 이미 과거에 존재했었다고 말하며, 현실은 다만 인간들의 욕망과 무명 때문에 타락하고 혼탁한 세상일 뿐이라 간주한다. 결국 우리가 가장 이상적인 세계에 살고 싶다면 과거로 돌아가는 수밖에 없다. 그런 점에서 현실적인 발전이나 진보란 불가능하며, 이런 사고 속에서는 문명을 발전시킬 동력인을 찾을 수 없다는 것이 직선적 역사론자들의 주장이다.

불교가 중국에 들어와 중국 전통사상과 융합하면서 선불교 내지 중국에서 발생한 종파의 사상 속에 순환론적 역사관의 영향이 없는 것은 아니다. 그렇기 때문에 종파의 교의체계가 매우 관념적이거나 비현실적인 면이 강하다. 때론 현실도피적인 성향도 강하게 드러나기 때문에 의식 있는 지식인들의 지지를 받지 못했다. 업력의 결과로 태어나 끝없이 윤회한다는 사고 내지 12연기설과 같은 교의 등이다. 물론 업설은 인과설과 유기적인 관계 속에서 그 자체로 충분한 의미를 지니고 있음에도 지나치게 윤회설과 결부되었거나 그러한 점만 부각된 측면도 있다.

대승불교 운동은 그러한 점을 불식시키기 위해 원력에 의한 출생을 강조하게 된다. 이미 수행을 완성해 다시는 윤회하지 않는 삶의 경지 속에 안주할 수 있었지만 중생을 가엾이 여기는 마음 때문에 자원해서 이 세상에 태어났다고 생각하는 것이다. 다시 말하면 보살도를 실천하기 위해 이 세상에 태어났으며, 그렇기 때문에 보살행의 궁극적 귀착점이 불국토의 건설로 완결된다고 말한다. 『법화경』에서는 수기에 수반되는 토상이 여기에 해당하며, 미륵경 계통에서는 미륵정토로 표현된다. 영국인 노만 콘이라는 학자는 이런 점에서 미륵정토와 천년왕국설은 사상적 유사성을 지니고 있다고 말한다. 일본인 학자 스즈키 나카오[鈴木中雄]도 동일한 생각을 피력한 바 있다. 대승불교의 역사의식이 순환론적이 아니라 직선적이라는 이들의 주장을 주목할 필요가 있다. 이들의 주장이 틀리지 않다면 순환적 역사관 때문에 동양에서 근대문명을 태동시키지 못했으며 현대문명에서도 뒤처졌다는 주장은 설득력이 떨어지기 때문이다.

「수기품」에서 말하는 마하가섭, 수보리, 마하가전연, 마하목건련 등의 토상은 대동소이하다. 즉 이들이 건설할 불국토는 '돌, 자갈, 구덩이 등이 없고, 평평하고 반듯하며 유리로 땅을 삼고, 보배나무로 장식했으며, 황금의 새끼로 여덟 갈래의 교차도로를 경계한다. 또한 꽃으로 대지를 덮고, 지옥, 아귀, 축생, 아수라도가 없으며 …중략… 진주의 꽃을 흩뿌리는' 세계이다.

참고로 「오백제자수기품」에 나오는 부루나존자가 건설할 불국토는 '삼천대천세계가 하나의 불국토가 되며, …중략… 칠보를 합해 만든 집들이 충만하며, 여러 하늘의 궁전이 허공에 머물러 있으며, 사람과 하늘이 교류하고 접촉해서 서로 볼 수 있으며, 여인도 없으며, 일체의 유정(有情)은 화생(化生)하기 때문에 음욕이 없고, 대신통이 있어서 몸에 광명이 나며, 자유롭게 날아다니며, 정진과 기쁜 생각과 지혜가 있으며, 금색신으로 32상을 갖춘다. 그 나라의 중생은 항상 두 가지 음식인 법희식(法喜食)과 선열식(禪悅食)을 먹는다'고 말한다.

이상의 인용문에서 주목해야 할 점은 '여인도 없고 음욕도 없다'는 구절이다. 여인이 없다는 것은 여인의 몸을 남성의 몸으로 바꾸어 성불해야 한다는 기존 불교계의 주장에 반기를 든 것이다. 즉 여성은 다섯 가지의 장애가 있다는 기존의 주장을 완곡하게 부정한 것이다. 또한 음욕이 없다는 것은 성욕이 존재하지 않는다고 일반적으로 생각하지만 그것은 잘못된 해석이다. 윤회를 만드는 업력의 근본은 탐욕에 있으며, 그 탐욕의 근본은 종족을 보존하고자 하는 본능이 가장 강력하기 때문에 음욕이 없다고 표현한 것이다. 보통 범어에서 탐욕을 캄마(kamma)라고 하는데 이것은 자기 보존의 욕망, 종족 보존의 욕망, 권력에 대한 욕망을 포괄하는 단어이다. 이중에서 종족 보존에 대한 욕망이 강하다는 점에서 보통 음욕이라 번역하기도 한다. 그런 점에서 음욕이 없다는 말은 탐욕이 없다는 말로 바꿀 수 있다.

혹자의 비판처럼 이러한 묘사는 비현실적인 것을 말하는 것이 아니다. 법화행자 내지 대승불교도가 이룩하고자 염원했던 세상이다. 시공을 초월해 이러한 염원이 결집되었기에 오늘에 이르러 점차 그 꿈이 영글어 가고 있는 것이다. 아직 성취되지 않은 것은 불교도들의 지속적인 노력으로 완성해야만 하는 숙제이다. 이제 적어도 불교가 소극적이며 도피적인 종교가 아니란 점을 직시해야 하며, 부처님의 가르침을 현실 속에서 완성하고자 분발하는 모습을 보여주어야 한다.

제7 화성유품 化城喩品

화성의 비유와 의미

「화성유품(化城喩品)」 후반부에 나오는 화성의 비유를 설하기에 앞서 부처님께서는 다음과 같이 설법하고 계신다.

"비구들아, 만일 여래께서 열반하실 때에 이르러 대중들이 청정하여 믿고 이해함이 견고하며, 공법(空法)을 요달하여 선정에 깊이 든 것을 알면, 여러 보살들과 성문들을 모아 놓고 그들을 위하여 이 경전을 설하리라. 세상에 이승(二乘 : 성문·연각)으로 얻는 멸도는 없고 다만 일불승만으로 멸도를 얻을 수 있느니라. 비구들아 마땅히 알아라. 여래께서는 방편으로 중생의 성품까지 깊이 들어가 그들의 뜻이 소승법을 즐겨하며, 오욕에 깊이 집착하는 것을 아시고, 이들을 위하여 열반하는 법을 설하시나니, 이런 사람이 들으면 믿고 받아 지니느니라."

이상의 인용문은 「방편품」의 핵심 사상인 이승 방편, 일승 진실의 원칙을 충실하게 지키고 있다. 중생들을 제도하기 위해 베풀어진 것이 『법화경』의 묘법사상이며, 그 묘법은 다름 아닌 방편설이라는 점을 재삼 확인시켜 주는 것이다. 동시에 중생들의 적나라한 본성이 어떠한 것인가를 「방편품」과 마찬가지 화법으로 설명하고 있다. 인간이란 이성적인 판단으로 수용할 수 있는 사안도 현실 내지 이해관계에 부딪히게 되면 본능에 충실하려는 쪽으로 기울어진다는 점을 숨기지 않는다. 인간이 인간다울 수 있는 것은 그 본능이 우리들의 행복이나 존재의 당위성을 충족시켜 주지 못할 뿐만 아니라 확인시켜 주지도 않는다는 점을 인정하고 있다는 사실이다. 그렇기에 방편설이 설득력을 지닐 수 있다.

경전은 이상과 같은 설법의 내용을 보다 쉬운 이야기로 풀어서 설명하고자 한다. 논리적으로 이성에 호소하는 것이 아니라 감성에 호소한다는 표현이 마땅할 것이다. 그래서 '예를 들자면'이란 문구를 시작으로 이야기를 풀어가는 것이다. 워낙 유명한 비유라 널리 알려졌지만 대강의 내용을 소개하면 다음과 같다.

보배로 가득 찬 도시가 있었다. 그곳을 경전에서는 보소(寶所)라 표현하고 있으며, 일반적으로 보배로운 성, 혹은 부처님이 사는 유토피아적인 도시라는 의미에서 불성(佛城)이라 부르기도 한다. 문제는 이 성을 찾아가기가 쉽지 않다는 점이다. 험난하고 사나운 길이며, 인적마저 끊어져 무섭고 두려운 곳으로 묘사되고 있다. 따라서 가고자 하는 마음이 있어도 길을 잘 알지 못하는 사람들에게는 '그림의 떡'과 같은 도시이다.

그런데 인간에게는 절망의 무게만큼 희망의 끈도 있는 법이라 보배로운 곳으로 가는 길을 잘 아는 한 명의 안내자가 있었다. 그 안내자는 매우 총명하여 그 길의 장단점뿐만 아니라 막히고 뚫린 모양을 모두 간파하고 있었기에 그곳에 가고자 하는 사람들을 위해 길잡이가 되었다. 안내자를 따라 시작한 여행이지만 희망이란 별을 따기 위해 활기차게 출발한 사람들은 기나긴 여정에 지쳐 투덜거리기 시작했다. 심지어는 불안감과 두려움에 오던 길을 되돌아가려고 했다.

여행자들의 심리를 파악한 길잡이는 이들을 위해 방편의 힘을 빌리고자 했다. 도중에 한 성을 만들어 여행자들의 쉼터로 제공하며 다음과 같이 말한다.

"그대들은 두려워하지 말고 되돌아갈 생각도 하지 마라. 이제 큰 성에 들어가 자기 마음대로 할 수 있을 것이니, 눈앞에 있는 성에 들어가면 몸과 마음이 안온해지고, 보배로 넘치는 유토피아적인 삶을 누릴 수 있을 것이다."

이것은 방편의 힘으로 만들어진 성이기에 화성(化城)이라 불렀는데 이것을 모르는 여행객들은 화성을 바라보며 즐거움에 넘쳐 희희낙락하며 몸과 마음을 쉬고 있었다. 이들이 모두 충분한 휴식을 취했다고 판단한 길잡이는 여행객들에게 "여러분들의 눈앞에 있는 이 성은 그대들을 쉬게 하려고 내가 만든 것이다. 보물이 있는 도시가 여기서 멀지 않았으니 다시 출발하자"고 말한다. 이 능수능란한 길잡이의 안내로 마침내 사람들은 보배의 성에 도착할 수 있었다.

비유를 마치고 나자 부처님께서 말씀하셨다.

"여래도 이와 같이 이제 너희를 위해 위대한 길잡이가 되어 온갖 나고 죽고 번뇌하는 악도의 험난하고 멀고 먼 것을 여의게 하며, 어떻게 제도할지를 아느니라."

이상의 비유에 등장하는 길잡이는 바로 부처님 자신이며, 수많은 여행객들은 바로 중생인 우리 자신이다.

또한 화성이란 실체가 없는 이승 내지 방편을 의미하며, 보성(寶城)은 일승 내지 진실을 의미한다. 방편이란 진실을 깨우치기 위한 수단에 불과하지만 그 수단이 없으면 진실을 알 수 없다는 점에서 진실 못지않은 소중한 의미를 지니게 된다. 불세출의 법화사상가 중의 한 명인 천태는 화성은 방편이요, 보소는 진실임에도 진실을 버리고 방편으로 품명을 삼은 이유에 대해 '성이 임시로 만들어진 것을 알면 보소가 진실임을 알기 때문이다. 그러므로 화성으로 품명을 삼아도 진실이 사라지지 않는다'고 했다.

화성의 비유에 대한 중국 법화사상가들의 해석은 대략 비슷하다. 천태는 화성이라는 글자를 축자적으로 풀이하고 있는데 '화(化)란 신통력이 하는 일이다. 신통력 때문에 본래 없는 것 속에서 홀연히 존재할 수 있다[無而有]. 그것을 이름하여 화라 한다. 그릇된 것을 막고 적을 방어하는 것이 성이다. 또한 방편지의 힘 때문에 없는 것인데도 있는 것이라 설한 것이니 가르침을 활용하는 것을 화라 하고, 사혹(思惑)을 방비하고 견혹(見惑)을 막는 것을 열반이라 한다'고 풀이한다. 이어서 다음과 같이 말한다.

"부처님의 위대한 자비는 사물에 순응하되 세상과 다투지 않는다. 때문에 모든 방편과 진실이 다르다는 것을 밝힌다. …중략… 이제 방편의 문을 열어 진실의 문을 보인다. 오직 일대사인연으로 위없는 도를 설할 뿐이다. 부처님의 지견을 열어 모두 구경의 실상에 들어가게 한다. 화성을 없앤다는 것은 바로 방편을 경정(更正:다시 바르게)하는 것이며, 보소에 도착했다는 것은 실상에 들어간 것이다(『법화현의』)."

　결국 화성이라 말할 때의 화는 실체를 지니지 않으면서도 많은 중생을 교화하는 부처님의 가르침으로 파악하고, 그 가르침에 따라 수행하면 사혹과 견혹을 제거하고 열반에 도달할 수 있다는 의미로 파악하고 있는 것이다. 해석이 매우 관념적인 것 같지만 곰곰이 생각해 보면 현실적으로 그 의미를 풀이하고 있다는 것을 알 수 있다. 참고로 사혹(思惑)은 수혹(修惑)이라고도 하는데 사물의 차별적인 본래의 모습을 알지 못해 일어나는 번뇌이다. 견혹(見惑)은 마음에 일어나는 번뇌 때문에 사성제를 알지 못하는 것이며, 견도에 의해 소멸되는 번뇌이다. 천태는 이러한 두 가지 번뇌가 공관(空觀)에 의해 제거될 수 있다고 말한다.

　천태와 동시대에 활약한 길장은 『법화의소』 권8에서 화성의 비유에 대해 몇 가지 견해를 밝히고 있다. 첫째, 세간의 삼매와 삼마발제(三摩跋提) 때문에 실제로는 없는데도 있는 척하는 증상만을 치료하기 위해 화성의 비유를 설했다. 둘째, 성문인들이 작은 열반을 버리고 큰 열반을 얻도록 하기 위해 화성의 비유를 설했다. 셋째, 방편을 열어 진실을 보이는 것을 체득해서 집착이 끊어지고 의심이 없어졌기 때문에 화성유품이라 부른다. 넷째, 이승(二乘)이 비록 다르지만 함께 견혹과 사혹의 번뇌를 끊고, 무위열반을 얻기 때문에 하나뿐인 성[一城]이라 이름했다.

　당나라 때 활동한 규기는 화성의 비유를 설한 이유에 대해 두 가지로 설명한다. 첫째, 상근기나 중근기의 무리는 법을 듣고 수기를 얻지만 하근기의 무리는 아직 분명하게 이해하지 못했으므로 과거에 이미 인연이 맺어져 있었다는 사실을 밝힌 것이다. 또한 현재의 작은 결과인 화성의 비유를 설한다. 즉 과거의 원인을 말해 진실을 깨닫게 하려는 것이다. 둘째, 일곱 가지 증상만 중에서 제4 유정인(有情人)이 아직 열반을 얻지 못했으면서도 얻은 척하므로 이것을 치료하기 위해 화성의 비유를 설한다. 방편으로 열반의 성에 들어갔는데 그것은 제선삼매(諸禪三昧)의 성이다. 이미 그 성을 지났으므로 대열반의 성에 들어간다고 말한다.

  이상에서 살펴본 중국 법화사상가들의 해석은 각자 독특한 견해를 지니고 있지만 그럼에도 공통적인 것은 매우 현실적이면서도 수행 위주의 해석을 하고 있다는 점이다.

불전문학과 화성유품

「화성유품」은 부처님의 지혜는 과거로부터 오늘 그리고 내일로 면면히 이어지며, 대통지승여래의 16명의 왕자가 모두 출가하여 대통지승여래의 뒤를 이어 『법화경』을 강설하고, 특히 16명의 왕자 중의 한 명이 석가세존이라고 설하고 있다. 시공을 초월해 부처님의 가르침과 정신이 살아 있다는 점을 강조하고자 하는 법화행자들의 의지를 왕자들을 등장시켜 표현하는 것이다.

『법화경』은 곳곳에서 법화행자들이 석가모니부처님의 사상을 충실히 계승하고 있다는 점을 강조한다. 지속성과 영원성을 위해 다양한 방법을 고안하고 있으며, 그런 점에서 필연적으로 『아함경』이나 부파불교의 문헌, 전생담, 내지 부처님의 전기문학에서 많은 내용을 차용해 재구성하고 있다. 「화성유품」도 그러한 『법화경』의 구조적 성격을 잘 나타내고 있는 품 중의 하나이다.

우선 이 품의 핵심을 이루는 대통지승여래와 그의 16왕자에 대해 살펴보자. 경전의 내용에 의하면 대통지승여래는 10소겁의 수행을 통해 부처님의 법을 체득하게 된다. 그는 출가하기 전에 16명의 아들이 있었으며, 첫째 아들의 이름이 지적(智積:지혜의 축적)이었다.

대통지승여래가 출가하자 깨달음을 얻어 성불했다는 소리를 듣고 첫째 아들인 지적이 세속적인 부귀영화를 버리고 출가하고자 할 때 그의 어머니가 눈물을 흘리며 아들을 보내주었으며, 그의 할아버지인 전륜성왕은 백 명의 대신과 백성들을 이끌고 대통지승여래가 있는 곳에 찾아와 귀의하게 된다.

여기서 주목해야 할 점은 이상과 같은 내용의 구성이 석가모니부처님과 그의 아들인 라훌라, 아버지인 정반왕 그리고 부인이었던 야쇼다라 왕비의 관계와 유사하다는 점이다. 즉 『중본기경』에 나오는 「환지부국품(還至父國品)」의 내용, 내지 『불본행집경』에 나오는 『라훌라인연품』 등의 내용과 구조상 유사하다.

초기 부처님의 전기를 알려주는 자료들에 의하면 부처님께서는 성도한 뒤에 부왕인 정반왕의 요청으로 카필라 성을 방문하게 된다. 정반왕은 궁성에 머물기를 간청했지만 결국 석가모니부처님의 요청에 따라 성 인근의 니그로다 숲에 정사를 건립하여 부처님을 맞이하며, 이곳에 찾아와 설법을 들은 많은 석가족 청년들이 출가하게 된다. 당시의 풍속에 따르면 한 번 출가한 사람은 출가자의 신분을 유지하는 한 숲 속에 거주하는 것이 원칙이었기 때문이다.

정반왕 역시 왕궁으로 들어오길 거부하고 숲 속에 있는 부처님을 만나기 위해 신하와 백성들을 대동하고 니그로다 숲을 방문하여 부처님의 설법을 들었다. 부처님의 아들인 라훌라 역시 여기서 부처님을 처음 만나며, 부처님의 인도로 출가하여 불교교단사상 최초의 사미가 되었다. 아직 15세가 되지 않은 라홀라를 보내는 어머니 야쇼다라의 심정이 「화성유품」에서 아들인 지적을 눈물로 대통지승여래에게 보내는 지적의 어머니 모습과 겹쳐진다. 석가모니부처님과 대통지승여래, 정반왕과 전륜성왕, 마하파사파제와 지적의 어머니, 라홀라와 지적(혹은 16왕자)이 대비되는 것이다.

이러한 설정의 구조는 부처님의 전기(佛傳)에 등장하는, 부처님께서 부왕인 정반왕을 만나는 장면 등에서 영향을 받은 것으로 보인다. 10소겁을 수행했다는 것은 오백생을 수행하여 마침내 성불했다는 부처님의 전생담에서 그 원형을 찾을 수 있다. 다만 부처님의 전기에 나오는 내용이나 일반화되어 있던 전기설화가 「화성유품」에서는 편집자들의 필요에 의해 적당하게 변형되었다는 점은 부인할 수 없다.

「화성유품」이 초기불교의 영향을 받은 것으로 생각할 수 있는 또 하나는 범천의 권청(勸請)과 전도선언문(傳道宣言文)의 사상적 내용이다. 앞에서 보았던 「방편품」의 '삼지삼청(三止三請)'도 마찬가지로 생각할 수 있다. 석가모니부처님께서 성도한 직후 범천이 나타나 설법을 간청했다는 것은 부처님의 전기문학에서 일반적으로 등장하는 내용이며, 아함부 경전에서도 흔하게 발견할 수 있다. 또한 범천이 부처님께 설법을 간청한다는 범천권청의 설화는 그 출전이나 내용이 「방편품」의 '삼지삼청(三止三請)'과 마찬가지로 생각할 수 있다. 이러한 점을 감안하여 「화성유품」에 나타난 청법(請法)의 특징과 전도선언문의 내용을 보다 상세하게 살펴볼 필요가 있다. 이러한 것들은 근본불교 정신의 핵심을 교묘하게 재구성해 표현하고 있다는 점에서 『법화경』을 편집한 불교운동가들의 사상적 지향점을 읽을 수 있기 때문이다.

「화성유품」에는 다섯 번에 걸쳐 대통지승여래에게 설법을 청하는 장면이 나온다. 먼저 대통지승여래의 열여섯 명의 아들이 함께 청하는 장면이다. 이들은 청법의 이유로 '세존께서 하시는 설법은 저희를 안온케 하는 바가 많사오니, 저희를 불쌍히 여기시고, 여러 하늘과 인민들을 이롭게 하옵소서'라고 말한다. 이어 4명의 범천왕이 차례대로 대통지승여래에게 설법을 청한다. 설법을 해야만 하는 당위성을 밝히고 있는 이들의 주장을 정리하면 다음과 같다.

첫째 동방의 구일체(救一切) 범천왕. "원하옵나니 세존이시여, 법륜을 굴리시어 중생을 제도하시고 해탈케 하시며, 열반의 길을 열어 주옵소서."

둘째 동남방의 대비(大悲) 범천왕. "원하옵나니 세존이시여, 일체중생을 불쌍히 여기시고 법륜을 굴리시어 중생을 제도하여 주옵소서."

셋째 남방의 묘법(妙法) 범천왕. "원하옵나니 세존이시여, 법륜을 굴리시어 일체 세간과 여러 하늘, 마구니, 범천, 사문, 바라문들을 다 안온케 하시고 해탈케 하여 주옵소서."

넷째 서남방과 하방의 시기(尸棄) 범천왕. "원하옵나니 세존이시여, 법륜을 굴리시어 안온케 하시고 해탈케 하옵소서."

이상에서 살펴보았듯이 사방을 대표하는 범천왕들이 부처님에게 설법을 간청하며, 그 목적은 초기불교의 전도선언문에 나타난 것과 같이 중생의 제도와 해탈이다. 이상에서 인용한 한문본의 내용은 초기불교에서 언급하고 있는 전도선언의 내용과 약간 다른 것이 사실이다. 그러나 범문(梵文) 「화성유품」의 해당 문구는 초기불교의 전도선언문과 거의 동일하다는 것이 학자들의 연구 결과다. 범문 「화성유품」에서 열여섯 명 왕자가 청법의 이유로 제시한 것은 많은 사람들의 이익을 위해, 많은 사람들의 행복을 위해, 세간을 사랑하기 위해, 대중의 이익을 위해, 사람과 하늘의 이익과 행복을 위해라고 되어 있기 때문이다.

범천이 청법의 이유로 제시한 문장도 '많은 사람들의 이익을 위해, 많은 사람들의 행복을 위해, 세간의 자비를 위해, 대중의 이로운 행위를 위해, 사람과 하늘의 이익과 행복을 위해 하소서'란 구절의 반복인 것이다.

범본의 해당 구절을 감안하면 한문본에 나타난 내용과 약간의 차이를 보이고 있는 것도 사실이지만 그럼에도 초기불교의 전도선언문에 나타난 정신이나 문장을 그대로 수용하여 「화성유품」에서 재구성한 것이라 말할 수 있다.

전도선언은 불교라는 종교가 이 세상에 왜 필요하며, 불교라는 종교가 지니고 있는 사회적 의미가 무엇인가를 단적으로 밝혀주는 것이다. 신을 찬양하기 위해, 관념적 우상을 숭배하기 위해, 혹은 기타의 권력이나 세속적 가치를 추구하기 위해 불교라는 종교가 존재하는 것은 아니다. 세상의 이익과 안락, 개개인의 본질적인 존재 의의에 대한 성찰과 천명 등이 바로 불교라는 종교의 존재 이유라는 것을 밝히고 있는 것이다. 그리고 이것이 법화행자들이 추구하고자 했던 불교운동의 지향점이었다.

인연의 성숙과 지속, 그리고 창출

이 품에서 특별히 기억해야 할 내용 중 하나는 대통지승부처님과 열여섯 명의 왕자들에 관한 이야기다. 왜냐하면 열여섯 명의 왕자 중 한 분으로 석가모니부처님이 나오기 때문이다.

경전에 의하면 삼천진점겁이라는 아득한 옛날에 대통지승부처님이 계셨으며, 그분이 출가하여 불도를 수행하기 이전에 열여섯 명의 아들이 있었다. 또한 대통지승부처님의 아버지는 전륜성왕이셨으니, 출가하기 전의 신분 역시 왕자였다. 이러한 내용은 대통지승부처님과 석가모니부처님의 관계가 아득한 숙세의 인연에서 시작된 것임을 알려주는 것이다.

또한 대통지승부처님께서 깨달음을 얻었다는 사실을 알자 열여섯 명의 왕자들은 그의 권속들과 함께 찾아가 대통지승부처님을 찬양하고, 여러 하늘과 인민을 위해 설법해줄 것을 간청하게 된다. 동시에 대통지승부처님께서 깨달음을 얻게 되자 시방의 오백만억 세계가 여섯 가지로 진동하고 대광명이 세계를 두루 비추게 되는데, 그 빛이 여러 하늘의 궁전에 미치게 되었다. 이에 놀란 시방의 대범천왕들 역시 대통지승부처님을 찾아와 설법을 간청하게 된다. 열여섯 명의 왕자와 대범천왕들의 청법(請法)에 따라 대통지승부처님께서는 삼전십이행(三轉十二行)의 설법을 베풀어 수많은 중생을 해탈케 한다.

열여섯 명의 왕자는 이 무렵 소년이었는데 모두 출가하여 사미가 되었다. 그들은 일찍이 백천만 억의 부처님을 공양하며 수행한 일이 있기 때문에 부처님의 지혜를 얻기 위해 대통지승부처님에게 부처님의 위없는 깨달음의 법을 설해달라고 간청하였다. 이러한 간청에 따라 대통지승부처님은 2만 겁이 지난 뒤에 대승경전인 『법화경』을 설하게 된다. 열여섯 명의 왕자는 모두 이 가르침을 믿고 받아들였다. 그러나 성문승 중에는 믿는 자도 있었지만 그렇지 않은 무리도 있었다.

대통지승부처님께서는 팔천 겁이라는 긴 시간 동안 이 『법화경』을 계속 설법한 뒤에 조용한 방에 들어가 팔만사천 겁 동안 선정에 들어간다. 이에 열여섯 명의 보살사미들은 부처님께서 선정에 들어가 있는 동안 각각 법좌에 올라가 많은 중생들에게 『법화경』을 설하게 되며, 각각 육백만억 나유타 항하사에 해당하는 중생들을 교화했다. 말하면 열여섯 명의 왕자가 『법화경』을 계속 강설한 것이다.

한편 대통지승부처님께서 선정에서 나오자 열여섯 명의 보살사미가 『법화경』을 강설한 일에 대해 칭찬을 하면서 대중에게 '열여섯 명의 보살사미가 설한 가르침을 믿어 받드는 사람은 부처님의 지혜를 완성할 수 있다'고 말한다. 이로 인해 열여섯 명의 보살사미는 항상 『법화경』을 설했으며, 대통지승부처님께서 열반에 들어간 이후에도 끊임없이 법을 설하여 무수한 중생을 교화하게 된다. 마침내 이들은 각각 부처가 되어 도처에서 법을 설하게 되었는데 열여섯 번째의 부처님이 바로 사바세계에 있는 석가모니부처님 자신이라고 말한다. 바로 석가모니부처님 자신이 대통지승부처님의 아들이라는 점, 그분의 가르침을 계승하고 있는 부처 중의 한명이라는 점을 전생이야기를 빌어 설명한 것이다.

여기서 우리는 다음과 같은 의문을 지니지 않을 수 없다. 이상과 같은 인연이야기가 도대체 어떠한 의미를 지니고 있는가, 하는 점이다. 일반적으로 이 이야기에는 두 가지 의미가 함유되어 있다고 해석한다. 첫째는 법에 관한 것이며, 둘째는 사람에 관한 것이다.

먼저 법에 관한 것이란 『법화경』 자체를 의미한다. 『법화경』이 아득한 옛날부터 현재까지 설해지고 있는, 가장 유구한 전통을 지닌 경전이라는 점을 주장하는 것이다. 과거로부터 현재를 거쳐 미래로 이어진다고 강조하고 있다는 점에서 이 법은 정통성을 지닌, 시공을 초월한 절대적 진리라는 점을 시사하는 것이기도 하다. 또한 일체의 부처님들이 한결같이 『법화경』을 강설했다는 점은 『법화경』이 일체의 불국토, 즉 언제 어디서나 보편성을 지닌 진리라는 점을 나타내는 것이다.

사람에 관한 것이란 교화의 주체인 부처님과 교화의 대상인 중생의 관계를 의미한다. 이미 「신해품」이나 「비유품」에 나왔듯이 아버지와 아들의 관계, 뿐만 아니라 스승과 제자의 관계가 과거세부터 현재세에 이르기까지 시공을 초월해 연결되어 있다. 구체적으로 살펴보면 우선 대통지승부처님의 왕자인 열여섯 명의 사미 중의 한 명이 현재의 석가모니부처님이라 밝히고 있는 점이다. 이것은 석가모니부처님이 부처로서의 정통성을, 대통지승부처님께서 설하신 『법화경』은 법의 정통성을 계승하고 있는 정통 계승자라는 점을 은연중에 말하는 것이다. 둘째는 과거에 교화를 받은 중생과 현재의 제자들이 동일한 스펙트럼 안에 존재한다는 점이다. 즉 과거 열여섯 명의 보살사미 각각이 교화한 중생들이 세세생생에 태어나 항상 열여섯 명의 보살사미들과 함께 있으면서 그 설법을 들으며, 현재도 역시 석가모니부처님의 교화를 받고 있다고 말한다. 더구나 과거 열여섯 사미로부터 현재에 이르는 석가모니부처님은 중생들이 위없는 깨달음을 얻도록 하기 위해 왔다고 말한다. 이것은 교화를 받는 입장에서 본다면 '성불의 계기를 만들어 주고 있다'는 매우 중요한 의미이다. 중생들이 부처님의 가르침을 망각하거나 믿지 않아서 현재 성문과 연각이라는 이승의 상태에 있더라도 앞으로 언젠가는 반드시 자각하여 성불할 것이라 말한다. 현재뿐만 아니라 미래에도 부처님은 항상 그들을 위해 『법화경』을 설하기 때문에, 이 법을 듣는 자들은 모두 부처님의 자식으로서 석가모니부처님의 열반 이후에도 성불의 가능성이 사라지지 않는다는 것이다.

중국의 천태는 「화성유품」의 과거세 인연에 대해 '화도(化導)의 시종(始終)'을 보이는 것, 내지 '종(種)·숙(熟)·탈(脫)'의 세 가지 이익을 나타내는 것으로 중시했다. 즉 석가모니부처님께서 중생을 교화하여 인도하는[化導] 것의 처음은 열여섯 명의 보살사미가 『법화경』을 되풀이하여 강의하는 것이며, 그 끝은 40여 년간 진실을 드러내지 않다가 이 『법화경』을 설한 일이다.

세 가지 이익이란, 첫째, 종은 중생에게 부처의 종자를 심어준다는 것을 의미하는데 바로 열여섯 왕자가 『법화경』을 거듭 강의한 일이다. 둘째, 숙이란 조숙(調熟)을 의미하는데 뿌린 부처의 종자를 길러 성숙시키는 일이다. 이것은 열여섯 왕자가 『법화경』을 거듭 강의한 뒤 대대로 『법화경』을 설법하여 현재의 석가모니부처님께 이르고 있으며, 40여 년간 법화 이전의 각종 경전을 설한 것을 의미한다. 셋째 탈이란 성불 해탈을 말하는데 뿌린 씨앗을 잘 가꾸어 그 열매를 맺게 되는 것을 의미한다. 천태는 이것을 방편을 나타내는 다양한 경전을 설한 뒤에 일승의 진실을 나타내는 『법화경』을 설한 것이라 해석하고 있다.

그리고 이 세 가지 이익의 출발점은 바로 인연이란 점에 주목한다. 특히 기억할 수 없는 아득한 과거세부터 부처님과 인연을 맺고 있다는 점이다. 현재도 그렇고 앞으로도 그러한 사실은 변할 수 없다. 그런 점을 자각한다면 우리는 부처님의 가르침을 헤아리고 실천하면서 그분과의 인연을 소중하게 생각하지 않을 수 없다. 부처님의 자식이란 자각 속에서 자기 자신과 사회에 당당하게 나설 수 있는 불자가 되어야 한다는 점을 「화성유품」은 말하는 것이다.

왕자의 성불과 홍법의 의미

「화성유품」에 의하면 대통지승부처님의 열여섯 왕자가 출가하여 사미가 되었으며, 대통지승부처님의 설법을 듣고 수행하여 아누다라삼먁삼보리를 얻는다. 이들은 부처님의 법을 계승한 제자로서의 책무를 다하기 위해 우주법계에 퍼져 부처님의 가르침을 전파하는 데 헌신한다. 동서남북 사방과 그 사이 사유사방(四維四方)에서 각각 두 명씩 활동하며, 불국토를 건설하기 위해 헌신한다.

"그 부처님의 제자 열여섯 사미들은 지금 모두 아누다라삼먁삼보리를 얻어 시방의 국토에서 현재 설법하되, 한량없는 백천만억 보살들과 성문들이 그들의 권속이 되었느니라. 그 가운데 두 사미는 동방에서 성불하였으니 첫째 이름은 아축(阿閦)으로 환희국에 계시고, 둘째 이름은 수미정(須彌頂)이니라. 동남방의 두 부처님은 그 첫째 이름이 사자음(獅子音)이요, 둘째 이름은 사자상(獅子相)이니라. 남방에 계시는 두 부처님은 첫째 이름이 허공주(虛空住)이며, 둘째 이름은 상멸(常滅)이니라. 서남방의 두 부처님은 첫째 이름이 제상이요, 둘째 이름은 범상(梵相)이니라. 서방의 두 부처님은 첫째 이름이 아미타요 둘째 이름은 도일체세간고뇌이니라. 서북방의 두 부처님은 첫째 이름이 다마라발전당향신통(多摩羅跋栴檀香神通)이며, 둘째 이름은 수미상(須彌相)이니라. 북방의 두 부처님은 그 첫째 이름이 운자재(雲自在)요 둘째 이름은 운자재왕이니라. 동북방의 부처님 이름은 괴일체세간포외이며, 열여섯째 부처님은 나 석가모니불이니, 이 사바세계에서 아누다라삼먁삼보리를 성취하였느니라."

먼저 인용한 경문에 등장하는 각각의 부처님의 성격에 대해 간단하게 살펴보자. 아촉불(阿閦佛)은 아크쇼바(Aksobhya)란 말을 음역한 것인데 '흔들리지 않는' 이라는 의미를 지니고 있다. 믿음과 수행의 결의가 굳건해야 한다는 점을 말한다. 이 부처님이 이룩한 불국토의 이름이 환희국(歡喜國)이다. 아촉불의 이름이 처음 나타나는 것은 『아촉불국경』이며, 일반적으로 원시대승경전 중의 하나로 간주한다. 부파불교에서 대승불교로 옮겨가는 과정 중에서도 최초기에 등장하는 대승경전은 아직 완전하게 대승사상을 표현하고 있지 않다는 점에서 원시 대승경전이라 말한다. 이후 이 부처님의 이름은 『소품반야경』, 『도행반야경』 등의 반야부 경전이나 『유마경』 등의 대승경전에 자주 등장하게 된다.

수미정이란 수미산의 정상, 꼭대기란 의미를 지니는데 이것은 부처님께서 다른 어떠한 성인보다 존귀하다는 것을 상징하는 말이다. 우리가 알고 있는 여래 십호 중의 하나인 세존(世尊)이라는 의미와 상통한다. 성자 중의 성자란 말과도 통한다.

사자음이란 사자의 울부짖음이란 의미인데 백수의 제왕인 사자가 울부짖으면 다른 짐승들의 울음은 사그라지듯이 부처님의 설법이 모든 가르침 중에서 최고임을 나타낸다. 동시에 정신을 차리게 해 주는 가르침이란 의미도 내포되어 있다.

사자상이란 단어의 원어는 시마드와자(Simhadhvaja)인데 드와자(dhvaja)는 깃발, 표지(標識), 상징이라는 의미를 지닌다. 따라서 사자라는 표지, 상징, 깃발이라는 뜻으로 부처님의 가르침을 의미한다.

허공주는 허공에 안주한다는 뜻인데 이것은 허공처럼 걸림 없는 무집착 공의 세계에 머물고 있다는 것을 나타낸다.

상멸이란 항상 완전하고 원만한 열반에 들어가 있다는 의미이며, 제상(帝相)은 인드라의 깃발 내지 표지를 의미하고, 범상은 범천의 깃발 내지 표지라는 뜻이다.

아미타불은 아미타유스(Amitayus, 無量壽 : 영원한 시간이라는 의미)를 번역한 말이지만 아미타바(Amitabha, 無量光 : 무한한 빛이라는 의미)라고도 한다. 한역에서는 두 가지 모두 아미타라 번역한다. 대승불교의 사상적 흐름 속에서 타력신앙을 대표하는 정토신앙의 소의경전인 『무량수경』, 『아미타경』, 『관무량수경』에 언급되어 있듯이 서방극락세계를 주관하는 부처님이다. 『법화경』에서는 이곳 이외에 「약왕보살본사품」에 나온다.

도일체세간고뇌불(度一切世間苦惱佛)이란 '모든 세간의 고뇌를 제도하는' 부처님이라 해석할 수 있는데 범어로는 '일체 세간의 재화(災禍)와 공포에서 벗어나게 하는' 이란 의미이다. 구원의 주체성을 강조한 번역이라 할 수 있으며, 보살사상이 강하게 보이고 있다.

다마라발전단향신통은 향료로 사용되는 '다마라 잎이나 전단향과 같이 향기로운 신통력을 보여주는 부처님' 이라는 의미를 지닌다.

수미상(Merukalpa)은 수미산과 같이 웅장하고 출중하다는 것을 상징하며, 운자재란 원어가 메그하스와라디파(Meghasvaradipa)인데 '구름처럼 울려 퍼지는 등불' 이라는 의미를 지닌다.

운자재왕이란 '구름처럼 울려 퍼지는 등불 중의 으뜸' 이라는 의미를 지니며, 괴일체세간포외란 '일체 세간의 공포나 두려움을 소멸시켜주는 부처님' 이라는 의미를 지닌다.

이상과 같은 의미를 지니는 열여섯 명의 부처님이 활동하는 내용은 다음과 같이 정리할 수 있다.

첫째, 부처님의 가르침을 통해 중생들의 길잡이가 되며, 그 위의는 걸림없는 공의 세계에 있다.

둘째, 길잡이는 자비를 표현한 것인데 그것은 중생들을 행복하게 해주며 특히 그들이 공포감을 지니지 않도록 해주는 것이다.

셋째, 그것은 다마라발전단향처럼 사회를 위해 향기로운 것이어야 한다. 동시에 이러한 것들은 빛으로도 표현된다.

넷째, 이러한 일은 쉽지 않기에 비상한 결심이 없으면 불가능하며, 그렇기에 과정 중에 흔들리는 일이 없어야 한다.

대략의 내용을 통해 알 수 있듯이 표현상의 차이에도 전체적으로는 부처님의 가르침을 널리 전파시키고, 그러한 활동을 통해 불국정토를 건설하는 데 헌신하는 모습을 형상화하고 있다. 이들 부처님은 한결같이 『법화경』을 설하여 중생을 교화하고 있다. 문제는 이러한 경전의 가르침이 어떠한 의미를 지니고 있는가? 하는 점이다. 지금까지 『법화경』을 연구하는 대다수의 수행자나 학자들은 단순한 부자 관계 이상은 생각하지 않았다. 하지만 필자는 이 구절이 『법화경』의 정신을 나타내는 중요한 대목이라는 점에 주목하고자 한다.

열여섯 왕자는 시방에 거주하는 범천왕들과 마찬가지로 대통지승부처님께 설법을 청한 이후 출가하여 사미가 된다. 이들은 마침내 성불하여 대통지승부처님께서 입정(入定)에 들어가 있는 동안 『법화경』을 설해 무수한 중생을 교화하며, 불국토의 완성을 위해 헌신한다. 공간적으로 시방이라는 일치점, 시간적으로 과거와 현재와 미래로 일관하는 영원성을 엿볼 수 있다는 점에서 이 구절의 함의가 심상치 않다.

열여섯 왕자의 시공을 초월한 활동상은 교단사의 입장에서 해석하는 것도 의미가 있다. 그것이 『법화경』의 정신을 정확하게 파악하고 현양하는 일이 될 수 있기 때문이다. 대승불교 운동은 광대한 인도 대륙 곳곳에서 일어났다. 시간과 공간이 동일하지 않았기 때문에, 나아가 각 지방의 문화와 풍속이 달랐기 때문에 불교를 수용하여 소화하고, 그것을 대승불교 운동으로 승화시키는 방식도 역시 달랐다고 보아야 한다. 대승불교경전의 성격이 동일하지 않은 것도 이러한 인도불교사의 전반적인 특징과 무관하지 않다.

다양한 문화적 배경과 의식의 차이는 다양성 못지않게 갈등의 요인을 내포하지 않을 수 없었다. 기존의 부파교단과 정통성을 확보하기 위한 갈등이 생겨났으며, 대승불교 운동가들 사이에서도 운동의 주도권을 확보하기 위한 물밑 경쟁이 발생하게 되었다. 교단의 발전 과정에 필연적으로 등장하는 현상들이었다. 법화운동가들은 이러한 점에서 새로운 돌파구를 발견하게 된다. 그것은 다양성을 인정하되 그 다양성 속에서 통일성을 찾아내는 일이었다. 그것이 바로 열여섯 왕자의 출가와 성불, 그리고 대통지승부처님이다. 열여섯 왕자가 다양한 대승불교 운동을 상징한 것이라면 대통지승부처님은 그 통일성, 귀일성(歸一性)을 상징하는 것이다. 바로 『법화경』이 추구하는 이상적인 가르침의 구도가 엿보이는 대목이 아닐 수 없다.

제8 오백제자수기품
五百弟子授記品

옷 속의 구슬을 모르는 중생

「오백제자수기품(五百弟子授記品)」의 특징은 부루나존자를 비롯해 천이백 명의 아라한에게 수기를 주는 장면이다. 처음에는 부루나존자 개인에게 수기를 주는 것에서 시작해 천이백 명의 아라한에게 집단으로 수기를 준다. 의문스러운 점은 천이백 명의 아라한에게 수기를 주면서 품의 제목을 '오백제자수기품'이라 정하고 있는 것이다.

경전의 내용을 면밀하게 살펴보면 천이백 명의 아라한 중에서 우선 오백 명의 대표적인 아라한에게 수기를 주고, 나머지 칠백 명의 아라한에게도 수기를 주었음을 알 수 있다. 특히 오백 명을 대표하는 아라한 중에 석가모니부처님께서 성불한 이후 처음으로 녹야원에서 설법할 때 교화를 받아 아라한이 된 아약교진여(阿若憍陳如)가 있다. 이후 많은 제자들을 거느리고 부처님의 제자가 된 우루빈나가섭(優樓頻螺迦葉), 가야(伽倻)가섭, 나제(那提)가섭의 삼형제도 있으며, 기타 아니루다(阿尼樓馱)와 가류타이(迦留陀夷), 우타이(優陀夷) 등도 있다. 이들은 모두 최초기의 불교교단을 형성하는 데 많은 공을 세운 석가모니부처님의 대표적인 제자들이다.

「오백제자수기품」의 내용에서 부루나존자와 천이백 아라한들은 개별적인 수기와 총수기(집단적인 수기)를 받는데 두 가지 점을 주목할 필요가 있다.

첫째는 부루나존자가 성불하여 활동하게 되는 시대의 이름이 보명(寶明)이라는 점이다. 그가 건설하게 되는 국토에는 악도(惡道)도 없고 여자도 없으며, 일체중생이 모두 화생(化生)하기 때문에 음욕이 없다. 나아가 법희식과 선열식이란 두 가지 음식을 즐긴다. 천이백 아라한이 성불하여 얻게 되는 부처님의 이름 역시 보명(寶明)이다. 이때의 보명이란 단어는 보배로운 빛이 온 세상을 밝힌다는 의미를 지닌다. 세상에 빛(광명)을 뿌린다는 점에서 부루나와 천이백 아라한은 공통의 속성을 지닌다. 그렇다면 여기서 광명이란 무엇을 상징하고 있을까? 글자 그대로 해석하면 '세상을 밝힌다'는 뜻이 된다. 인생의 희로애락과 그로 인해 파생되는 다양한 삶의 아픔들을 어둠이 정의한다면 이러한 것들을 몰아내고 빛으로 충만한 삶을 영위할 수 있도록 만들어 주는 것이 보명이다. 수행적인 차원에서 말하면 내면에 충만한 생명의 에너지를 찾아내어 자리이타의 보살 정신을 구현하는 것이다.

둘째는 『법화경』에 나타난 수기사상의 일반적인 특징이지만 수기를 받고 누구나 성불할 수 있다고 말할 수 있는 교리적 근거가 무엇인가 하는 점이다. 길장은 바로 우리 내면에 가득 차 있는 본질적인 생명의 빛이 있기 때문이라 말한다. 이 생명의 빛은 어떠한 중생이나 지니고 있는 것이기 때문에 부처님께서 수기를 주는 일이 가능하다고 말한다. 그리고 존재 일반이 지니는 '근원적인 생명의 빛'을 불교적인 용어로 불성(佛性)이라 표현한다.

부루나와 천이백 아라한, 그리고 다른 품에서 지속적으로 이어지는 다양한 수기가 가능할 수 있는 것은 누구나 불성을 지니고 있기 때문이며, 그러한 점을 수기라는 형식을 통해 표현하고 있다. 그런 점에서 수기는 단순한 종교적 의식에 머물지 않는다. 일체 생명의 절대적 평등성을 고취시키는 종교적 실천인 것이다. 그런 점에서 본다면 초기불교 이래 이어져 온 조건 없는 자비의 실천이란 근본정신을 계승하고 있는 것이며, 인간 내지 전 생명체의 존엄성과 자율성을 중시하고자 하는 의지를 표현한 것이다. 따라서 경전은 다음과 같이 말씀하고 있다.

"이와 같이 점차로 수기하거늘
내가 장차 멸도한 뒤에는
누구든 반드시 성불하리니."

부처님께 수기를 받은 천이백 아라한의 기쁨은 어떻게 표현되고 있을까? 흔히 환희용약(歡喜踊躍)이란 단어를 사용하고 있는데, '뛸 듯이 기뻐하며 춤을 춘다'는 의미를 지니고 있다. 이러한 기쁨을 맛본 아라한들 중에서 오백 명의 대표적인 아라한들은 지난날 자신들이 우쭐했던 일이 매우 어리석었음을 의리궤주(衣裏繫珠)의 비유를 통해 반성한다. 즉 '옷 속에 값으로 따질 수 없는 구슬이 있었는데도 모르고 지냈던 어리석은 사람'과 마찬가지였다는 점을 겸허하게 고백하는 것이다. 이 비유의 내용을 간략하게 소개하면 다음과 같다.

옛날 어떤 사람이 친구 집을 찾아가 술에 취해 잠들었는데 마침 볼일이 있어서 집 주인이 출장을 가게 되었다. 가난한 친구를 생각해 집 주인이 값을 알 수 없는 소중한 보주(寶珠)를 잠든 친구의 옷 속에 꿰매어주고 가게 되었다. 얼마 후 술에서 깨어난 가난한 친구는 자신의 옷 속에 엄청나게 비싼 구슬이 있는지도 모르고 궁핍한 생활을 하며 고생하고 있었다. 오랜 시간이 지난 뒤 우연히 옛 친구를 다시 만나게 되었는데 모습이 초라하며, 가난에 찌들어 있었다. 이에 구슬을 주었던 친구가 말했다. "네가 고생할까 봐 비싼 구슬을 주었거늘 어찌하여 아직도 그렇게 살고 있는가?" 영문을 모르고 언제 그런 일이 있었느냐고 의아해 하는 친구에게 전후 사정을 설명하고, 입고 있는 옷 속을 찾아보니 그 구슬이 여전히 달려 있었다.

"너는 그것도 모르고 의식주를 해결하기 위해 고생하고 번뇌하며, 구차하게 살고 있었으니 참으로 어리석구나. 이제 이 보물로 필요한 것들을 사들인다면 항상 흡족한 생활을 할 수 있을 것이다."

이 '의리계주의 비유' 는 우리 내면에 지니고 있는 개개인의 본질적 가치의 소중함을 일깨워 주는 설법으로 유명하다. 동시에 후대 선종에도 많은 영향을 미치게 된다. 당나라 때 활동한 마조(馬祖) 스님과 그의 제자인 대주 혜해(大珠慧海) 스님과의 대화에서도 의리궤주의 비유가 나타나고 있다.

혜해 스님이 마조 스님에게 물었다.
"어느 것이 저의 보배입니까?"

이에 마조 스님이 답했다.

"지금 나에게 질문하는 자가 바로 너의 보배이다. 일체를 갖추고 있으며, 조금도 흠결이나 부족함이 없다. 자유자재로 사용하는데 어째서 바깥에 의지하여 찾고 있는가?"

진정 소중한 것은 내면에 충만한 빛을 발견하는 일이다. 그 빛은 태양보다 훨씬 빛나는 것이며, 우리들의 삶에 당당함과 행복의 안내자가 될 수 있다. 내가 서지 못했는데 누구를 원망할 것인가? 의리계주의 비유와 상통하는 설법이다.

그렇지만 비유에 대해 우리들은 다양하게 해석할 수 있다. 받아들이는 사람에 따라 다르게 인식할 수 있으며, 다른 종교적 체험을 통해 각각의 인생에 활력소를 만들 수 있다. 천태 스님의 풀이를 간략하게 소개해 보기로 한다.

비유의 내용 중에서 어떤 사람이란 성문과 연각의 이승에 빠져 있는 사람이며, 친구란 석가모니부처님의 전생보살이며, 집이란 대승의 가르침이라 해석한다. 술에 취해 잠들었다는 것은 대승을 향하는 근기가 약간 움직이고 무명이 잠시 억제되어 경을 듣자 내심으로 작은 깨달음이 있었더라도 무명업장이 워낙 두터운 까닭에 도리어 다시 잃어버리게 되는 것이라 본다. 공적인 일이 있어 출장을 가게 되었다는 구절에 대해선 다른 곳에서 교화할 중생이 생겨 인연 따라 나아가 감응한 것이라 풀이하고, 값을 정할 수 없는 보배 구슬이란 일승의 실상(實相)과 진여를 깨달아 얻게 되는 지혜로 해석한다. 옷 속에 매달아 주었다는 것에 대해선 참회와 인욕으로 성냄을 제지하는 것은 겉옷이며 믿음으로 선근을 감싸는 것은 속옷으로 풀이한다. 술에 취해 보주를 달아 주는 것도 몰랐다는 것은 무명이 두터워 대승의 가르침을 알지 못한 것이라 설명한다. 일어나 타국을 돌아다니며 의식주를 해결하기 위해 발버둥쳤지만 구차한 생활을 피할 수 없었다는 구절에 대해서는 대승을 추구하지 않는 것을 타국에서 방황하는 것으로 보고, 선근이 발생하여 고뇌를 싫어하고 즐거움을 구하게 되는 것을 일어나 돌아다니며 의식주를 구하는 것이라 본다. 친구를 만나자 그가 자신의 어리석음을 꾸짖은 것은 정신적인 집착에서 벗어나기 시작하고 의심을 일으키는 것이라 풀이하고, 구슬을 찾아 보여 준 것은 숙세의 인연을 일깨워 준 것이라 본다. 구슬을 팔아 마음껏 살 수 있다는 것은 수기를 받아 부처가 될 수 있다는 점을 비유한 것이라 해석한다.

경전에 대한 이해를 돕기 위해 이 품에서 수기를 받는 대표적인 제자들로 묘사되고 있는 인물들의 면면을 살펴보면 다음과 같다.

아야교진여는 녹야원에서 처음 설법을 듣고 아라한이 된 비구이다.

우루빈나가섭・가야가섭・나제가섭 등은 처음에는 배화교(拜火敎)를 숭상했지만 부처님을 만나 그의 제자들을 이끌고 귀의했다. 형제이기 때문에 세 가섭이라 부른다.

가류타이는 부처님께서 태자였을 때 모시던 시종이자, 부처님께서 성불하자 출가하여 제자가 되었으며, 뒤에 파사익왕의 왕비인 말리 부인의 스승이 되었다.

우타이는 가비라성 국사의 아들이며, 석존이 태자였을 때 함께 공부했던 친구이다. 출가하고자 하는 태자의 의지를 번복시키는 임무를 받았지만 실패했으며, 뒤에 출가하여 부처님의 제자가 되었다. 권도(勸導)

제일이라고 한다.

아니루다는 아나율존자를 지칭하는 것이며, 십대제자 중의 한 명으로서 밤을 새워 수행했기 때문에 실명을 했으나 천안통을 얻게 된다.

리바다(離婆多)는 사리불의 친동생이며, 선정(禪定)을 잘했다.

겁빈나(劫賓那)는 천문과 역학에 능통했으며 별자리를 아는 데 최고(知星宿第一)라 불렸다.

박구라(薄拘羅)는 무병(無病) 제일로 불렸으며, 석가모니부처님께서 열반한 뒤 160세에 입적했다.

주타(周陀)는 주리반특가(周陀槃特迦)로도 불리며 품성이 둔해서 사람들의 멸시를 받았지만 부단히 노력해 아라한이 된 이야기로 유명하다.

사가타(莎迦陀)는 선래(善來:잘 왔다는 뜻)라고 번역되며 여기서는 특정한 아라한으로 묘사되어 있지만 일반적으로 모든 비구에게 공통으로 사용되는 단어이다. 추측건대 부처님께서 '선래'라고 한 한마디를 듣고 출가한 비구들이 있었는데 그들 중 아라한에 이른 이들을 총칭하는 것이 아닐까 본다.

제9 수학무학인기품
授學無學人記品

구원은 누구나 가능하다

성불은 아라한의 경지에 도달한 사람만이 누릴 수 있는 영광이었다. 무수한 사람들이 헤아릴 수 없이 많은 시간을 수행했지만 부처가 된 사람은 많지 않다고 생각했다. 많아야 일세(一世)에 한 분의 부처님이 탄생할 뿐이라 보았다. 이러한 생각은 부파불교 이전까지 불교계에 상식처럼 인식되고 있었다. 그런데 『법화경』「수학무학인기품(授學無學人記品)」에서는 유학(有學), 무학(無學)을 가리지 않고 부처님에게 수기를 받는 장면이 나온다. 부처님은 아난과 라훌라에게 수기를 주고 난 뒤에 2천 명의 유학이거나 무학인 수행자들에게 집단으로 수기를 준다. 누구에게나 수기를 준다는 점에서 누구나 성불할 수 있다는 것을 암시한다.

유학자(有學者)는 일상적인 생각과는 달리 배움이 많은 사람이 아니라 아직도 배워야 할 것이 남아 있는 수행자를 지칭하며, 무학자는 더는 배울 것이 없는 수행자를 가리킨다. 유학자는 불교의 진리인 사성제(四聖諦)의 이치는 자각하고 있지만 아직 번뇌를 다 끊지 못했기 때문에 항상

계정혜 삼학을 닦는 과정에 있는 수행자를 지칭한다. 초기불교의 수행에서 말하는 사향사과(四向四果) 중에서 아라한과를 제외한 일곱 단계에 있는 수행자 전체를 지시하는 단어이다. 상식적으로 유학자란 아직 깨우치지 못한 수행자이며, 무학자란 사향사과 중에서 마지막 단계인 아라한과를 체득한 사람이다.

「수학무학인기품」의 내용은 크게 두 가지 단계로 나누어 설명할 수 있다.

첫째는 아난과 라훌라가 부처님에게 수기를 받는 장면이다. 석가모니 부처님의 사촌 동생이자 다문제일(多聞第一)로 알려진 아난과 당신의 아들인 라훌라가 수기를 간청하고, 부처님은 이들을 가엾게 여겨 수기를 주고 있다. 그리고 이 장면에서 부처님은 당신과 아난이 전생에 도반이었다는 사실을 밝힌다.

"여러 선남자들아, 나는 아난과 함께 공왕불(空王佛)이 계신 데서 함께 아누다라삼먁삼보리심을 내었다. 아난은 항상 잘 듣고 많이 듣기를 좋아하였으며, 나는 항상 부지런히 정진한 까닭에 아누다라삼먁삼보리를 이루었다. 그리고 아난은 내 법을 보호 유지하며, 또한 장래에 여러 부처님의 법장(法藏)을 보호하여, 모든 보살들을 교화하여 성취시키리니 그 본래의 소원이 이와 같으므로 수기를 주느니라."

아난과 라훌라는 사리불, 마하목건련, 마하가섭, 수보리, 부루나, 가전연 등 다른 성문 제자들보다 늦게 수기를 받는다. 수기를 늦게 받은 이유가 육친이라는 혈육의 정 때문이라 평가하기도 하지만 그것은 지나치게 작위적인 해석이다. 나이나 수행 경력을 감안하면 순서상 적당한 안배인 것이다. 특이한 것은 부처님의 십대제자의 한 사람인 지계제일(持戒第一) 우파리에 대한 언급은 어디에서도 찾아볼 수 없다. 이것은 『법화경』이 지법자(持法者) 계통의 사상적 전통을 계승하고 있기 때문이 아닐까 추정한다. 우파리가 지율자(持律者) 계통의 핵심이란 점을 고려한다면 『법화경』의 사상적 맥락을 이해할 수 있는 요소 중의 하나이다.

중국에서는 언어의 형식과 문장의 구절을 교조적으로 중시하는 학풍을 수상(隨相)이라 지칭했으며, 보수적인 계율주의자, 형식주의자들이 여기에 속한다고 간주했다. 반면에 형식과 문장의 구절보다는 행간의 의미나 본질을 중시하는 개방적인 자세를 파상(破相)이라 지칭했으며, 사상의 근본을 관찰해 실천하려는 그룹이 여기에 속한다고 보았다. 불교라는 집단에는 이러한 두 그룹이 병존했지만 각각의 개성과 기풍에 따라 다른 길을 선택하게 되었다. 중국 사람들이 궁극적으로 추구하고자 한 것은 파상에 있었지만 그것이 교단의 결속력 확대나 발전에는 악영향으로 나타나는 경우도 있었다.

두 번째 2천 명의 학무학인들에게 수기를 주는 장면이다. 이들은 부처님에게 집단적인 수기를 받는데 성불한 뒤의 이름은 공통적으로 보상(寶相)여래라 한다. 보상여래는 범어로 라트나케투라자라 하는데 '보배로 찬란하게 빛나는 임금'이라는 의미를 지니고 있다. 이것은 삼보를 널리 알리는 데 최고라는 뜻이지만 삼보 중에서도 법보를 구현하는 데 최고라는 의미로 해석된다. 그래서 보배로운 모습이라는 의미의 보상(寶相)으로 번역한 것이다. 이들 2천 명의 학무학인들은 마음이 부드럽고 고요하며 청정하되 한결같은 마음으로 부처님을 우러러보며 간절한 마음으로 수기를 받고자 하고 마침내 수기를 받는다. 이들이 모두 보배인 것이다.

여기에 중요한 종교적 의미가 있다. 교리적인 입장에서 무학자는 이미 성불한 것이므로 새삼스럽게 수기를 주거나 받을 필요가 없다. 아라한과를 체득하지 못한 유학자의 입장에서는 반드시 수기를 받는 것이 필요하다. 전혀 상반된 입장인 유학자와 무학자에게 동시에 수기를 주는 차원을 넘어, 동일한 불명(佛名:부처님의 명칭)을 주고 있다. 그렇다면 유학자와 무학자를 구분하지 않고 동시에 집단적으로 수기를 주고, 동일한 불명을 사용하게 한 이유는 무엇인가?

이것은 이미 설명한 바 있듯 수기라는 것은 단순한 형식이 아니라 불성을 지니고 있다는 전제 아래 진행되는 종교적 실천이기 때문이다. 또한 평등한 존재란 점을 부각시키고 있다는 점이다. 중국의 법화사상가들은 수기란 단어를 바로 불성이라 해석한다. 불성의 편재성에 주목했던 것이다. 편재성이란 언제 어디에나 존재한다는 뜻이며, 그렇기에 무생물이나 생물을 막론하고 어느 것에나 존재한다. 마찬가지로 유학자나 무학자 모두 불성을 공유하고 있는 평등한 존재란 점을 밝히는 것이라 본다.

불성이 어디에나 있다고 강조하는 점을 종교학적 차원에서 말하자면 구원의 보편성이다. 구원은 특정한 누구, 혹은 계급이나 성별에 한정된 것이 아니다. 마음 한 번 돌리는 순간 깨달음을 향해 정진하게 되며, 그것이 바로 구원으로 향하는 첫걸음이 된다. 이것을 회심(回心)이라 표현하는데 어떠한 계기나 동기가 주어지면 종교적인 심성을 지니게 된다. 심리적으로는 의식의 대전환을 말한다.

2천 명의 학무학인들에게 공평하게 수기를 준 것은 불성의 편재성과 평등성을 고려하면 너무나 당연하다. 일체중생 모두 불성을 지니고 있다는 점에서 깨달음의 유무를 떠나 수기를 받을 자격이 있다. 구원의 문은 누구에게나 열려 있다. 그런 점에서 수기는 깨달음을 완성했다는 의미와 앞으로 깨달음을 성취할 가능성이 있다는 두 가지 의미를 동시에 내포한다.

유학자와 무학자를 구분하지 않은 것은 시간적인 문제에 지나지 않는다. 깨우침의 선후는 존재할 수 있지만 누구나 깨우칠 수 있으며, 불성을 개현할 수 있다. 수기는 완성태 뿐만 아니라 가능태라는 점에서도 동시에 수기를 준다고 해서 문제 될 일은 없는 것이다. 또한 수기라는 종교 행위를 통해 수행 방식이 단순화되고 있다는 점을 알게 된다. 「방편품」에서 중시한 만선성불론을 상기하면 쉽게 이 대목을 이해할 수 있다. 불교의 대중화, 탈철학화와 관계가 있다.

2천 명의 학무학인들은 수기를 받고 너무나 기뻐 떨 듯이 춤추며 부처님을 찬양한다.

"지혜의 밝은 등불이신 거룩하신 세존께서
우리에게 주시는 수기의 음성 듣고
마음은 기쁨으로 가득하네
마치 감로의 단비를 퍼붓는 것과 같네
우리는 성불할 수 있으니
다시는 의심과 미혹이 없네
이 수기 주심을 들었기 때문이니

우리는 이제 복덕과 이익을 얻네."

 2천 명의 합창으로 이상과 같은 찬송을 하는 수행자들의 모습을 상상해 보자. 그러면 그중 우리 자신도 함께 참여하고 있다는 사실을 느끼게 될 것이다. 시공을 초월해 부처님을 존경하는 마음에는 다름이 없기 때문이며, 그분의 가르침을 통해 인생을 풍요롭고 복되게 한다는 사실 역시 느낄 수 있기 때문이다. 못난 우리도 그분의 말씀을 듣고 구원을 받을 수 있다는 것은 희망이 아닐 수 없다.

제10 법사품 法師品

법사와 원력생

「법사품(法師品)」의 핵심적인 내용은 본원사상, 법신사리의 숭배, 홍법삼궤(弘法三軌), 고원착정(高原鑿井)의 비유 등이다. 이들 중에서 먼저 다섯 가지의 법사에 대해 설명해 보자. 경전은 『법화경』을 수지(受持)·독(讀)·송(誦)·해설(解說)·서사(書寫)하는 사람은 모두 법사라 선언한다. 그런데 이러한 선언은 매우 파격적이다. 왜냐하면 법사란 일반적으로 출가한 사문, 즉 스님들을 지칭하는 것이기 때문이다. 그런데 「법사품」에서는 출가자만이 아니라 『법화경』을 수지·독·송·해설·서사하는 사람은 누구나 법사라 강조한다. 누구나란 출가자나 재가자를 불문한다는 의미이다. 출가자에 국한되어 있던 법사란 칭호가 재가자에게까지 개방되었다는 점에서 놀랄 만한 일이다.

오종 법사로 일컬어지는 수지·독·송·해설·서사는 글자 그대로 『법화경』을 받아 지니는 것, 소리 내어 읽는 것, 암송하는 것, 남을 위해 경전을 풀이해 주는 것, 베껴 쓰는 것 등이다. 초기불교시대부터 부파불교시대까지 경전을 수지하는 것은 출가한 스님들의 고유한 업무 중의 하나였다. 더구나 문자로 기록되기 이전에는 받아 지니는 것과 독송하는 것이 구분되지 않았다. 스님들이 아침저녁으로 자신의 머릿속에 입력되어 있는 경전을 암송했기 때문이다.

그러던 것이 불멸 후 백 년을 지날 무렵이면 암송에 전적으로 의지하던 경전을 문자로 기록하게 되며, 그런 다음에 소리 내어 읽는 것이나 해설하는 것, 내지 베껴 쓰는 것이 중시되기에 이른다. 그런 점에서 본다면 소리 내어 읽는 것과 해설, 서사는 경전이 문자로 편집된 이후에 강조된 일이라 말할 수 있다. 이어 전법의 중시와 인쇄 기술의 열악함에서 서사(베껴 쓰는 것)를 강조하게 된다. 결국 대승불교의 홍기와 경전 숭배 사상의 보편화는 『법화경』처럼 다섯 가지 실천행을 중시하기에 이른다.

「법사품」에서는 법사에게 특별한 지위를 부여하고 있다. 오종법사 내지 『법화경』을 공경 공양하는 사람들은 누구나 부처님의 장엄으로 스스로 장엄함과 같으며, 여래의 어깨에 실린 바가 되어 그가 가는 곳마다 (사람들이) 따라 예배하며, 일심으로 합장하고 공경하고 공양하며 존중 찬탄한다는 것이다. 이것은 오종법사들이 부처님처럼 대중의 존중을 받을 공덕을 지닌다는 점을 의미한다.

부처님처럼 존중받을 수 있다는 점은 매우 매력적이지 않을 수 없다. 다른 사람보다 강인한 의지와 투철한 사명감, 신심, 열정이 없으면 안 된다. 이런 점을 감안하여 경전에서는 두 가지를 강조한다.

첫째, 법사는 원력에 의해 이 세상에 태어난 사람들이라 강조하는 점이다. 불교는 출생의 방식을 두 가지로 설명한다. 업력에 의한 것과 원력에 의한 것이다. 업력에 이끌려 태어나는 것을 업생(業生)이라 하는데,

이것은 자기 자신의 의지와는 무관하게 자신이 지은 업력에 의해 출생하는 것이다. 자신의 의지와 상관없이 태어났으므로 업력의 지배를 받으며, 존재의 당위성을 자각하고 있지 않다는 점에서 무엇인가에 의해 '내던져진[被投性] 존재'라 할 수 있다.

반면에 원력에 따라 태어나는 것인 원생(願生)은 자기 의지에 따라 이 세상에 태어난 것을 말한다. 무엇인가 할 일이 분명하게 존재하기 때문에 자원하여 태어난 것이다. 결국 주체적 삶을 영위하며, 자신의 자유의지를 최대한 존중 받고 발휘한다는 점에서 존재의 당위성을 철저하게 자각한 존재라 말할 수 있다.

「법사품」에서 말하는 법사는 모두 원력에 의해 이 세상에 출현했다고 하는 점에서 존재의 당위성을 철저하게 자각한 자율적 존재란 사실을 암시한다. 경전에서는 이들에 대해 다음과 같이 말한다.

"이들은 일찍이 십만억 부처님을 공양하고, 여러 부처님이 계신 데서 큰 서원을 성취하고 중생을 가엾이 생각하는 마음으로 이 세상에 태어난 줄 알아야 하느니라.

중생을 불쌍히 여기어 이 세상에 태어나길 원했으며, 『법화경』을 널리 분별하여 설하거늘, 하물며 받아 지니며 가지가지의 좋은 물건으로 공양하는 이야 말할 것이 있겠느냐? 약왕아, 이런 사람은 청정한 업보(業報)를 스스로 버리고 내가 멸도한 뒤에도 중생을 불쌍히 여겨 악한 세상에 태어나서 이 경전을 연설하는 줄 알아야 하느니라."

그렇다면 이들이 자각하고 있었던 존재의 당위성은 구체적으로 무엇을 말하는 것일까? 바로 미혹 속에 헤매는 중생을 가엾게 여겨 그들을 구제하고자 하는 마음, 아름다운 세상을 건설하여 너나없이 행복하게 살 수 있게 하는 것 등이다. 그런데 그들을 구제하는 수단으로 『법화경』을 의지하는 것보다 더 좋은 것은 없다고 선언한다. 또한 중생을 구제하고 『법화경』을 널리 알리기 위해 '청정한 업보'를 버리고 이 세상에 태어났다고 말한다. '청정한 업보'란 수행을 완성하여 다시는 윤회의 흐름 속에 들어가지 않을 수 있는 깨달음의 경지에 도달했음에도 불구하고 중생들을 위해 자원해서 이 세상에 태어난 것을 지칭한다.

둘째, 법사는 여래의 사자(使者:심부름꾼)이며, 여래가 해야 할 일을 대신하는 사람임을 강조한다. 즉 '선남자, 선여인이 내가 멸도한 뒤 은밀히 한 사람을 위해서라도 『법화경』의 한 구절을 말해 준다면, 이런 사람은 바로 여래께서 보낸 심부름꾼으로 여래의 일을 행하는 줄 알아야 하나니, 하물며 대중 가운데서 많은 사람을 위해 설법하는 것이야 말할 것이 있겠느냐?'고 말한다.

이상의 구절은 법사가 여래의 일을 대신하는 사람이라는 신념을 기반으로 부처님의 영원성을 계승하고, 중생을 구제해야 한다는 두 가지 의미를 동시에 함축하고 있다. 대리자란 개념이 활용되고 있는데, 이것은 바로 시공을 초월해 존재한다고 생각했던 부처님을 대신해 시공 속에 출현해 중생들을 위해 보살도를 구현하는 일이다. 법사가 바로 부처님의 대리자인데 다른 대승경전에서는 화신불(化身佛)로 묘사된다.

부처님의 일을 대신한다는 점에서 법사는 매우 중요한 역할을 담당한다. 그래서 여래께서는 이들을 당신의 옷으로 덮어주며, 항상 이들을 보호해 준다고 말한다. 한편 법사는 위대한 믿음, 강고한 원력, 다양한 선근이라는 정신적 무기를 갖추어야 한다. 왜냐하면 『법화경』을 설할 때 따르는 사람도 있겠지만 그렇지 않은, 오히려 방해를 일삼는 무리 역시 적지 않다는 현실적인 상황 때문이다. 그래서 법사는 부처님의 일을 하면서 부처님의 격려와 보호 속에서 산다고 표현한다. 즉 '항상 여래와 함께 살고, 여래의 손으로 그의 머리를 어루만지는 것[摩頂授記]과 같으니라'고 격려한다.

오종법사는 부처님의 행원(行願)이다. 중생을 향한 무한한 자비를 법사라는 대리인을 내세워 구체적으로 실현하고자 한다. 당신은 형상을 보이지 않은 채 시공을 초월해 존재하면서 시공 속에 자신의 의지를 펼치는 것이다. 당신의 대리자인 법화행자들을 통해서.

법을 널리 알릴 때의 세 가지 규칙

「법사품」은 『법화경』에 대한 다섯 가지 법사의 실천행을 설한 뒤에, 이 경전을 널리 알리거나 이 경전에 의지해 수행하는 법화행자들이 어떠한 마음 자세를 지녀야 하는가에 대해 설하고 있다. 흔히 '홍법의 삼궤'라 하는데 이것은 법을 널리 알릴 때의 세 가지 규칙이라는 의미를 지닌다. 너무나 당연한 말씀을 거듭하는 것이 아닌가 하는 의문을 제기할 수 있지만 매우 의미가 깊기 때문에 예로부터 중요시해 왔다. 좀 더 구체적으로 살펴보면 다음과 같다.

"만일 선남자, 선여인이 여래께서 열반하신 뒤에 사부대중을 위해 이 『법화경』을 설하고자 할 때는 어떻게 해야 하는가? 이 선남자, 선여인은 여래의 방에 들어가 여래의 옷을 입고, 여래의 자리에 앉아 사부대중을 위해 이 경전을 널리 설할지니, 여래의 방은 일체중생 가운데 대자비심이요, 여래의 옷은 부드럽고 온화하고 인욕하는 마음이며, 여래의 자리는 일체 모든 존재가 공(空)한 것이니, 이런 가운데 편안히 머물러 있으면서 게으르지 않은 마음으로 여러 보살과 사부대중을 위해 이 『법화경』을 널리 설할지니라."

　길게 인용했지만 이상의 문장 중에서 '여래의 방', '여래의 옷', '여래의 자리'가 바로 『법화경』을 전하려고 노력하는 법화행자들이 지녀야 하는 기본적인 마음가짐이다. 이것에 윤리성을 부여하기 위해 홍법의 삼궤라 불러온 것이다. 대자비심, 부드럽고 온화하며 인욕하는 마음, 일체 모든 존재에 집착하지 않는 것 등이다. 이해를 돕기 위해 이 세 가지에 대해 부연 설명을 덧붙이기로 한다.
　첫째, 여래의 집 혹은 여래의 방을 대자비심으로 설명하고 있다. 여기서 자비심이란 타인을 나와 같이 사랑하는 것이다. 천태는 자비를 세 가지로 해석하고 있다. 중생연(衆生緣)자비, 법연(法緣)자비, 무연(無緣)자비가 그것이다. 이 중에서 중생연자비와 법연자비는 특별한 이유나 조건에 따르기 때문에 일정한 한계가 있다고 본다. 형제, 일가친척, 학연, 지연 혹은 사회생활을 하면서 맺은 다양한 인연에 따른 자비는 중생연 또는 법연자비일 것이다. 부처님의 자비는 중생에 대한 연민에서 출발하지만 그들을 감싸주고 편안하게 해주며, 그들이 모두 행복하길 바라는 데서 끝난다. 대상도 조건도 일절 가리지 않는다. 이를 무연자비라 한다. 서구적인 개념을 빌리면 이기적이고 선별적인 에로스적 사랑이 아니라 조건 없는 아가페적 사랑이다. 법화행자는 대상과 조건을 가리지 않는 사랑 즉 무연자비를 실천해야 하며, 그러한 마음 자세를 가져야 한다. 그것이 바로 여래의 집에 들어갈 수 있는 첫 번째 조건이다.

둘째, 여래의 옷이란 부드럽고 온화하며 인욕하는 마음으로 설명된다. 세상 사람들은 이해가 걸린 일에 민감하며, 욕망에 집착하고 있다. 그런 점에서 이성적으로는 옳다고 동의하는 일에 대해서도 자신의 욕망을 충족시키기 위해, 혹은 이기심 때문에, 아니면 기타 다른 이유로 인해 쉽게 동의하지 않는다. 즉 자기를 보존하고자 하는 욕구, 종족을 보존하고자 하는 욕구 등 기본적인 욕망에 좌우되기 쉽다. 그런 현실 속에서 법화행자들의 고상한 생각이나 행위가 백 퍼센트 존중 받을 수는 없다. 생각의 차이로 인해, 혹은 이해관계에 따라 심각한 갈등을 일으킬 수도 있다. 그러할 때 법화행자들이 강하게 반발하거나 대립하게 된다면 부처님의 가르침을 전파하는 일은 보다 어려워지지 않을 수 없다.

그런 점에서 부드럽고 온화하며 인욕하는 자세는 법화행자가 취할 수 있는 최선의 선택이 아닐 수 없다. 「법사품」 안에는 이미 구체적인 사례가 언급되고 있다.

"어떤 사람이 나쁜 말로
훼방하고 욕을 하며
칼과 막대기와 돌로
때리고 던지어도
지혜 신통 갖추신
부처님 생각으로
그 모든 고통을
다 참을 수 있어야 하느니라."

게송에 나오는 문장이지만 법화행자들의 자비행이 어떻게 실현되어야 하는지 명확하게 말한다. 부처님을 생각하는 마음으로 신체를 잘라내는 고통이 있더라도 참아야 한다는 것이다.

한편 이상의 인용문은 「법사품」이 편집되던 시기에 법화행자들이 특정한 대상으로부터 핍박을 받았다는 사실을 나타내는 것이라 해석하기도 한다. 학자들은 '대승불교 운동의 전개는 기존 부파교단의 강한 비판과 반발에 부딪히며, 그로 인해 대승불교도들이 많은 핍박을 받았다'고 밝히고 있다. 이때 법화행자들은 저항과 다툼보다는 용서와 포용, 화해와 인욕을 무기로 생각했던 것이다. 바로 그러한 점이 여래의 옷이라는 상징적인 개념을 탄생시킨 직접적인 원인이라 말할 수 있다. 사실 법을 전파한다는 것은 사람과 사람의 문제에 국한되지 않고, 문화와 문화 사이의 갈등을 일으키기 때문에 심각한 저항에 부딪히게 된다. 중국에 불교가 처음 들어와 토착화하는 과정에서 발생하는 다양한 사건들이 바로 그러한 점을 말해 준다. 그렇게 보면 부드럽고, 온화하며, 인욕하는 것 이외에 더 좋은 방법은 없을 것 같다. 무소의 뿔처럼 말 없이, 말 없이 실천해야 하는 것이다.

셋째, 여래의 자리를 일체법공(一切法空)이라 풀이하고 있다. 일체의 법이란 눈, 귀, 코, 혀, 몸, 마음 등의 육감으로 인식할 수 있는 일체의 대상을 가리킨다. 여기서 법이란 인식의 대상을 의미하는데 물질적인 것과 물질이 아닌 것을 총칭하는 단어이다. 보고 듣고 만질 수 있는 것, 꿈이나 상상력 또는 생각과 같이 인식할 수는 있지만 구상적이지 않은 대상들, 그러한 모든 것을 포괄하는 개념이다.

공이란 모든 것은 인연 따라 생겼다가 인연이 다하면 사라지는 것이기 때문에 그곳에는 불변의 실체가 존재하지 않는다는 것을 의미한다. 공 개념은 대승불교가 전개되면 무집착이나 무분별, 내지 무소유의 의미로 확장되어 사용된다. 현실적으로 무엇인가에 집착한다는 것은 또 하나의 관념적 세계나 범주에 갇힐 우려가 있다. 그것이 물질이든 아니면 사상이나 관념이든 고착화, 범주화된다는 것은 생명의 유연성과 영원성을 저해하는 요인이 분명한 것이다.

따라서 일체법공이란 육감으로 인식할 수 있는 모든 대상은 고정적인 실체를 지니지 않는 것이며, 그렇기 때문에 집착할 대상이 아니고 분별의 대상도 아니라고 생각하는 것이다. 마음을 공하게 만드는 것에서 일체 생명의 본질적인 가치를 느끼게 되며, 그러한 생명은 어느 것이나 절대적으로 평등하다는 것을 체득할 수 있게 된다. 나아가 일체법이 공이라고 바라보는 마음 자세 속에서 대자비심을 구현하고, 부드럽고 온화하며 인욕하는 마음을 키울 수 있다. 용서와 포용은 닫힌 마음에서는 불가능하기 때문이다.

이상 설명한 홍법의 삼궤에 대해 천태 지의는 두 가지 입장에서 해석하고 있다. 첫째는 일반적인 해석이며, 두 번째는 특별한 해석이다. 일반적인 해석에서 천태는 '비(悲: 가엾이 여기는 마음)는 사취(四趣:지옥·아귀·축생·아수라 등), 삼계(三界:욕계·색계·무색계), 2승보살(성문·연각) 등의 일체의 고뇌를 뽑아버리는 것이다. 자(慈: 어여삐 여기는 마음)는 인천의 열반을 통해 영원한 것 등 일체의 즐거움을 주는 것이다. 부드럽고 온화한 옷은 사주(四住)의 미혹과 무지와 무명 등 일체의 나쁜 것을 가리는 것이다. 공한 자리란 유상(有相), 무상(無相), 비유상(非有相), 비무상(非無相) 등 일체의 형상(관념적 편견)을 없애는 것이다' 라고 본다. 특별한 해석에서는 '자비는 일체의 선을 생기게 하고, 부드럽고 온화한 것은 일체의 악을 막아 주며, 공한 자리는 일체의 형상을 쓸어 없앤다. 자비와 인욕에서 일체의 복덕이 생기며, 공한 자리에서 일체의 지혜가 만들어진다'고 한다. 모두 『법화문구』에 나오는 것인데 『금강경』에 나오는 무주상(無住相)에 관한 설법을 듣는 것과 같다. 사고나 행동이 자유스러울 때 넉넉함과 창의적인 생명력이 넘쳐난다는 것은 쉽게 알 수 있다.

　참고로 길장은 홍법삼궤에 대해 '이 세 가지 법을 갖춘 뒤에 게으르지 않은 마음으로 사부대중을 위해 설법한다. 부처님께서 미묘한 진리를 내리셨으니, …중략…자비는 숨기고 덮는 공덕이 있으므로 그것을 비유하여 방과 같다고 한 것이다. 유화인욕은 잘못을 막아주는 작용이 있기 때문에 옷과 같다고 비유한 것이다. 공한 이치는 마음을 안정시킬 수 있기 때문에 그것을 자리라 한 것이다'라고 하며 뒤이어 '이 세 가지 문을 상세하게 말하면 순서가 있다. 위대한 자비는 고뇌를 뽑아버리고 즐거움을 준다. 대개 이러한 것은 마음을 깨우치는 커다란 원인이요, 도를 넓히는 근본 의의이다(『법화유의』)'라고 풀이했다.

제11 견보탑품 見寶塔品

땅에서 솟아난 보탑의 의미

「법사품」의 말미에서 『법화경』을 전파하는 사명을 담당할 법사들이 지켜야 할 원칙 세 가지를 강조한다. 홍법의 삼궤로 알려진 '여래의 방, 여래의 옷, 여래의 자리'가 그것이다. 이에 대한 설법이 끝나자 부처님 앞에 칠보로 만든 보탑(寶塔)이 땅에서 솟아나 공중에 머문다. 화려하게 장엄된 보탑 속에서 '능히 평등하고 큰 지혜로 보살을 가르치는 법이며, 부처님께서 보호하고 생각하시는 『법화경』으로 대중을 위해 설법하시니, 이와 같이 석가모니 세존께서 하시는 말씀은 모두 진실'이라는 음성이 흘러나온다. 여기서 '평등하고 큰 지혜'라고 할 때의 평등은 두 가지 의미가 있다. 첫째, 법이 평등하다는 의미에서 중도의 이법을 말한다. 둘째, 중생이 평등하다는 점에서 모든 중생은 평등하게 부처님의 지혜를 내재하고 있다는 점이다.

보탑이 솟아나는 갑작스러운 일을 보고 대중이 놀라 기이한 마음을 가누지 못하고 있을 때, 대요설보살이 부처님께 이러한 기적이 일어난 이유가 무엇인지에 대해 질문한다. 이에 부처님께서 답하셨다.

"이 보탑 안에는 여래의 전신(全身)이 계시는 것과 같다. 오랜 과거에 동방으로 한량없는 아승지 세계를 지나 보정(寶淨)이라는 나라가 있었으며, 그 나라에 다보(多寶)라는 부처님께서 계셨다. 그 부처님께서 서원을 세우셨는데 그것은 '내가 만일 성불하여 멸도한 뒤에 서방국토에 『법화경』을 설하는 곳이 있으면 나의 탑은 이 『법화경』을 듣기 위해 그 앞에 나타나 증명하고, 거룩하다고 찬양하리라'는 것이었다."

또한 부처님께서 적멸의 세계에 들어가기에 앞서 '내가 멸도한 뒤 나의 전신에 공양하려는 사람은 마땅히 하나의 큰 탑을 세워라'라고 말하며, 부처님께서는 신통력을 가지고 『법화경』을 설하는 곳이 있으면 보탑이 그 앞에 솟아나게 하는데, 그 보탑 안에는 여래의 전신이 있어서 찬탄할 것이라 재차 강조한다. 다보여래의 보탑이 땅속에서 솟아난 이유도 다르지 않다는 것이다.

「견보탑품(見寶塔品)」의 서두에 나오는 이상의 내용은 신비로운 만큼 그 상징성이 무궁하다. 여기서 구체적으로 보탑이 상징하는 의미는 무엇인지 몇 가지 살펴보기로 한다. 우선 보탑이 땅속에서 솟아나 공중에 머물러 있었다는 구절을 통해 보탑의 전체적인 상징성을 추정해 볼 수 있다.

첫째, 보탑은 여래의 진실한 모습을 상징한다. 왜냐하면 시공을 초월해 그 진실한 모습으로 중생들을 교화하기 때문이다. 땅속은 과거를 의미하며, 지표는 현재를 의미하고, 공중은 미래를 의미한다는 것이다. 즉

정지된 것이 아니라 과거에서 현재를 거쳐 미래로 향하고 있다는 점에서 동적인 이미지를 준다. 여래는 정태적인 것이 아니라 여전히 우리 속에 살아 숨 쉬는 동적인 것이기 때문이다.

둘째, 탑이란 층층이 중첩된 것이지만 그것은 조화와 균형미를 살리지 않으면 허물어지고 만다는 점에서 교단을 상징하는 것으로 이해한다. 다양한 요인, 다양한 사람들이 『법화경』이라는 가르침을 중심으로 대승불교 운동을 전개하는 만큼 거기에는 조화와 균형, 절제와 역동성이 없다면 안 된다. 교단의 발전과 함께 부처님의 말씀이 빛을 발하게 된다는 점을 생각하면 일리가 있는 해석이 아닐 수 없다.

셋째, 부처님의 진실한 모습이라 해석하든 아니면 교단으로 풀이하든, 그것은 부처님의 교법이 없으면 성립할 수 없다는 점에서 교법으로 해석한다. 부처님의 가르침, 즉 『법화경』의 가르침으로 조성된 보탑이다. 법의 중요성을 고려하거나 아니면 『법화경』이 교법을 중시하는 경전임을 감안하면 세 번째 해석이 가장 설득력이 있다. 세 번째 해석에 따른다면 보탑이란 가르침의 실천을 통해 쌓아지는 탑이다. 이는 '보탑 안에 여래의 전신이 있다'는 경전의 내용과도 어긋나지 않는다.

중국을 대표하는 법화사상가 중에서 천태 지의는 『법화문구』에서 보탑을 '실상의 경지'로 이해한다. 보탑이 실상의 경지를 상징적으로 나타내는 것이기 때문에 법신의 의지처가 될 수 있다는 것이다. '보탑 안에 여래의 전신이 있다'는 경전 구절 중에서 여래의 전신을 법신으로 해석한 것이다.

가상대사 길장은 『법화의소』에서 '보탑이 솟아 나타난 것은 법신에는 생멸(生滅:태어나고 소멸하는 시간적 개념)이 없지만 방편에는 생멸이 있다는 것을 나타낸 것이라 해석한다. 더 나아가 길장은 진속이제(眞俗二諦)의 논리에 의거해 보탑이 출현한 이유를 설명한다. 즉 '옛날에는 방편으로 진실을 가렸기 때문에 방편의 가르침을 땅과 같다고 하며, 이제는 방편을 없애고 진실을 나타내므로 땅에서 솟아 드러난 것과 같다고 한다. 혹은 옛날에는 자취에 집착하고 본질에 미혹했기에 미집(迷執)으로 땅을 삼았다. 이러한 집착은 장차 무너질 것이므로 땅이 갈라져 탑이 드러난 것과 같은 것이다. 탑이 공중에 머물러 있다는 것은 부처님의 법신이 실상의 허공에 머물러 있다는 것을 밝힌 것이다'라고 말한다. 삼론사상에 입각해 『법화경』을 해석하는 것이 길장의 특징이다.

보탑을 어떻게 해석하든지 다양한 학설이 존재할 수 있다. 그러나 지나치게 현학적이거나 관념적이지 않은, 누구나 공감하고 이해할 수 있는 해석이 필요하다. 그런 점을 감안한다면 현대 학자들이 해석하듯이 진리의 보탑, 혹은 가르침의 보탑이라 해석하는 것이 적당하다. 『법화경』보다 성립이 약간 빠른 것으로 추정되는 『소품반야경』에서 법신을 경전으로 해석하는 것도 참고가 될 수 있다. 경전 속에 부처님의 정신이 들어 있으며, 그 정신을 우리는 법신으로 인식하기 때문이다. 그렇게 본다면 보탑 속에 여래의 전신이 들어 있다는 표현도 대승경전의 일반적인 흐름과 궤적을 같이하는 것이다. 다른 한편으론 『법화경』이 있는 곳에는 탑을 만들 필요가 없으며, 탑을 만들더라도 사리를 안치할 필요가 없다는 「법사품」의 내용과도 상통한다. 경전이 법신이며, 법신을 부처님의 유골사리보다 더 중요한 법신사리로 인식하고 있었다는 사실을 알려주는 것이기 때문이다.

「견보탑품」에서는 보탑이 출현한 이유에 대해 『법화경』의 설법 내용이 부처님의 올바른 가르침이라 증명하는 데 있으며, 동시에 부처님의 거룩한 공덕을 찬양하는 데 있다고 설한다. 그러면서 여래의 전신에 공양하고자 하는 사람들은 하나의 큰 탑을 세워야 한다고 강조한다. 그렇다면 여기서 말하는 큰 탑이란 무엇을 의미하는 것일까? 「법사품」 이래 줄곧 강조되고 있는 『법화경』을 널리 세상에 알려 불국정토를 만드는 일이다. 수지·독·송·해설·서사로 표현되는 전법 활동이 바로 탑을 만드는 일이며, 부처님의 법신에 공양하는 일이다. 전술했듯이 이러한 일을 하는 사람들이 법사이다. 역설적으로 말하자면 법사의 활동이 곧 법신을 공양하는 일이다. 그러한 일은 말처럼 쉽지 않다. 그래서 경전은 커다란 믿음의 힘과 지원(志願)의 힘과 선근(善根)의 힘이 필요하다고 강조한다. 이러한 것이 합쳐져 각자의 탑을 만들 수 있는 것이다.

「견보탑품」 전편을 통해 보탑이 용출한 것은 「서품」부터 「법사품」에 이르는 내용을 증명하는 것이라는 평가는 고전적이라 할 수 있다. 흔히 증전기후(證前起後)로 성격을 규정하는 데 있어서 증전에 해당하는 것이 보탑이 용출한 의미로 평가된다. 성립사적인 의미에서 「견보탑품」은 전편의 「부촉품」에 해당하는 내용이라 말할 수 있으며, 뒤이어 나오는 「제바달다품(提婆達多品)」과 함께 별도의 경전으로 유행하다가 『법화경』에 편입된 것으로 보는 학자들도 있다.

다보불과 석가불이 한자리에 앉다

「견보탑품」을 대표하는 내용 중의 하나가 다보불과 석가불이 한자리에 앉는다는 내용이다. 이것을 흔히 두 부처님이 함께 한자리에 앉았다는 의미에서 이불병좌(二佛幷坐)라 한다. 전체적인 내용은 다음과 같다.

보탑이 땅속에서 솟아나오고, 그 속에서 석가모니부처님을 찬탄하는 음성이 들린다. 이에 대요설보살이 어찌 된 영문인지 질문한다. 부처님이 답한다.
"보탑 안에는 여래의 전신이 계시니 그것은 보정(寶淨)나라에 계시는 다보여래며, 이 부처님이 보살도를 행할 때 『법화경』을 설하는 곳이 있으면 반드시 나타나 증명하리라는 서원을 세웠다."
신묘한 광경을 목도한 대중은 마음속으로 매우 기이하다 여기고 있었는데 대요설보살이 그것을 보고 청한다.
"세존이시여, 저희도 이 부처님의 전신을 보고 싶습니다."

'시방에 계시는 분신불(分身佛)을 모두 불러 모은 뒤에야 나오신다'는 다보불의 서원에 따라 시방에 계신 분신불을 모두 한자리로 불러 모은다. 수많은 분신불을 한자리에 불러 모았을 뿐만 아니라 불국토를 장엄하여 만다라의 세계를 연출한다. 분신불을 한자리에 불러 모은다는 것은 다양한 이름의 부처님들이 계시지만 결국은 한 부처님으로 통일된다는 것을 암시한다. 『화엄경』에서 말하는 법신불로 통일되는 것이다. 따라서 다양한 분신불은 법화적인 만다라의 세계이며, 마침내는 다보불로 통일된다는 것을 암시하는 것이다.

분신불이 한자리에 모이자 석가모니부처님께서 허공으로 올라가 머물게 되며, 모든 대중의 예배와 찬탄을 받게 된다. 그리고 칠보로 만든 보탑의 문을 오른손으로 여니, 그 안에는 다보여래가 선정에 든 모습으로 앉아 계셨다. 다보여래는 석가모니부처님을 보자 "거룩하고 거룩하십니다, 석가모니부처님. 『법화경』을 쾌히 설하시니, 이 경전을 듣기 위해 이곳에 왔습니다"라고 말하며, 석가모니부처님께서도 보탑 안으로 들어오시라고 청한다.

석가모니부처님께서 탑 안으로 들어가시자 다보여래는 당신이 앉은 자리를 반으로 나누어 석가모니부처님께 내어 드리며 앉으라고 권유한다. 이에 석가모니부처님 역시 다보여래와 함께 가부좌를 틀고 앉으신다. 허공에 떠 있는 보탑 안에 두 부처님께서 함께 앉아 계시며, 수많은 분신불과 대중이 둘러싸고 우러러본다.

이상의 내용은 장엄하면서도 드라마틱한 연출이 아닐 수 없다. 두 부처님이 하나의 탑 안에서 동일한 자리에 함께 앉는다는 것은 영화의 장면처럼 우리들의 상상력과 감성을 자극하게 된다. 왜 이러한 모습을 구상하여야 하였을까? 결론적으로 말하면 두 부처님께서 함께 앉는다는 것은 크게 세 가지로 그 상징적 의미를 정리할 수 있다.

첫째, 법의 상속이라는 점에서 『법화경』이 석가모니부처님뿐만 아니라 다보여래 이래의 정통성을 지닌다는 점을 나타낸다. 역사적으로 수많은 부파가 존재했으며, 수많은 대승불교 운동이 전개되었다. 저마다 정통성을 주장했으며, 치열한 사상 논쟁을 벌이게 되었다. 그런 점에서 정통성을 확보하지 못한다는 것은 대중의 지지를 상실하는 것이며, 대승불교라는 새로운 불교운동의 종결을 의미한다. 그런 점에서 정통성은 중요성을 지니며, 『법화경』이 바로 불교의 정통성을 지닌다는 선언이다.

둘째, 불타의 영원성이다. 일반적으로 석가모니부처님께서는 불교를 창시하고 81세에 입멸한 것으로 알려졌다. 위대한 스승으로 평가받는 석가모니부처님이지만 시간을 초탈하지 못하고 사라진 것으로 인식할 수 있다. 태어나서 일정한 기간을 살다가 마침내 입적했다는 것은 결국 시간 속에서 생멸하는 모습을 보인 것이기 때문이다.

그러나 법화행자들은 그러한 생각에 동의하지 않는다. 법화행자에게 불타는 영원하며, 시간과 공간의 개념을 초월해 존재하는 구세자이다. 다보여래와 석가모니부처님이 동일한 탑 속에 함께 앉아 계셨다는 것은 시공을 초월하여 불타의 생명이 영원하다는 것을 상징한다. 그리고 이러한 점을 구체적으로 보다 상세하게 설명하는 것이 「여래수량품」이다. 부처님의 본질은 영원한 것이지만 중생을 구제하기 위해 방편으로 적멸의 모습을 보인 것이다.

남북조시대 말기에 활동한 법화사상가 중 한 사람인 승인(僧印) 법사는 「견보탑품」에 대해 '이 품은 개권현실(開權顯實:방편을 열어 진실을 나타냄)이 허망하지 않다는 것을 증명하면서 뒤에 오는 「여래수량품」을 열어주는 의미가 있다'고 말했는데 그 이유가 여기에 있었던 것이다.

셋째, 두 부처님께서 한자리에 앉는 것을 보고 수많은 분신불과 대중이 일심으로 찬탄한다. 이것은 부처님의 본질이 영원하다는 것을 나타냄과 동시에 부처님에 대한 찬탄을 하나로 통합하는 것이다. 분신불과 다보불의 혼연일체는 구체적으로 삼위일체의 불타관이 등장하기 이전의 모습을 나타낸다.

천태 지의는 『법화문구』에서 '다보불은 법불(法佛=법신불)이며, 석가불은 보불(報佛)이고, 분신불은 응불(應佛=응신불, 혹은 화신불)이다. 세 부처님이 비록 셋이지만 다른 것이 아니다. 마땅히 이렇게 설명하고 이렇게 믿고 이해해야 한다'고 말하고 있다. 삼신일체의 입장에서 이해하는 것이다.

가상 길장 역시 『법화의소』에서 동일한 입장을 밝히고 있다. '다보는 이미 입멸했지만 입멸한 것이 아니며, 입멸하지 않은 것으로 입멸을 나타낸다. 바로 석가와 함께 앉는 모습을 나타낸 것이다. …중략… 다보여래가 나타났다는 것은 석가모니부처님은 실로 생멸(生滅)이 없지만 방편은 생멸이 있다는 것을 나타내고자 하는 것이다.'

세친은 『법화론』에서 두 부처님께서 한자리에 앉았다는 구절을 '화불, 보불, 법불을 나타낸 것은 모두 대사(大事:큰일)를 이루기 위함인데 대사란 다름 아닌 법신이다'라고 밝히고 있다. 천태나 길장 모두 『법화론』의 영향 속에서 자신들의 견해를 밝히고 있다고 평가한다.

그렇다면 다보여래는 어떠한 부처님인가? 다보는 범어로 쁘라부따라뜨나(purbhutaratna)를 번역한 것으로 '많은 보배'란 의미이다. 어떤 보배가 많다는 것인가? 첫째는 삼보가 많다는 의미에서 불교가 융성했다는 점을 뜻한다. 둘째는 법보가 많다는 의미에서 법의 인격화, 경전의 인격화를 통해 법신불을 상정하고자 한다. 부처님에 대한 인격화 내지 초월화는 논리적으로 가르침이나 경전의 인격화와 맞물려 있다. 다보여래와 석가모니부처님이 한자리에 앉기까지 경전의 묘사는 매우 황홀하며, 신비스럽다. 신비감은 종교의 일반적인 특징이기도 한데, 법화행자들 역시 두 부처님이 한자리에 앉는다는 상징성을 통해 다양한 의미를 전달하고자 했으며, 그러면서도 종교적 신비감을 잃지 않고 있다.

　두 부처님이 한자리에 앉는다는 사실을 통해 자신들이 말하고자 하는 의도를 전달하는 방식은 이미 초기불교시대에 나타난다. 『잡아함경』권제41에는 다자탑전반분좌(多子塔前半分座)라는 고사가 나오고 있다. 다자탑 앞에서 석가모니부처님과 마하가섭이 같은 자리를 나누어 앉았다는 것이다. 이후 이 이야기는 세 곳에서 석가모니부처님께서 마하가섭에게 법을 전했다는 삼처전심(三處傳心)의 하나가 되었다. 다른 또 하나의 모형은 『증일아함경』권제44에 나온다. 석가모니부처님께서 자신의 금란가사를 미륵불에게 전하기 위해 그 임무를 마하가섭에게 부탁했고, 그는 현재 계족산(鷄足山)에 들어가 선정삼매에 빠져 있으며, 미륵불이 이 세상에 나타나면 그 가사를 전달하게 된다는 것이다. 이상과 같은 전거들은 불법의 영원성과 법의 정통성을 확보하고자 했던 법화행자들에게 매우 중요한 정보가 아닐 수 없었다. 이러한 가르침을 수용해 필요에 알맞게 변형시킨 것이 「견보탑품」의 내용이라 볼 수 있기 때문이다.

제12 제바달다품

提婆達多品

진리 앞에서는 누구나 동등하다

「제바달다품(提婆達多品)」은 『법화경』 중에서도 그 내용이 매우 특이하고 혁신적이다. 불교의 대표적인 악인 제바달다도, 그리고 그 당시 성불할 수 없다고 여겼던 여성도 성불할 수 있다고 천명한다. 요컨대 부처님의 가르침 앞에서는 모두가 평등하기 때문에 조건만 갖추면 성불의 수기를 받을 수 있다는 것이 「제바달다품」의 핵심 요지이다.

먼저 제바달다의 수기에 대해 살펴보기로 한다. 제바달다는 석가모니부처님을 음해했으며, 교단을 분열시키기도 했다. 또한 아사세왕과 결탁해 불교교단을 장악하려고 했다는 것이 지금까지 알려진 사실이다. 그는 석가모니부처님에게 위해를 가하려고 나쁜 짓을 서슴지 않았다. 술 취한 코끼리를 부처님께 내몬다든가 언덕에서 돌을 굴리기도 했다. 암살에 실패하자 자신을 따르는 무리와 별도의 수행단체를 만들었다. 그래서 불교에서는 제바달다를 악인을 대표하는 인물로 간주하게 된다. 승단의 화합을 깨뜨렸다는 점에서 후대의 비판을 혹독하게 받은 것이다.

  그런데 『법화경』 「제바달다품」에서는 부처님께서 악인의 대명사인 제바달다에게 성불의 수기를 준다. 천왕여래라는 부처가 되어 중생을 제도한다는 것이다. 그러면서 제바달다와 석가모니부처님이 전생부터 오랜 인연이 있었다는 사실을 밝힌다. 전생에는 제바달다가 수행자였으며, 석가모니부처님은 진리를 사랑하는 임금으로 묘사된다. 석가모니부처님께서 깨달음을 성취하여 중생들을 제도하는 일에 헌신할 수 있도록 뒤에서 조력하신 분이 전생의 제바달다라는 것이다.

  제바달다에게 수기를 주는 것은 악인도 구원해야 한다는 종교의 본질적인 목적을 달성하기 위함이라 이해할 수도 있다. 그런데 경전에서는 여기서 그치지 않는다. 한 발 더 나아가 '선남자, 선여인 중에서 『법화경』의 「제바달다품」을 듣고 마음이 청정해지며, 믿고 공경하여 의심을 하지 않는 사람들은 삼악도에 태어나지 않고, 삼선도에 태어나 미묘한 기쁨을 누릴 수 있으며, 부처님 앞의 연꽃에서 태어날 수도 있다'고 말한다. 악인을 대표하던 제바달다를 받들면 공덕이 생긴다고 강조하는 점에서 당혹스럽게 느껴진다.

  제바달다에 대한 신앙과 수기는 두 가지 의미를 지니고 있다. 우선 석가모니부처님과 헤어져 별도의 교단을 만들었던 제바달다의 제자들을 불교교단 안에 포섭하고자 노력했다는 것을 시사한다. 대승불교가 전개하던 무렵 포용과 융합의 불교를 지향했던 법화행자들은 사상적으로 동일한 뿌리를 지니고 있다는 전제 속에서 그들을 포용의 대상으로 생각했던 것이다. 수행의 방법에 관한 견해의 차이에서 갈라졌다는 것이 학자들의 평가이고 보면 긴 시간의 흐름은 두 교단의 동질성을 인정하고 융합하는 방향으로 전개되었다고 추정할 수 있다. 그런 차원에서 융합의 정당성을 부여하기 위해 제바달다가 전생에 석가모니부처님의 스승이었다는 점을 부각시켰다고 말할 수 있다. 평범하게는 살아가면서 마주치는 반면교사를 중시하라는 가르침으로 해석할 수도 있다.

또한 제바달다에 대한 수기와 신앙은 악에 대한 새로운 해석이라 말할 수 있다. 악이란 그 절대성을 지니고 있지 않다는 점이다. '죄란 자성이 없는 것이며, 다만 사람들의 마음에 따라 생길 뿐'이라는 『천수경』의 가르침이 그것을 알려준다. 즉 인간들의 약속과 사회적 관습에 의해 선악이 갈리지만 그것은 영원한 것이 아니다. 과거의 선이 오늘의 악이 될 수도 있으며, 과거의 악이 오늘의 선이 될 수도 있다. 그런 점에서 절대적 악이란 존재하지 않는다. 선악의 절대성을 부정하는 것이며, 그런 점에서 절대적인 선은 열반과 구원뿐이라 말한다. 따라서 법화행자들은 오히려 적극적인 자세로 악의 선용(善用)을 생각했다. 절대 악이란 존재하지 않으며, 윤리적인 악도 인간이 어떠한 마음으로 활용하는가에 따라 선이 될 수도 악이 될 수도 있다고 생각했던 것이다.

「제바달다품」에서 또 하나의 핵심 테마는 여인 성불이다. 여성들은 다섯 가지 장애가 있다는 것이 당시 인도 사회의 일반적인 생각이었다. 첫째 범천왕이 될 수 없으며, 둘째 제석천이 될 수 없으며, 셋째 마왕이 될 수 없으며, 넷째 전륜성왕이 될 수 없으며, 다섯째 부처가 될 수 없다는 것이다.

그런데 「제바달다품」에서는 여덟 살의 용녀가 그 자리에서 성불했다고 말한다. 『법화경』이 여성의 성불을 인정한 것은 「제바달다품」뿐만이 아니다. 많은 비구니들에게 성불의 수기를 주고 있는 사실이 이미 여인의 성불을 인정한 것이다. 그렇지만 「제바달다품」에 나오는 용녀성불은 간과할 수 없는 의미를 지닌다.

경전에 의하면 용녀는 사갈라용왕의 딸로 묘사된다. 용왕이란 바다를 다스리는 임금으로 생각할 수 있지만 불경에 나오는 바다는 인간들이 살아가는 사바세계를 상징하는 경우가 일반적이다. 그런 점을 감안하면 용왕이란 인간세계 내지 사바세계를 지배하는 임금이며, 용녀는 그런 임금의 딸이다. 매우 존귀한 존재란 사실을 암시한다.

그런데 여기에 지혜의 상징인 문수보살이 등장하여 용녀가 즉시 성불할 수 있다고 말한다. 즉, 이 어린 용녀는 매우 영리하여 중생들의 근기와 행동을 잘 알고, 다라니를 얻었으며, 여러 부처님들의 가르침을 모두 받아 지녔으며, 찰나 사이에 깨달음을 얻었다고 묘사된다. 이에 의심을 품은 지적(智積)보살이 어떻게 그런 일이 가능할 수 있는가 반문하자 대화를 옆에서 듣고 있던 용녀가 자신이 들고 있던 보배구슬을 부처님께 잠시 맡기면서, '이보다 빠른 시간 안에 성불할 수 있다'고 말한다. 그리고 눈 깜짝할 사이에 남자의 몸으로 변하여 보살행을 갖추고 깨달음을 성취한 뒤 여러 중생들을 위해 설법하고 있는 모습을 보여준다. 이러한 모습에서 주변은 축하의 세레모니를 연출한다. 즉 헤아릴 수 없는 중생들이 수기를 받고, 청정한 세계가 여섯 가지로 진동하며, 사바세계의 삼천 대중이 불퇴전의 경지에 오르게 된다.

용녀의 성불은 교단사적 의미에서 두 가지로 해석할 수 있다. 우선 여인이 성불하되 남성의 몸으로 바꾼 뒤에 성불하게 된다는 변성(變性)성불의 잔재가 보이고 있다는 점이다. 약간 뒤에 출현하는 대승경전들은 한결같이 여인의 즉신성불(卽身成佛)을 설하고 있다는 점을 고려하면

「제바달다품」에 나오는 용녀성불설은 과도기적 현상을 보이는 것이다.

또 하나 간과할 수 없는 것은, 용녀성불론은 인도불교사에서 불교도들이 뱀을 신앙하고 있던 부족을 교화하여 부처님의 가르침을 따르게 했다는 역사적 사실을 연상시킨다는 점이다. 적극적인 전도 활동의 극치를 보여주는 사건이 『법화경』에서 재구성되어 나타나는 것이다. 즉 『사유경』, 『선견율비바사』, 『근본설일체유부』, 『비나야잡사』, 『아육왕경』 등에 의하면 승려 마드얀티카가 카시미르 지방에서 용을 숭배하고 있던 부족을 교화한 것으로 밝혀져 있다.

마드얀티카는 아난의 제자였다. 또 한 명의 제자인 사나야사와 그의 제자인 우파굽타는 마드라 유부(有部)를 대표하는 사람들이었으며, 인도 남쪽 지방에서 불교를 전하는 데 앞장섰다. 마드얀티카와 사나야사 등 아난의 제자들은 인도의 각지에서 부처님의 가르침을 전하기 위해 활동한 전법승이자 학승들이었다. 「제바달다품」에는 이들의 향취가 남아 전해지고 있다. 법을 전하기 위해 자신을 헌신한 이들이 있었기에 오늘의 불교가 가능한 것이다. 바로 지법자(持法者) 계통의 핵심 인물인 아난존자의 정신적 향취가 이 품에 남아 있다.

제13 권지품 勸持品

인욕의 갑옷을 입어라

　권지(勸持)란 『법화경』의 수지를 권유한다는 뜻이다. 천태 지의, 가상 길장, 규기 등 『법화경』에 관해 불멸의 주석서를 남긴 스님들의 해설에는 권지품이라는 품명 대신 지품이라 되어 있다. 이 경우 『법화경』을 수지한다는 의미인데, 거기에 권유한다는 의미를 더해 「권지품(勸持品)」이라는 품명이 완성되었다.

　이 품의 전체 구성은 전후로 나누어 설명할 수 있다. 전반부는 『법화경』의 수지를 맹세하는 것이 주된 내용이며, 후반부는 어떠한 상황에서도 『법화경』을 수지하여 널리 세상에 유포하라고 권유하는 내용이다. 그렇지만 『법화경』을 세상에 널리 알리는 데는 많은 인욕이 필요하며(범본의 품명은 인욕이다), 그 무엇보다 우선 법화행자 당사자의 믿음과 결의가 필요하다는 점을 강조한다.

　「권지품」은 「견보탑품」의 마지막에서 부처님이 '누가 능히 이 사바세계에서 『법화경』을 설하겠느냐? 지금이 바로 이 경전을 설할 때이니라.

여래는 오래지 않아 열반에 들 것이니, 이 『법화경』을 부촉하려고 여기에 있느니라' 는 말씀에 대해, 약왕보살과 대요설보살이 이만 명의 보살을 데리고 부처님 앞에서 '부처님께서 멸도하신 뒤' 자신들이 『법화경』을 받들어 읽고 외우겠다는 다짐으로 시작된다. 이어 몸과 목숨을 아끼지 않고 『법화경』을 받들어 읽고 외우겠다는 대중이 이어진다. 즉, 오백 명의 아라한, 수기를 받은 팔천 명의 학무학의 수행자들, 부처님의 이모인 마하파사파제와 석존의 부인이었던 야쇼다라, 그리고 그들을 따르는 학무학의 육천 비구니, 팔십만억 나유타의 보살마하살 등이 그들이다.

이상 다섯 부류의 대중은 이구동성으로 다음과 같이 맹세한다.

"여래께서 멸도하신 뒤, 시방세계를 두루 다니며 중생들로 하여금 이 경전을 쓰고 받아 지녀 외우게 하며, 그 뜻을 잘 해설하고 가르침대로 수행해서 바르게 생각하고 알게 하려니, 이것은 모두 부처님의 덕입니다. 오직 원하옵나니, 세존께서는 다른 국토에 계실지라도 멀리서 보시고 보호하여 주십시오."

이들은 모두 부처님의 뜻을 받들어 순종하며, 스스로 자신들의 근본서원을 충족시키려고 부처님 앞에서 맹세한다. 이렇게 다짐하는 대중 가운데서 부처님은 마하파사파제와 야수다라에게 개별적인 수기를 주고 있으며, 이들과 함께 있던 육천 명의 비구니들에게도 수기를 준다. 여성도 남성과 마찬가지로 성불할 수 있다는 점을 수기를 통해 또 한 번 입증하는 것이다. 이처럼 불교는 남녀 불평등이란 고질적인 인도의 사회현상에 끊임없는 각성과 변화를 촉구했다.

한편 여러 보살들은 이 경전을 수지하고, 널리 세상에 알리는 일이 결코 쉽지 않다는 점을 알기에 어떠한 일이 있더라도 흔들리지 않겠다는 다짐의 찬가를 부른다.

어리석은 여러 중생
나쁜 말로 욕을 하고
칼과 막대기로 괴롭혀도
저희들은 참으리다.
악한 세상 비구는
삿된 지혜 마음 굽어
못 얻고도 얻은 체
아만심이 충만하며
고요한 데 있으면서
누더기 옷 걸쳐 입고
참된 도 행한다며
다른 인간 경멸하고
이익만을 탐내어서
속인 위해 설법하고
세상에서 받는 공경
육신통의 나한 같아
이런 사람 악심 품어
세속 일만 생각하고
아란야라 이름하여

남의 허물 끌어내되
이런 말을 하느니라.
"저 모든 비구들은
이익만을 탐착하여
외도를 논설하며
스스로 경전 지어
세상 사람을 속이고
명예를 구하기 위해
이 경을 분별한다"라고.
대중 가운데 있으면서
우리들 훼방하려
국왕과 여러 대신
바라문과 거사들과
다른 비구 대중들께
우리를 비방하는 말
"저들은 삿된 인간
외도를 설한다"고 하나
부처님 공경하는 우리
이런 악을 다 참으며,
너희들이 부처라 경만하게 빈정대도
부처님 믿는 우리
그 사납고 못된 짓을
싫다 않고 견디며

다 받아 참으리라.
흐린 겁 악한 세상
두려움이 많으며
악한 귀신 몸에 들어
꾸짖고 욕을 해도
부처님 믿는 우리
인욕의 갑옷 입고
이 경전을 설법하려
어려운 일 다 참으며
신명을 아끼잖고
위없는 도 구하여
앞으로 오는 세상
부처님 법 보호하리니
세존께서는 아시리라.
탁한 세상 악한 비구
부처님 방편 따라
설법함을 제 모르고
입 사납게 빈축하며
자주자주 절간에서
멀리 멀리 내쫓아도
부처님 믿는 우리
내리신 분부 생각하고
이러한 모든 고통에

사납게 시달려도
모두 다 참으리다.
촌락이나 도시에서
법 구하는 이 있으면
저희들이 찾아가서
부촉하신 법 설하올 새
세존의 사자(使者)된 우리
두려움 하나 없이
설법을 잘하리니
안온케 계시옵소서.
시방의 여러 부처님
세존 앞에 제가 나와
이런 맹세 하옵나니
저희 마음 아옵소서.

이상은 「권지품」의 핵심 내용을 가장 잘 표현한 게송이다. 따라서 다소 긴 느낌이 있지만 대중이 한 번이라도 읽는 것이 좋다는 생각에서 인용했다. 이 게송에 대해 『법화경』을 연구하는 현대 학자들은 '법화행자들이 운동을 전개하던 무렵 다양한 부류의 사람들에게 박해를 받았다'고 해석한다. 이들은 출가자와 재가자를 막론하고, 『법화경』의 운동에 동의할 수 없었던 사람들이었음이 틀림없다. 비판받을 만한 행동을 했든 안 했든 그들은 법화행자들과 대립적인 관계를 형성하고 있었다. 따라서 전쟁터에 나가는 병사가 갑옷을 입듯이 법화행자들은 인욕이라는 갑옷을 입고 『법화경』의 가르침을 지키고 전하겠다고 다짐했던 것이다.

중국 천태종의 제6대 조사인 형계 담연(荊溪湛然)은 『법화문구기』라는 책에서 법화행자들을 박해한 부류를 세 가지로 분류하고 있다.

첫째, 속중(俗衆)증상만의 무리다. 주로 재가자들로서 법화운동에 부정적인 사람들이었다. 게송 중에서 "어리석은 여러 중생 / 나쁜 말로 욕을 하고 / 칼과 막대기로 괴롭혀도 / 저희들은 참으리다"가 여기에 해당된다.

둘째, 도문(道門)증상만이다. 출가자들 중에서 법화운동에 부정적인 사람들이었다. 게송 중에서는 "누더기 옷 걸쳐 입고 / 참된 도 행한다며 / 다른 인간 경멸하고 / 이익만을 탐내어서 / 속인 위해 설법하고 / 세상에서 받는 공경 / 육신통의 나한 같아" 등이 여기에 해당한다.

셋째, 참성(僭聖)증상만이다. 성인이 되지도 않았으면서 성인을 참칭하여 그러한 대접을 받는 무리이다. 게송 중에서는 "악한 세상 비구는 / 삿된 지혜 마음 굽어 / 못 얻고도 얻은 체 / 아만심이 충만하며"로 표현된다.

문제는 『법화경』이 가르치는 것은 오직 용서와 화해, 포용과 상생인데 왜 「권지품」에선 법화행자들을 비방하는 무리에 대해 적대감을 지녀야 하였을까? 왜 그들은 법화행자들을 때리고 욕하며, 비방하고, 절에서 내쫓아야 하였을까?

이런 점은 『법화경』의 가르침과 직결되어 있다. 즉 『법화경』은 성불하기 위해 긴 시간의 수행이 필요한 것이 아니라 진실한 마음과 굳은 신심이 있으면 누구나 쉽게 성불할 수 있다고 말한다. 『법화경』을 수지독송하는 것뿐만 아니라 『법화경』 읽는 소리를 듣고 기뻐하는 것만으로도 성불한다고 가르친다. 나아가 부처님의 가르침은 차별이 있지 않으며, 각각의 취미와 개성에 따라 다양하게 설해졌기 때문에 우열을 가릴 필요가 없다고도 주장한다. 궁극적으로 어떤 가르침이나 일승으로 돌아가는 것이라 가르쳤기 때문이다. 이에 더해 수기를 통해 모든 존재의 평등성을 강조한다. 심지어 악인이나 여성도 성불할 수 있다며 수기를 준다. 이러한 가르침은 기존의 불교교단이나 그곳에 소속된 사람들, 교단을 팔아 이익을 추구하던 사람들에게는 혁신적인 사상이었다. 때문에 받아들이기 힘든 주장이 아닐 수 없었으며, 반사적으로 적의를 나타내 법화행자들을 핍박했다고 본다.

제14 안락행품 安樂行品

안락행의 의미

「안락행품(安樂行品)」은 『법화경』의 계율 사상을 대변하는 품으로 알려져 왔다. 『법화경』의 4대 요품 중에 포함된 이유도 여기에 있다. 그러나 「안락행품」에 나타나 있는 계율은 초기불교의 계율 사상 못지않게 엄격하다는 점에서, 혹은 『법화경』 전반부의 사상인 포용의 정신과 궤적을 달리하고 있다는 점 등에서 별도로 유통되던 경전이 『법화경』 안에 편입된 것으로 보기도 한다.

우선 품명인 '안락행(安樂行)'이라는 단어의 의미를 간략하게 살펴보자. 안락행이란 말은 안락한 수행이라는 의미가 아니고, 안락한 상태에 몸과 마음을 두고 실천하는 행법이라 정의할 수 있다. 범어 수카비하라(sukhavihāra)란 말을 번역한 것인데, '즐거움'에 머무는 것, 즉 '몸과 마음이 안락한 상태에 머물러 있는 것'을 지칭한다. 자리이타의 대승정신을 추구하면서도 구체적으로는 계율과 자비의 실천을 통해 몸과 마음을 안락하게 하는 것을 의미한다.

안락행에 대해 천태 지의는 축자적인 해석을 시도하고 있다. 간단하게 소개하면 「법사품」에 나오는 홍법삼궤나 기타의 내용을 응용해 해석하는 방식이다.

첫째, 여래의 옷을 입으면 법신이 편안하다[安]. 여래의 방에 들어가면 마음이 자유로워서 즐겁다[樂]. 여래의 자리에 앉으면 반야를 이끌어 나아갈 수 있다[行]. 이것은 유화인욕이란 여래의 옷과 대자비심이라는 여래의 방, 그리고 모든 존재는 고정적 실체성이 없다는 의미의 일체법공이라는 여래의 자리에서 풀이한 것이다. 새삼스러울 것 없이 안락행의 의미를 잘 표현하고 있다.

둘째, 인욕의 경지에 머물기 때문에 몸이 편안하다[安]. 급작스럽거나 사납지 않기 때문에 마음이 즐겁다[樂]. 모든 존재의 참다운 모습을 관찰하는 실천이다[行]. 이것도 첫 번째 해석과 마찬가지로 인욕, 자비, 법공의 관찰이란 점에서 풀이한 것이지만 여기에 나오는 글귀는 모두 「안락행품」의 서두에 나오는 경전의 문구들이다.

셋째, 행을 세 가지 관점에서 실천적으로 해석하는 것이다. 즉 지행(止行), 관행(觀行), 자비행(慈悲行)이다. 지행이란 몸·입·마음의 세 가지 행업이 부드럽고 온유하여 순종하고 위배하는 것이 동시에 고요해진 것이며, 이것은 바로 법신을 체험하는 실천행이기에 여래의 옷에 해당한다고 본다. 관행이란 유일한 실상의 지혜는 분별없는 지혜의 빛이니, 바로 반야를 체험하는 실천행이며, 여래의 자리에 해당한다고 본다. 자비행이란 네 가지의 큰 서원(사홍서원)으로 일체의 중생을 널리 제도하는 것이니 바로 해탈을 체험하는 실천행이며, 여래의 방에 해당한다고 본다.

이상과 같은 해석은 안락행의 구체적인 내용인 3업과 서원 안락행이 자리와 이타의 정신에 있다는 점을 시사한다. 천태는 이상의 세 가지 행업이 서원을 이끌어 낸다고 말한다. 그리고 궁극적인 차원에 들어가면 '일체의 존재에 대해 행하는 바가 없어야 하며, 모든 존재를 실상과 같이 관찰하되 행하지도 분별하지도 않는 것'이 진정한 보살이 행할 바라고 가르친다. 이런 점에 대해 길장은 '실상(實相)이란 말이 없고 생각이 끊어진 것'이라 정의하면서 보다 철저하게 무집착의 입장에서 경전의 가르침을 증명하고자 한다.

다음으로는 법화칠유의 하나인 정주(頂珠) 혹은 명주(明珠)의 비유를 살펴보기로 한다. 이것은 안락행에 대한 설법이 끝난 뒤에 『법화경』의 위대성을 강조하기 위해 설해진다. 대강의 내용은 이렇다. 전륜성왕이 여러 나라를 항복시키려 할 때 소왕들이 반항하므로 많은 군사들을 동원해 토벌한다. 전쟁이 끝나면 공에 따라 상을 주듯이 전륜성왕 역시 군사들에게 다양한 상을 주었다. 구체적으로 말하면 전답, 가옥, 촌락, 도시, 칠보, 의복이나 장신구, 말, 노비 등등이다. 그렇지만 이들에게 주지 않는 것이 있었으니, 그것은 바로 이마에 박혀 있는 명주였다. 이 구슬은 세상에 하나밖에 없었기에 함부로 주지 않다가 마지막 단계에 가면 왕과 그 권속들을 기쁘게 하려고 기꺼이 이 명주를 준다고 말한다.

정주(頂珠)의 비유를 간략히 살펴보았지만 정주가 무엇을 상징하고 있는지 언뜻 명확하게 다가오지 않는다. 그래서 명주가 무엇을 의미하는지 궁금하지 않을 수 없다. 그런데 경전은 이어지는 문장에서 다음과 같이 말한다.

"전륜성왕이 병사들 가운데 공이 있는 사람들에게 이 믿기 어려운 구슬을 머릿속에 감추고 함부로 주지 않다가 그제서야 주는 것처럼 여래도 이와 같이 삼계 속에서 위대한 진리의 왕이 되어 중생을 교화하실 때, 성인의 장군들이 오음마(五陰魔), 번뇌마(煩惱魔), 사마(死魔)와 싸워 큰 공이 있는 것을 보고, 또한 삼독을 소멸하고 삼계에서 나와 악마의 군대를 깨뜨리는 것을 보고, 그때 여래께서 크게 환희하고 중생으로 하여금 일체의 지혜에 이르게 하는 『법화경』을, 그동안 온갖 세간의 원망이 많고 믿지 않아서 먼저 설하지 못했던 것을 이제야 설하느니라. …중략… 이 『법화경』은 여러 부처님 여래의 비밀한 법의 창고이며, 여러 경전 가운데 가장 뛰어난 것이므로 오래도록 잘 수호하여 함부로 설하지 않다가 이제 처음으로 너희에게 연설하느니라."

정주의 비유를 통해 말하고자 하는 상징적 의미가 인용문에 모두 들어 있다. 무엇보다 명주를 경전에서는 바로 『법화경』이라 말하고 있다. 『법화경』이야말로 값을 따질 수 없는 보주이기 때문에 함부로 설해줄 수 없었다는 것이다.

그렇다면 무슨 이유로 『법화경』을 보배라 말한 것인가? 일승의 가르침이라는 정신적인 양식이 가득 차 있기 때문이다. 물질적인 것들은 변화가 무상하며, 우리를 타락하게 할 수 있지만 일승의 가르침은 우리를 행복하고 안락하며, 자유롭게 하기 때문이다. 나와 남을 구별하지 않고, 어떠한 편견에 사로잡혀 세상을 바라보지도 않게 한다. 그저 인간 그 자체의 존엄성만을 사랑하고 포용하라고 말한다. 아니 인류나 전 생명체, 유상무상의 모든 것을 포용하는 우주적 마음을 배양해 주는 것이 『법화경』의 일불승 사상이다. 그렇지만 대다수의 사람들은 물질적 가치, 수단적 가치를 보다 존중하기 때문에 정신적 가치를 대표하는 명주, 즉『법화경』의 가르침을 함부로 가르쳐 줄 수 없었던 것이다. 여기서 중요한 것은 일상적인 언어의 길이 막혀 있는 일승의 진리를 체득하는 방법은 결국 수행을 통해 고정화된 우리의 의식을 바꾸는 것이란 점이다.

또한 전륜성왕이 세상을 통일하려고 했을 때 작은 나라의 왕들이 반항해서 전쟁을 일으켰다고 말한다. 작은 나라의 임금은 다름 아닌 오음마·번뇌마·사마를 지칭한다. 오음마란 인간을 형성하는 다섯 가지의 구성 요소를 말한다. 이 다섯 가지의 요소가 활동을 왕성하게 하면 많은 문제가 발생한다. 그래서 인간들이 실존적인 고뇌에 빠지게 되면 그것을 오음성고(五陰盛苦)라 말한다. 오음의 활동이 왕성해서 생기는 고뇌란 뜻이다. 번뇌마란 탐진치의 삼독으로 발생하는 무수한 번뇌를 압축하여 표현한 말이다. 4고 8고가 모두 여기에 해당된다. 사마란 바로 죽음이며, 종말에 대한 두려움과 한계상황을 말한다. 죽음을 모든 것의 종말이라 생각하게 되면 인간은 짐승보다 못한 일을 서슴지 않고 자행하게 된다. 그래서 모두 악마라 표현하는 것이다. 전륜성왕은 이러한 악마를 소탕하고 우리를 진정한 자유와 행복의 세계로 인도한 것이다. 그것이 통일이란 단어로 표현되었을 뿐이다.

재미있는 사실은 이러한 가르침이『잡아함경』을 비롯한 초기 경전에 이미 나오고 있다는 점이다. 부처님께서 마왕 파순의 군대로 지적한 것은 애욕·의욕 상실·주림과 목마름·갈망·비겁·공포·의혹·분노·슬픔·명예욕 등이다. 마군은 외부에 있는 것이 아니라 우리 내부에 존재한다. 그것을 정주의 비유에서는 보다 간략하게 표현하고 있다.

행복의 길 4안락행

「안락행품」의 서두에는 '만일 보살마하살이 뒤에 오는 악한 세상에 이 경전을 설법하려면 네 가지의 법에 편안히 머물러야 한다. 첫째는 보살의 행할 바와 친근할 곳에 편안히 머물러 이 경전을 연설할지니라' 라는 구절이 있다.

이 구절에서 『법화경』을 널리 설하기 위해 우선 필요한 것이 네 가지 법[四法]에 편안히 머물러야 한다고 말하는데, 이 네 가지 법이란 구체적으로 무엇을 말하는 것일까? 물론 이에 대한 해석도 사상가에 따라 다양하다. 다만 대표적인 사상가들의 해석을 간략하게 소개하기로 한다.

길장은 『법화현론』이란 책에서 '지혜행, 이교만행, 무질투행, 자비행'의 네 가지를 들면서 이 네 가지에 안주하면 몸과 마음이 쾌락하기 때문에 안락행이라 한다고 말한다. 지혜행이란 모든 존재의 참다운 모습을 있는 그대로 관찰하되 편견이나 분별심을 지니지 않는 실천행, 이교만행은 교만을 여의는 실천행, 무질투행은 질투가 없는 실천행, 자비행은 일체의 중생을 내 몸처럼 생각하고 사랑하는 실천행이다.

한편 『법화경』을 연구하여 이름을 떨친 광택사 법운(法雲)은 '가실이 공(假實二空), 설법, 허물을 여읨, 자비'로 풀이하고 있으며, 동진시대의 고승인 혜기(慧基)는 '공, 교만을 여읨, 질투를 제거함, 대자비'로 해석한다. 송대의 고승인 혜룡(慧龍)은 '신체의 악을 멀리하고 공에 다가감, 구업의 과실을 제거함, 의업의 질투를 제거함, 자비를 일으킴'으로 풀이했으며, 남악 혜사는 '무집착의 바른 지혜, 남의 허물을 말하지 않음, 윗사람을 존경하고 아랫사람을 교화함, 대자비'로 해석하고 있다.

이상의 내용을 살펴보면 알 수 있지만 공통적인 것은 먼저 대자비를 꼽을 수 있다. 일체중생에 대한 무한한 애정의 표시와 실천이 대자비심이다. 또한 공을 들 수 있다. 공이란 실천적인 차원에서 말할 때는 무집착과 무분별이다. 편견과 조건을 극복하고, 있는 그대로의 본질적 가치를 발견하기 위해 노력하는 자세와 그러한 인식의 태도를 공이라 말한다. 따라서 공, 무분별, 무집착 등은 동일한 의미이다.

또 다른 입장은 네 가지 법을 우리의 행위와 연결해 해석하려고 하는 태도이다. 윤리적인 입장, 행위의 주체자와 실천자라는 차원에서 해석하는 것이다. 이러한 노력을 구체화한 인물은 천태 지의이다. 천태는 선배들의 해석을 종합적으로 정리하여 네 가지 법을 네 가지 안락행으로 해석한다. 즉 몸·입·마음·서원이 네 가지 법이며, 이것을 통해 안락행을 완성할 수 있다는 것이다.

천태 지의가 네 가지 법을 네 가지 안락행으로 해석한 이후 다른 어떠한 비판이나 도전도 없이 동북아 불교권의 불교도들에게 그대로 수용되었다. 따라서 「안락행품」하면 바로 4안락행을 말하는 것으로 인식되었다. 몸과 관계된 신(身)안락행, 언어와 관련된 구(口)안락행, 의식과 관련된 의(意)안락행, 자비의 실천과 관련된 서원(誓願)안락행이 그것이다.

신·구·의는 우리의 행위를 총괄하는 삼업이며, 이 삼업을 통해 윤리적 행위나 비윤리적 행위, 혹은 종교적 행위나 비종교적 행위를 하게 된다. 따라서 삼업이 청정하다는 것은 우리의 행위가 윤리적, 종교적으로 승화되었다는 것을 의미하는 반면, 삼업이 부정하다는 것은 새로운 각오와 반성을 요구하는 것이다. 이제 4안락행의 구체적인 내용을 살펴보기로 한다.

첫째, 신안락행은 행동거지를 경계하는 내용이라는 점에서 초기불교의 계율 사상과 상통하는 점이 많다. 다만 몇 가지는 이해하기 어려운 점이 있으며, 지속적인 연구가 필요하기도 하다. 중요한 것만 간략하게 소개하면 다음과 같다.

1. 정치인(국왕·왕자·대신·관리)과 가까이 지내지 않는 것
2. 극단적인 사상가들과 가까이하지 않는 것. 이것은 계금취견(戒禁聚見)이라고 하여 편견이나 분별심, 그리고 분쟁의 씨앗이 되기 때문이다. 불교라는 종교에 집착하는 것도 마찬가지임
3. 흉악한 장난이나 치고받는 것 등을 가까이하지 않는 것
4. 찬다라나 축산업자, 사냥꾼, 어부 등 악업에 종사하는 사람을 가까이하지 않는 것
5. 이익을 추구하는 비구, 비구니, 우바이, 우바새를 가까이하지 않는 것
6. 여인을 보고 욕망을 품은 채 설법하거나 여인을 훔쳐보지 말 것

7. 남의 집에 들어가 젊은 처녀나 과부와 말하지 말 것
8. 오종불남(五種不男:성불구자)과 너무 친하게 지내지 말 것
9. 여인을 위해 설법할 때 이를 보이거나 가슴을 보이지 말 것
10. 어린 제자나 사미를 기르지 말 것
11. 항상 좌선을 즐기되 한적한 곳에서 마음을 잘 다스릴 것

　이상에 열거한 내용은 매우 엄격하다. 현실적인 교단의 사정을 감안한 것이라 하더라도 『법화경』 자체의 사상과 상충하는 내용도 있으며, 초기불교의 부처님 가르침과 어긋나는 점도 있다. 불교에서 가장 중시하는 평등사상에 어긋나는 것이다.

　둘째, 구안락행은 경전을 읽을 때의 마음가짐 내지 언어생활의 절제와 신중함을 요구하는 것이다. 즉 함부로 말하지 말 것, 경전을 읽을 때 사람들과 더불어 경전의 허물을 말하지 말 것, 다른 법사를 가벼이 여겨 빈정대거나 다른 사람의 장단점을 말하지 말 것, 성문의 이름을 들어 그의 허물을 말하거나 칭찬하지 말 것, 원망이나 의심하는 마음을 품지 말 것, 어려운 질문을 받더라도 소승법으로 대답하지 말고 대승법으로 해설하여 일체의 지혜를 얻게 할 것 등이다.

　이러한 내용은 초기불교의 십선계에 나오는 내용을 보다 구체적으로 상세하게 설명한 것이다. 특히 사부대중의 허물을 말하지 않는 것이나 원망이나 의심을 품지 말라고 하는 것은 승단의 화합과 직결되어 있기 때문에 초기불교 이래 대승불교에서도 중시되었던 항목들이다. 대승법을 중시하라는 것은 법화행자들의 신앙과 직결되어 있다.

　셋째, 의안락행은 법화행자들이 일상생활이나 전법하려고 할 때 지녀

야 할 마음의 자세에 대한 설법이다. 즉 『법화경』을 수지하고 독송하는 사람을 질투하거나 아첨하는 마음을 품지 말 것, 부처님의 가르침을 배우는 사람을 경솔하게 욕하거나 잘잘못을 말하지 말 것, 사부대중 중에서 성문을 구하거나 벽지불을 구하거나 보살도를 구하는 사람이 있으면 그들을 무시하면서 그들이 의심하고 후회하도록 현혹하는 말을 하지 말 것, 법을 장난으로 말하지 말고 그것을 가지고 다투지 말 것, 모든 여래를 아버지로 생각할 것, 보살을 큰 법사로 생각하고 공경할 것, 일체중생을 위해 평등하게 설법할 것 등이다. 간략하게 경전에 나오는 구절을 빌려 표현한다면 '기만하는 거짓된 마음을 버리고, 항상 소박하고 정직한 행을 닦는 것'이라 말할 수 있다. 남은 속일 수 있지만 자신은 속일 수 없는 것이기 때문이다.

넷째, 서원안락행은 남을 위해 자비를 실천하는 것이다. 사홍서원의 경우에서 알 수 있듯이 자신을 희생해 남을 살리는 것이 아니라 나도 이롭고 남도 이로운 것이어야 한다. 그것은 심신의 수련을 통해 각자의 정신이 원숙해지면 사회를 정화하고 성숙시키는 차원으로 승화시키기 위해 노력하는 것이기도 하다.

서원은 이타적인 성향이 강한 반면 계율은 자기 자신의 근신과 수행을 위한 경계에 중점이 놓여 있다. 자리와 이타라는 두 축이 적절하게 융합할 때 진정한 의미의 안락행이 성취될 수 있다. 이런 점을 다시 한 번 강조한다. 말세에 법이 소멸하려 할 때, 이『법화경』을 수지한 재가인이나 출가인은 큰 자비의 마음을 내어 '누구나 다 깨달음을 성취하고자 할 때는 신통력과 지혜의 힘으로 그들을 인도하여 이 법 가운데 살게 하리라'고 맹세해야 한다고 강조한다.

제15 종지용출품

從地踊出品

지용보살의 정체성

이 품의 제목이 된 종지용출(從地踊出)이란 땅속에서 뛰어나온다는 의미다. 용자를 용(涌)자로 쓰는 경우도 있는데 '샘물이 솟듯이 연속적으로 솟아나오는 것'을 형용한다. 연속해서 계속 뛰어나온다는 의미와 크게 다르지 않기 때문에 혼용하기도 한다. 따라서 품명이 되었는데, 수많은 보살들이 어느 순간에 전혀 예상하지 못했던 곳에서 꾸역꾸역 몰려나오는 장면을 연상하면 된다.

경전에서는 부처님께서 『법화경』의 홍포와 수지를 부촉하는 장면에서 지용보살이 등장한다. 즉 수많은 보살들이 이구동성으로 '부처님께서 열반에 들어가더라도 『법화경』을 수지하고 홍포하겠다'고 서원하자 부처님께서는 걱정하지 말라고 위로한다. 그러고는 '나의 사바세계에는 육만 개의 갠지스 강의 모래알처럼 많은 권속(가족)들이 있으며, 이 모든 사람들이 내가 멸도한 뒤에는 이 경전을 수지하고 보호하며 독송하고 널리 설할 것이다'라고 말한다.

육만 개의 갠지스 강에 있는 모래와 같다는 것은 상상할 수도 없는 숫자다. 하나의 갠지스 강에 있는 모래도 헤아릴 수 없을 만큼 무수히 많은데 육만 개라면 그것은 인간의 상상을 넘어가므로 그냥 '헤아릴 수 없이 많다'라고 말하는 것이 타당하다. 불교적인 용어에서 인간의 능력으로는 헤아릴 수 없이 많은 숫자, 즉 무량대수(無量大數)를 감성적으로 표현한 것이다. 그토록 무수히 많은 보살들이 『법화경』을 수지·독·송·해설·서사할 뿐만 아니라 홍포한다고 하는 선언은 독자의 궁금증을 한껏 자아낸다.

경전은 다시 다음과 같이 말한다.

"이때 사바세계 삼천대천국토의 땅이 진동하면서 열리더니 그 가운데 한량없는 천만억 보살마하살이 동시에 솟아나오되, 그 보살들의 몸은 모두 금색으로 32상을 갖추었으며, 한량없이 밝은 광명이 있었다. 이 보살들은 사바세계의 허공 가운데 머물러 있다가 석가모니부처님께서 설법하시는 음성을 듣고 땅 아래에서 솟아오른 것이다."

무수한 보살들이 땅속에서 동시에 솟아나왔다고 표현하고 있는데 이들이 지용보살이다. 그런데 이들은 두 가지 특징을 지니고 있다. 첫째는 몸이 금색이며 32상을 갖추고 있다. 둘째는 한량없이 밝은 광명을 지니고 있다는 것이다. 이 두 가지를 보다 상세하게 살펴보면 다음과 같다.

금색의 몸에 32상을 갖추고 있다는 것은 깨달은 자들을 의미하며, 원생(願生)보살들이라는 점을 상징적으로 나타내는 것이다. 이미 깨달아 다시는 윤회하지 않는 삶을 성취했지만 중생을 제도하기 위해 자원해서 태어난 보살이란 점을 강조한다. 이미 앞에서 설명한 바가 있지만 원생보살은 수행을 완성한 보살이라는 종교적 의미와 존재의 당위성을 확립했다는 철학적 의미도 지니고 있다.

또한 밝은 광명을 지니고 있다는 것은 깨달음의 완성이 소승적이고 이기적 차원에 머무는 것이 아니라 사회적으로 전이 확산된다는 점을 시사한다. 사회적 동물인 인간이 수행을 통해 얻은 성과물이 있다면 그것은 사회를 밝히는 등불과 같은 빛으로 전환되어야 한다는 것이다. 불교에서 깨달음을 성취한 뒤의 상태를 태양이나 광명으로 표현하는 것도 동일한 맥락이다. 따라서 빛의 사회적 의미는 바로 회향이다.

밝은 광명은 인간의 본질을 형용하는 말이기도 하다. 철학적으로 실체적이고 실유적인 것을 지시하는 것이 아니다. 실유적인 것은 아무것도 없지만 인간이란 본래 존재하며, 그 인간의 가치는 무한하다는 점을 강조하기 위해 구상된 것이 빛이다. 그러기에 빛은 희망이며, 행복이자 생명의 환희이다. 그것은 인간 누구나 본래 지니고 있으며, 동등하게 향유해야 할 절대적 가치인 것이다. 이것을 『법화경』에서는 일승이나 불성 등으로 바꾸어 말하기도 한다. 그렇게 본다면 지용보살이란 이미 성불한 원생보살이며, 그들은 존재의 궁극적 가치를 통찰하고 그것을 전파시키기 위해 등장한 보살이라 정의할 수 있다.

지용보살의 정체성에는 많은 해석이 있다. 교단사의 전개라는 점에서 이해하는 학자들이 있는가 하면 상징성에 비중을 두고 해석하는 수행자들도 있다. 어느 쪽으로 해석하든 중요한 것은 『법화경』의 근본정신과 어긋나서는 곤란하다는 점이다. 이런 점을 고려하면서 지용보살의 정체에 대해 몇 가지 중요한 사항들을 소개하고자 한다.

먼저 교단사의 전개 과정이란 점에서 지용보살의 정체성을 해석하려고 하는 것이다. 그것은 대승불교 운동이 전개되던 시점에서 『법화경』을 중심으로 신(新)불교운동을 전개하던 불교운동가들과 연결해서 해석하는 것이다. 즉 초기대승불교 운동은 기존 교단의 강력한 반발 속에서 결코 자유로울 수 없었다는 점이다. 대승불교 운동이 보편화되기 이전 대승불교 운동은 기존의 교단에서 보자면 이단이나 교단을 파괴하려는 움직임으로 인식되고 있었다.

따라서 그들의 불교운동은 자유로울 수 없었으며, 이러한 불교운동을 지지하던 대중은 표면화되기보다 음성화되어 있었다. 특히 『법화경』을 중심으로 강력한 혁신불교를 주창했던 법화행자들은 핍박과 감시 속에서 음성적인 신앙운동을 전개했다. 지금도 반체제운동을 지하운동이라 말하듯이 법화행자들의 신앙도 지하신앙이었다. 그 이유는 보다 강력한 불교적 이념의 실현, 출가 지상주의에 대한 부정과 대중성의 중시, 형식보다는 본질을 추구하는 것, 불교적 신앙운동의 본질에 대한 각성의 촉구 등 때문이었다. 이러한 지하신앙운동이 대승불교의 보편화와 더불어 양성화되기 시작했다는 상징적인 표현이 지용보살이라 보는 것이다.

또 하나는 수행이란 점에서 그 상징성을 중시하는 해석이다. 즉 사바세계의 아래에 있는 허공에 머물면서 깨달음의 경지를 즐기던 보살들이 석존의 말씀을 듣고 대지를 뚫고 나와 이 세상에 출현했다는 점에 비중을 두어 해석한다. 이것은 인식의 대전환을 의미한다. 어느 정도 우주와 세계에 대한 이해를 하고 있었지만 궁극적인 깨달음의 세계를 모르고 있던 보살들이 진정한 의미의 깨달음을 얻게 되었다는 것이다. 즉 구각을 탈피하고 우주법계에 눈뜨게 되었다는 것이다. 이러한 것은 위대한 눈뜸이기 때문에 대각(大覺)이라 부르며, 진정한 의미의 삶을 알게 되었기 때문에 다시 태어남, 즉 갱생(更生) 혹은 부활이라 표현되기도 한다. 이런 경우 대지는 우리를 가리고 있는 무명 내지 치암(癡闇), 편견이나 사고의 닫힘으로 해석할 수 있다.

천태 지의는 지용보살이 세 가지 의의를 지니고 있다고 말한다. 첫째, 석가세존이 다른 세계에서 와 있던 보살들의 간청을 물리치고 지용보살들에게 사바세계의 교화를 맡기고 있다는 점이다. 이것은 법화행자들 자신이 지용보살 그 자체라는 점을 자각해야 한다는 점을 의미하는 것으로 본다.

둘째, 사바세계의 아래에 있는 허공에 머물면서 깨달음을 즐기고 있던 보살들이 석존의 말씀을 듣고 대지를 뚫고 이 세상에 출현했다는 점이다. 이것은 적극적으로 현실에 참여하여 불국정토를 건설해야 한다는 염원을 표현한 것으로 본다.

셋째, 무수한 지용보살들의 지도자로 네 명의 이름을 거론하고 있다. 이들은 상행(上行)·무변행(無邊行)·정행(淨行)·안립행(安立行)이다. 상행이란 향상일로(向上一路)를 향해 노력하는 것을, 무변행은 끊임없이 법화행자의 길인 수지·독송·해설·서사하는 것을, 정행은 어떠한 상황 속에서도 마음은 항상 청정하게 하는 것을, 안립행이란 그러면서도 자신의 삶이 안심입명(安心立命)의 경지에 머물도록 노력하는 것이다. 결국 여기서 말하는 네 명의 지도자란 표면적인 형식을 넘어 그 상징성만을 가지고 해석하면 법화행자들이 수행의 과정 속에서 마음의 지침으로 삼아야 할 것을 표현한 것이다.

현상계와 법계의 합일

「종지용출품(從地踊出品)」에서 간과해선 안 되는 것은 현상계와 법계를 동일하게 관찰할 수 있는 사람이 진정한 통찰력을 구비한 사람이라 가르치고 있다는 점이다. 현상계란 경험과 운동으로 우리가 늘 대면하고 있는 시간의 흐름을 말한다. 시간의 흐름 속에서 우리는 행복과 불행을 구분하며, 즐거움과 슬픔을 판단한다. 그러나 우리는 이러한 것이 영원하지 않으며, 언제나 변하는 것이란 사실을 망각하고 있다. 우리는 이러한 흐름의 연속적 경험이나 사건을 역사라는 말로 표현하기도 한다.

법계란 현상계와 분리된 것은 아니지만 시간의 흐름 속에 있는 사물의 운동이나 경험을 초월해 있는 것이다. 이것을 무시간성, 혹은 시공의 초월성, 근원성이란 말로 표현한다. 이러한 법계는 현상계의 다양한 움직임을 통해 그 존재를 드러내며, 때문에 통찰력이 뛰어난 사람들은 현상계의 변화 속에서도 법계의 영원성을 언제나 파악할 수 있다. 「종지용출품」에서는 현상계와 법계의 합일을 이렇게 상징적으로 표현한다.

"삼천대천 국토의 땅이 다 진동하면서 열리더니 그 가운데서 한량없는 천만억 보살마하살이 동시에 솟아나왔다."

"땅에서 솟아나와 허공의 칠보탑에 계신 다보여래와 석가모니부처님께서 계신 곳에 찾아가 두 세존께 머리 숙여 예배하고 오른쪽으로 세 번 돌고 합장 공경하며, 한쪽으로 물러나 기쁜 마음으로 두 세존을 우러러 보며, 이러한 보살마하살이 땅에서 솟아나서 모든 보살의 가지가지 찬탄하는 법으로 부처님을 찬탄하니, …하략…."

이상의 인용문은 보살들이 땅속에서 솟아나와 허공의 칠보탑에 계신 다보여래와 석가모니부처님을 찬탄하고 예배 공양하고 있다는 점을 강조한다. 신(身)·구(口)·의(意) 삼업을 통해 다보여래와 석가모니부처님을 공양했다는 것은 부처님의 영원성과 교단의 정통성에 대한 확신과 찬탄을 마쳤다는 의미이다. 인용문에서 주목해야 하는 것은 지하의 세계와 허공의 세계라는 것이 어떠한 의미인가 하는 점이다.

지하의 허공에서 지상의 허공세계로 무수한 보살들이 솟아나 다보여래와 석가모니부처님이 한자리에 앉아 계시는 칠보탑을 공양했다고 경전에서는 말하고 있다. 이것을 시각적인 차원에서 설명하면 그 순서는 다음과 같다.

지하의 세계	→	지표의 세계	→	허공의 세계
출발		과정·통과		합일·귀의

시간적으로 과거에서 현재를 거쳐 미래를 향해 나아가고 있다는 점에서 미래지향적인 시간관을 암시한다. 그리고 여기서 우리는 더욱 중요한 것 두 가지를 발견할 수 있다.

첫째는 지하의 허공계와 지상의 허공계의 합일이다. 그 합일은 다보여래와 석가모니부처님께서 합일한 장소인 칠보탑을 공경하고 찬탄하는 것에서 마무리되고 있다. 이것은 우주적인 생명을 체득하는 것에서 더 나아가 진실한 깨달음의 세계가 우리에게 열린다는 점을 상징적으로 말하고자 하는 것이다. 이 세상에 존재하는 모든 것들이 일불승의 현현이며, 그렇기 때문에 어느 것 하나 소중하지 않은 것이 없다고 생각할 수 있는 마음의 눈이 열리는 것이다. 그러나 대다수의 중생들은 시간의 흐름 속에서 변화를 느끼고, 그 변화를 통해 모든 것이 결정된다고 생각한다. 따라서 희로애락에 몸부림치거나 만남과 이별에 아쉬움과 각별함을 표시한다. 그러나 이별은 또 다른 만남의 원인이 분명하며, 만남은 또 다른 이별과 만남의 원인이 된다.

예를 들어 늘 경험하게 되는 죽음에 대해 말해보자. 이것은 오랜 인연의 단절로 느껴지기 때문에 종말과 한계상황, 슬픔, 어두움으로 인식되고 있다. 그렇지만 죽음이란 사대의 분해, 오온의 자연 회귀를 말한다. 각각의 사대와 심리작용은 다양한 형태의 또 다른 인연을 통해 우리에게 다가온다. 물(습기), 불(온기), 바람(에너지), 땅(견고성) 등은 샘물이나 과일이나 또 다른 형태로 우리와 만나게 되어 있다. 우주적인 네트워크 속에서 통찰력이 있는 사람들은 이러한 사실을 이미 직시하는 것이다.

이별은 영원한 종말이 아니라 또 다른 인연의 시작이 아닐 수 없다. 정신적 작용도 마찬가지다. 훌륭한 선생님의 가르침을 뇌리에 기억해 자신의 행동을 바꾼다든가, 위대한 정치가의 영향력이 역사의 물결을 변화시키며 누대에 걸쳐 영향력을 미치게 된다. 위대한 성인들은 그들의 감화력을 현재까지 미치고 있다. 이야기를 통해, 혹은 전파를 타고, 혹은 종이 속에서 그들의 생명력은 여전히 살아 숨 쉬는 것이다. 지하와 지상의 허공계가 합일된다는 것은 바로 이러한 의미이다.

둘째, 깊은 통찰력에 따라 무시간성을 체득한 사람들은 대상의식을 탈각할 수 있다. 우리는 '너'와 '나'라는 대립 관계 속에서 시작하여 미추, 호오, 빈부, 귀천, 적과 동지 등 대상의식 속에 살고 있다. 너와 내가 대립적인 존재가 아니라 의식할 수 없는 아득한 태초 이래로 무한한 관계 속에 살고 있기 때문에 그대가 바로 나이며, 내가 바로 그대라는 사실을 인식해야 하지만 기실은 그렇지 못하다. 현상계와 법계의 합일, 혹은 지하와 지상의 허공계가 합일한다는 것은 대상의식을 탈피해, 있는 그대로의 모습을 아름답고 소중하게 바라볼 수 있는 마음의 눈을 말하는 것이다. 여실지견(如實之見)이란 바로 이러한 상태를 의미하는 것이다.

「종지용출품」은 시간의 흐름을 통해 무시간성으로 표현되는 시공의 초월성을 가르쳐 주고 있다. 이것은 다시 말하면 현상계의 다양한 모습을 통해 진실한 법계의 모습을 발견하는 것이 법화행자들이 취해야 할 세상을 바라보는 안목이라 암시하는 것이기도 하다. 때문에 부처님께서도 '내가 진실을 말하노라. 너희들은 믿을지니 옛날부터 이 대중을 남김없이 교화했노라'고 말할 수 있었다. 그렇지만 우리는 역사적으로 실존했던 석가모니부처님만 생각하기 때문에 이러한 가르침을 진실하게 이해할 수 없었던 것이다.

현상계나 법계, 혹은 현상과 본질을 『법화경』에서는 본적(本迹)으로 설명한다. 본이란 근본이나 본질을 의미하며, 적이란 현상이나 자취를 의미한다. 이상에서 설명한 것을 여기에 대입하면 지하의 허공계는 자취나 현상[迹]에, 지상의 허공계는 근본이나 본질[本]에 해당한다. 중국 사람들은 『법화경』을 이해할 때 이 두 개념에 의거해 분석하고자 했다. 이 개념은 원래 『장자』의 「천운편」에 나오는 자취(迹)와 '자취인 이유'(迹之所以)에서 유래한 것이다. 『장자』에 대한 주석서를 저술한 서진말기의 곽상(郭象), 그의 영향을 받은 구마라집의 제자인 승조(僧肇)라는 천재적인 스님 등에 의해 현상과 본질, 혹은 체와 용이라는 상대적인 개념으로 해석하기 시작된 후 중국의 사상계나 학계에 광범한 영향을 미치게 되었다.

천태 지의 또한 그 영향권 안에 있다. 그는 현상을 통해 법계를 파악하려는 점에 대해 '비근한 것을 통해서 심원한 것을 나타낸다[開近顯遠]'고 했는데, 이는 본적·체용의 개념에 입각한 해석이다. 이런 차원에서 천태는 다음과 같이 말한다.

"허공은 담연해서 빠르고 늦음이 없건만 미혹한 자들이 수적(垂迹:자취를 드러냄)에 집착하고 본지(本地)에 깜깜하다. 때문에 옛날의 제자들을 불러 지금의 제자들에게 보여주고 근성신(近成身:시간의 흐름 속에 있는 부처의 몸)에 대한 집착을 깨고 구원신(久遠身:시간의 흐름을 초월한 부처의 몸)을 보이므로 「종지용출품」이라 한다(『법화문구』)."

제16 여래수량품
如來壽量品

시공을 초월한 영원한 부처님

전통적인 해석에 의하면 『법화경』은 본문과 적문으로 구분된다. 이러한 경우 본문의 중심은 「여래수량품(如來壽量品)」이고, 적문의 중심은 「방편품」이다. 현대의 『법화경』 연구가들과 달리 중국의 『법화경』 연구가들이 본문의 핵심을 「여래수량품」에 둔 것은 시공을 초월해 상주불멸(常住不滅)하는 여래가 묘사되고 있기 때문이다.

본문은 근본이나 주축을 지칭한다면 적문은 현상이나 작용을 의미한다. 본질이란 언어나 감각, 시간과 공간을 초월해 있기 때문에 보통의 방법을 통해서는 알 수 없다. 다만 통찰력이 뛰어난 사람들은 현상의 다양한 모습을 통해 본질의 움직임과 존재를 확인할 수 있다고 한다. 여래도 그와 같아서 언어나 개념에 의해 파악되는 존재가 아니다. 본질 또는 여래는 다양한 방법을 통해 자신의 존재를 암시하거나 드러내지만 대다수의 일반인은 그것을 알아차리지 못한다. 결국 종교적 수행을 통해 체험하거나 통찰력을 개발해 알아차릴 수 있다.

설사 그러한 본질을 알아차린다고 하더라도 규격화된 언어나 개념으로 그것을 설명하는 것은 불가능하다. 왜냐하면 인간들은 어느덧 자신에게 익숙한 언어나 개념의 노예가 되어 있기 때문이다. 그래서 불교운동가들은 이러한 본질을 알려주기 위해 다양한 방법을 강구하게 되었다. 세속제와 진제, 삼매를 통한 교감 등의 강조 또한 그 일환의 하나이다.

우리 주변에는 아직도 종교적 세계를 논리나 개념에 의해 파악하려는 사람들이 많다. 특히 철학을 전공한 사람들이 그렇다. 그러나 본질적인 세계는 이미 논리적 접근을 불허하고 있다는 점에서 언제나 한계에 봉착하게 된다. 만일 종교의 궁극적 세계가 논리로 설명될 수 있다면 그때는 종교의 차원이 아닌 철학의 차원으로 전환될 수 있을 것이다. 종교와 철학의 입장은 여기서 달라지는 것이다.

불교에서는 궁극적 본질의 세계를 다양하게 표현한다. 진여, 불성, 법성, 실제(實際), 일승, 불승(佛乘) 등등이다. 서양에서는 궁극적인 본질의 세계를 신의 영역으로 생각한다. 유일자나 절대의 세계 등으로 말하거나 야훼, 신 등으로 표현한다. 재미있는 것은 서양 역시 궁극의 세계를 언어로 표현하는 것은 불가능하다고 고백하고 있다는 점이다. 그럼에도 절대자의 존재는 분명히 있기에 그것을 체험할 수 있으며, 따라서 자신의 존재를 알려주는 독특한 방법으로 상호 간의 교감이 가능하다고 말한다.

서양 근대의 실존철학자 하이데거의 기호론도 동일한 맥락에서 신을 설명한다. 신과 교감하기 위한 특별한 방법은 언어나 바코드, 기호 등 다양한데 분명한 것은 현재 우리가 사용하는 언어는 이미 오염되어 있으며, 특별한 개념의 노예가 되어 있기 때문에 신을 표현하는 데는 무용지

물이라는 점이다. 그런 점은 대승불교의 경우와 크게 다르지 않다. 전술한 바가 있지만 선종 역시 송나라 시대에 들어오면 특별한 기호에 의해 절대의 세계를 표현하고자 한다. 남양 혜충국사에서 시작하여 앙산혜적에서 완성된 도상론(圖相論)이 그것이다. 서양에서 말하는 기호론보다 훨씬 빠른 시기에 이미 유사한 사고의 유형이 동양에 등장하고 있다.

『법화경』의 「여래수량품」에서 말하는 부처님도 역시 마찬가지다. 경전에 의하면 부처님은 오랜 시간 이전에 이미 성불했으며, 무수한 시간 동안 다양한 모습으로 나타나 다양한 중생들을 구제하고 있다. 따라서 '내가 성불한지는 이것보다 백천만억 나유타 아승기겁이나 더 오래되었다'고 말하게 된다. 비유적으로 '산수(算數)나 생각으로 알 수 없다'고도 표현한다. 이것은 「여래수량품」에서 말하는 부처님은 역사적으로 실존했던 석가모니부처님을 지칭하는 것이 아니라 석가모니부처님의 본질적 속성을 의미하는 것이기 때문이다.

경전에서 부처님은 '자기의 몸을 보이거나 다른 사람의 몸을 보이며, 혹은 자기의 일을 보이거나 다른 이의 일을 보이나니, 설하는 모든 말은 다 허망함이 없느니라'고 말한다. 이것은 중생을 구제하고자 하는 부처님의 위대한 자비심을 표현한 구절이다. 시공을 초월해 존재하지만 다종다양한 중생들을 구제하기 위해 다양한 모습으로 그 모습을 드러내기 때문이다. 지구에 한정된 것이 아니라 범우주적으로 표현된다.

이러할 경우 석가모니부처님은 본래의 부처님이 드러낸 다양한 모습 중의 하나에 불과한 것이 된다. 혹자는 「여래수량품」에서 말하는 부처님은 유신론적인 성향을 보인다고 비판한다. 물론 그러한 성향을 보이는 것은 사실이다. 그렇지만 「여래수량품」의 부처님은 중생을 구제하는 부처이지 세상과 만물을 창조하는 부처는 아니다. 세상을 창조하는 근원자로서의 속성은 지니고 있지 않다. 따라서 여기서 말하는 부처님을 실체론적으로 파악해선 곤란하다.

길고 긴 불교의 역사 속에서 부처님에 대한 이상은 다양하게 발전해 왔다. 초기불교에서 말하는 위대한 교사로서의 부처님, 그리고 부파불교에서 말하는 인격화 내지 신격화된 부처님, 대승불교에서 말하는 법신불이나 반야지를 상징하는 부처님 등이 그것이다. 「여래수량품」에서 말하는 부처님은 반야지의 속성이나 법신불의 속성이 융합된 부처님이다.

반야지나 법신을 하나로 융합한 「여래수량품」의 부처님을 『법화경』에서는 일승이나 불성으로 표현한다. 다시 말하지만 여기의 부처님은 실체적인 본질은 아니다. 만일 실체적인 본질이라 이해한다면 초기불교에서 말하는 무아설과 배치될 것이다. 그러나 실체적인 속성은 없다고 말하면서도 사물의 이면에 존재하는 보편적인 생명의 가치나 생명의 빛을 불성이나 부처로 묘사하기도 한다. 그것을 인격적인 표현으로 부처님이라 말하며, 물리적으로는 빛이라 표현하는데 시공을 초월해 영원히 존재한다는 종교적 감성을 더한 것이다.

대승불교는 초기불교의 이념이나 사상을 계승하면서도 필요에 따라 인도 당시의 다양한 사상의 영향을 받았다. 「여래수량품」에서 말하는 부처님이 구제불로서 대중에게 다가갈 수 있었던 것은 힌두교의 권화신(權化神) 개념을 수용했기 때문에 가능했다. 본질은 변함없이 요지부동이지만 다양한 변화를 통해 대중에게 다가가 구제한다는 논리의 전개가 그렇다.

그러나 중국의 법화사상가들은 다른 입장에서 「여래수량품」을 중시했다. 중국에는 도(道)라는 개념이 일반화되어 있었으며, 그 도는 우주 만물의 근원자이기 때문에 일상적인 개념이나 방식으로는 접근할 수 없다고 생각했다. 그렇지만 그 도는 우주를 창조하기도 하며, 보편적 존재로서 항상 우리와 함께하고 있다고 말한다. 인도철학에서 말하는 아트만과 비슷한 개념이다. 이런 도를 중국 사람들은 본질이란 의미에서 체(體)라고 표현하고, 모든 현상은 본질의 작용이란 의미에서 용(用)이라 불렀다. 체와 용이라는 구도 속에서 본질은 작용에 의해 파악이 가능하다고 보았다. 마치 동전의 양면과 같은 관계로 체와 용을 설명했던 것이다. 그런데 『법화경』이 중국에 소개되자 그들은 「여래수량품」에서 말하는 부처님이 중국의 전통사상에서 말하는 도의 개념과 가깝다는 사실을 알게 된다. 나아가 특별한 친근감을 갖게 되었다.

　『법화경』을 해석하는 고전적인 방식인 본적론(本迹論)은 중국 전통의 체용론(體用論)을 바탕에 깔고 있다. 이미 「견보탑품」이나 「종지용출품」에서 말했듯이 부처의 본질적 속성인 진여는 시공을 초월해 존재한다고 말한다. 영원한 부처는 '생사를 초월해 존재하고, 짧고 길다는 범주를 초월해 있으며, 법신은 형태나 시간에 의해 파악되는 것이 아니라'는 길장의 설명은 그런 점에서 매우 중국적인 해석이다.

훌륭한 의사의 비유

  우리는 삶에서 많은 일을 경험한다. 정도의 차이는 있지만 기쁜 일이나 슬프고 괴로운 일 등은 우리에게 다반사로 있다. 기쁨과 슬픔이 교차하는 인생의 여정 속에서 문제가 되는 것은 숨 막히는 절망감이다. 어찌할 수 없는 막다른 골목에서 정신을 놓아 버리고 허물어지는 것을 절망이라 한다면 그것은 죽음보다 깊은 병이 분명하다. 그 절망의 병은 욕망을 충족시키지 못한 것에서 기인하든가 아니면 자존심이 허물어지는 경우에도 찾아올 수 있다. 무엇이라 꼬집어 말할 수 없는 커다란 상실감은 인간을 한없이 나약하게 만든다. 무상한 것이 자연의 순리이기에 누구에게나 찾아올 수 있는 일들도 고정된 삶의 범주를 고집하는 사람들에게는 치명적인 병을 일으킬 수 있다. 바로 절망이라는 병이다.

  『법화경』의 특징처럼 인식되고 있지만 「여래수량품」은 미혹한 중생과 그들을 인도하는 부처님의 관계를 의사인 아버지와 아들의 관계로 묘사하고 있다. 뿌리 깊은 병을 치료하는 의사로 묘사된 것이 부처님이다. 훌륭한 의사는 인간들의 고집과 자기 범주화 속에서 맞이하게 되는 절망감을 극복할 수 있도록 인도하는 부처님을 상징적으로 표현한 것이다. 죽음보다 깊다는 절망 속에서 어떻게 하면 정신을 차리고 삶을 제대로 영위할 수 있는지를 가르쳐 준다. 부처님은 그런 점에서 약왕(藥王)으로 묘사되기도 한다.

「여래수량품」에서 부처님을 훌륭한 의사로 묘사하는 데는 두 가지 의미가 있다.

첫째는 오늘을 살아가는 모든 사람들은 정도의 차이는 있지만 병든 자의 의식을 지니고 있다는 점이다. 불확실한 삶에 대한 불안에서 오는 것이든 아니면 욕망의 결핍에서 오는 것이든 병들어 있다고 말한다. 교리적인 차원에서 말하면 네 가지 집착(이것을 4취라 한다)을 말한다. 오욕에 집착하는 욕취(欲取), 잘못된 견해를 진실이라고 집착하는 견취(見取), 올바른 원인과 가르침이 아닌데도 그것으로 착각하는 계금취(戒禁取), 자신의 말만이 진실이라고 고집하는 아어취(我語取) 등이다.

무수한 이론이 있지만 그것은 개개인의 가치관에 따라 다른 것이 분명하다. 그럼에도 객관적인 기준도 없이 자신이 생각하는 것만을 최고이자 진실이라고 생각하는 경우가 많다. 이것이 집착이며, 우리를 병들게 하는 것이다. 취(取)란 무엇인가에 지독하게 몰두하거나 집착하는 정신적 병인이다. 내 종교, 내 이념, 내 주장만을 고집하는 것도 정신적인 병 중의 하나이다.

문화상대주의의 입장에서 종교도 문화로 이해하는 것이 현대의 흐름이다. 문화는 배타와 고집으로 가능한 것이 아니라 이해와 포용이 필요하다. 때문에 현대사회에 필요한 사고방식이지만 쉽지 않다는 점에서 다양한 병인을 양산하는 것이다.

둘째는 우리가 절망하거나 병든 자의 의식에 젖어 있다면 그것은 스스로의 힘으로 극복하지 않으면 안 된다. 이럴 경우 필요한 것은 주변 사람들의 따스한 사랑이다. 병든 자의 의식에는 주변의 사랑이 최고의 묘약이다.

그렇지만 감나무 밑에서 감 떨어지길 기다리며 누워 있어서는 안 된다는 속담처럼 병든 자의 의식을 치료하려면 타인의 도움에 앞서 당사자의 노력이 전제되어야 한다. 종교적 차원에서 기도나 수행도 그러한 노력의 하나가 될 수 있다. 가장 중요한 것은 근본 원인을 파악하고 그것을 다스리는 것이다. 세상은 무상한 것이며, 그렇기 때문에 불만과 고뇌 속에서 미움과 분노를 일으킨다는 점을 깨우치는 것이다.

훌륭한 의사는 병든 자의 의식을 치료하고 일깨워 주는 것을 상징적으로 잘 표현하고 있다. 그러나 결코 그것이 쉽다고 말하지는 않는다. 다양한 인간의 군상만큼, 성향이 일정하지 않기 때문에 각종 방법을 사용하지 않을 수 없다고 강조한다.

병든 자들은 크게 두 가지로 분류된다. 본심까지도 완전하게 상실한 사람과 아직 본심은 상실하지 않은 사람이다. 깊고 낮음의 차이는 있지만 모두 정신적으로 병들었다는 점은 동일하다. 자신을 상실하고 살아가는 모습이 주체성의 상실이나 자아 상실의 병으로 표현된다면 바로 그러한 것이기도 하다. 따라서 이러한 중생들의 본심을 회복시키기 위해 좋은 약초의 빛깔과 향과 맛을 다 갖추어 약을 지은 다음 아이들에게 먹이면서 다음과 같이 말한다.

"이것은 좋은 약이다. 빛깔과 향과 맛을 아주 잘 맞추었으니, 너희들이 먹으면 고통이 사라지고 다시는 다른 병에 걸리지 않으리라."

그러나 언제나 그렇듯이 말을 잘 듣는 사람도 있지만 반항적인 사람도 있다. 약을 먹고 본심을 회복하는 사람도 있지만 그렇지 않은 사람도 있다. 여기서 훌륭한 의사는 먼 길을 떠나 죽었다고 소문을 내어 한계상황에서 스스로 약을 먹게 만든다. 막다른 골목에서 자식들이 약을 먹고 정신을 회복하자 그때서야 나타나 그들을 위로하고 칭찬한다. 자율성과 자존성을 회복할 수 있도록 도와주되 강제하지 않는 것이 훌륭한 의사가 선택한 길이었다. 그것은 어쩌면 인간의 현실이다. 누군가에 의지하기보다는 자기 스스로를 믿고 일어서는 것이 중요하다.

경전에선 훌륭한 의사가 약을 제조할 때 빛깔(色)과 향(香)과 맛(味)을 잘 맞추었다고 표현했는데, 일반적으로 법화사상가들은 색·향·미를 계·정·혜 삼학으로 해석하고 있다. 색(色)은 계율이며, 향(香)은 선정이고, 미(味)는 지혜라는 것이다. 바로 계·정·혜 삼학을 통해 병든 자의 의식에서 벗어날 수 있다고 말한다.

약을 잘못 먹고 약 기운이 전신에 퍼져 땅에 쓰러졌다고 하는 것은 오욕락에 취해 삼계를 윤회하고 있는 중생들의 현실을 말한다. 이성보다는 감성에 의해, 합리성보다는 감정에 의해 오늘도 우리는 감각적 쾌락을 탐닉하고 있다. 이러한 일상의 반복이 윤회이며, 이것이 오늘의 역사를 만들고 있는 것이라면 그 역사가 바람직한 방향으로 전개될 수는 없다. 그래서 부처님은 걱정과 근심 속에서 다양한 가르침을 베풀지 않을 수 없었던 것이다.

중생들이 병들어 있다는 전제에서 부처님을 의사로 묘사하는 것은 「여래수량품」이 처음은 아니다. 이미 초기불교에서 그 전거를 찾을 수 있기 때문이다. 『아함경』에 속하는 「양의경(良醫經)」(대정장2,105ab)은 다음과 같이 기술하고 있다.

"4법을 성취하면 위대한 의왕이라 할 수 있다. 병을 잘 아는 것, 병의 원인을 잘 아는 것, 병을 잘 치료할 줄 아는 것, 치유된 병이 재발하지 않도록 조치할 줄 아는 것이다. 부처님도 4법을 성취하여 중생의 병을 치료한다."

길장은 『법화현론』에서 병든 자의 의식을 표현하는 문구 중에서 본심을 완전히 상실한 자들은 위대한 가르침을 소화할 수 없는 소승의 무리로 보고, 아직 본심을 상실하지 않은 자들은 부처님의 가르침을 수용할 수 있는 사람들로 해석한다. 천태 지의는 이들을 3승의 선근을 완전히 상실한 자와 아직 선근을 상실하지 않은 자들로 해석하고 있다. 어떤 식으로 해석하든 중생들의 다양성을 인정하고, 그에 따라 구제 방법을 달리 제시하고자 한다는 점에서 위대성을 찾아야 한다.

제17 분별공덕품
分別功德品

4신5품의 공덕

「분별공덕품(分別功德品)」부터 「촉루품」까지는 『법화경』을 수지하는 공덕과 『법화경』을 널리 홍통(弘通)할 것을 강조하는 부분이다. 특히 「분별공덕품」은 「여래수량품」의 설법을 듣고 부처님의 영원한 생명력을 믿고 찬탄하면 다양한 공덕을 얻게 된다고 가르친다.

가상 길장은 공덕을 분별한다는 것에 크게 두 가지 의미가 있다고 개괄적으로 규정한다. 첫째는 부처님의 생명력이 영원함을 듣고 믿을 때 얻게 되는 공덕이며, 둘째는 경전을 수지하는 사람들이 얻게 되는 공덕을 널리 분별하는 것이 그것이라 말한다. 부처님의 수명이 무량하다는 것을 듣고, 그것은 시작도 끝도 없는 불생불멸이며, 사구(四句)를 끊고 백비(百非)를 초월해 존재한다는 것을 깨닫게 되면 궁극적으로 우리들의 본질적인 생명력도 그러하기 때문에 중생과 부처가 둘이 아님을 깨닫게 된다는 것이다. 나아가 이 경전을 들으면 실상의 이치를 깨닫고 무생법인(無生法忍)을 체득하기 때문에 공덕이 있다고 말한다.

경전에서는 좀 더 구체적으로 열두 가지의 공덕을 설하고 있다.

1. 문지다라니(聞持陀羅尼)를 얻는다. 문지다라니는 한 번 들은 것을 언제나 기억하는 능력이다.
2. 공의 이치를 깨닫는다.
3. 요설무애변재(樂說無碍辯才)를 얻는다. 요설무애변재란 다른 말로 표현력이 뛰어나다는 것이다.
4. 선다라니(旋陀羅尼)를 얻는다. 선다라니란 들은 것을 잘 기억할 뿐만 아니라 응용을 잘하는 능력이다.
5. 불퇴전의 법륜을 굴린다. 어떠한 상황 속에서도 흔들리지 않고 주변에 진리의 가르침을 널리 알리는 것이다.
6. 청정한 법륜을 굴린다. 부처님의 가르침은 번뇌의 불길을 잡아주기 때문에 청정하다고 표현한다.
7. 소천세계 미진수 보살이 여덟 번 윤회한 뒤 무상의 깨달음을 얻는다.
8. 사사천하(四四天下) 미진수 보살이 네 번 윤회한 뒤 무상의 깨달음을 얻는다. 사천하란 수미산 주위에 있는 네 개의 커다란 대륙을 말한다.
9. 삼사천하(三四天下) 미진수 보살이 세 번 윤회한 뒤 무상의 깨달음을 얻는다.
10. 이사천하(二四天下) 미진수 보살이 두 번 윤회한 뒤 무상의 깨달음을 얻는다.
11. 일사천하(一四天下) 미진수 보살이 한 번 윤회한 뒤 무상의

깨달음을 얻는다.
12. 8세계 미진수의 중생이 무상의 깨달음을 얻고자 발심한다.

경전에 의하면 이상과 같은 공덕이 있다고 설하자 만다라꽃과 마하만다라꽃이 보리수 아래 앉아 계신 부처님과 칠보탑 안에 앉아 계신 석가여래와 다보여래, 모든 보살대중과 사부대중 위에 뿌려졌다. 동시에 허공에서는 천고(天鼓)가 울리면서 미묘한 음성이 사방으로 퍼졌으며, 무수한 천의(天衣)가 비 오듯 쏟아지고, 진주를 비롯한 많은 보배구슬이 사방에 드리워졌다. 시방으로 은은한 향기가 퍼지면서 미묘한 음성으로 부처님을 찬송했다는 것이다.

찬탄이 끝나자 4신(信)과 5품(品)으로 지칭되는 『법화경』의 수행 덕목이 재차 강조된다. 천태 지의가 저술한 『법화문구』에 나오는 내용을 정리하면 다음과 같다. 4신은 처음부터 끝까지 믿음을 강조하는 내용이다.

첫째, 일념신해(一念信解)이다. 여기서 일념이란 일심(一心)이란 단어와 동일한 의미이며, 부처님의 생명력이 영원하다는 것을 한결같이 확신하고 수행하는 것이다. 『법화경』을 한 번만이라도 신해하면 오바라밀을 실천하는 공덕보다 더욱 크다고 말한다. 다만 반야바라밀은 제외한다. 오바라밀은 방편이며, 오바라밀의 완성이 지혜바라밀이기 때문이다. 믿음은 지혜에 직접 들어갈[直入] 수 있는 것이기에 이렇게 강조하는 것이다.

둘째, 약해언취(略解言趣)이다. 부처님의 생명력이 영원하다는 것을 듣고 그것을 믿는 단계에서 나아가 그 의미를 이해하며, 그러한 공덕으로 부처님의 무상한 지혜를 얻게 된다고 말한다.

셋째, 광위타설(廣爲他說)이다. 자신뿐만 아니라 다른 사람도 『법화경』을 수지·독송·서사하게 할 수 있도록 노력하면 부처님의 지혜를 얻게 된다는 것이다.

넷째, 심신관성(深信觀成)이다. 마음으로 깊이 부처님의 생명력이 영원하다는 것을 믿고 확신함에 따라 부처님께서 영취산에 항상 계신다는 사실을 볼 수 있으며, 그것은 다름 아닌 우리가 거주하는 사바세계와 다른 것이 아니라는 점을 인식하게 된다. 즉 지상에 유토피아를 건설하는 것이다. 「여래수량품」에서도 자신의 신명을 아끼지 않고 일심으로 부처의 본질을 탐구하는 것에서 부처님이 항상 영취산에 계신다는 것을 믿게 된다고 표현하고 있으며, 부처님과 내가 만나는 곳이 바로 유토피아라 강조하는 점에서 심신관성의 내용과 상통한다.

5품은 부처님께서 열반에 들어간 뒤 『법화경』을 수지하고 홍포하는 실천을 수행한 결과 얻어지는 공덕과 결부하여 설한 것이다. 초수희·독송·설법·겸행육도·정행육도가 그것이다.

첫째, 초수희(初隨喜)는 『법화경』을 듣고 기뻐하는 마음이 생기는 것을 말한다. 수희에 대해서는 다음 장인 「수희공덕품」에서 상세하게 설명할 기회가 있으므로 여기서는 생략한다.

둘째, 독송이란 『법화경』을 수지 독송하는 것이다. 독송의 공덕은 탑이나 사찰, 승방을 건립해서 승단에 기증하는 것과 동일하다고 말한다.

셋째, 설법이란 「법사품」에서 강조하고 있듯이 『법화경』을 수지·독송·해설 서사하는 다섯 가지의 실천행을 말한다. 이것은 스스로 하거나 남을 시켜 하거나 동일한 공덕이 있다고 본다. 5종법사의 구체적 활동을 말하며 경전을 중심으로 부처님께 올리는 공양이기 때문에 5종법사의 활동이 있는 곳에는 탑사를 짓거나 승방을 만드는 것, 내지 여러 승려들을 공양할 필요가 없다고 강조한다. 5종법사의 활동이 불교적 수행의 핵심이라 생각하는 것이다.

넷째, 겸행육도(兼行六度)이다. 육도란 육바라밀을 지칭한다. 다만 여기서는 반야바라밀을 제외한 오바라밀을 동시에 수행하기 때문에 붙여진 이름이다. 4신에서 말하는 일념신해와 달리 오바라밀을 겸비하여 수행하는 것이다.

다섯째, 정행(正行)육도이다. 이것은 육바라밀을 중심으로 수행을 마무리하는 것이다. 육바라밀은 대승불교의 사회적 실천윤리라 말할 수 있기 때문에 법화행자들 역시 매우 중시했음을 알 수 있다. 그러나 육바라밀의 사상적 핵심은 초기불교 이래 중시했던 보시·지계·인욕과 선정이기 때문에 그 정신을 계승한 것이기도 하다.

지금까지 4신 5품을 살펴보았다. 결국 핵심은 믿음을 기반으로 한 부단한 실천 수행이다. 「법사품」 이래 강조되는 5종법사행과 육바라밀의 실천을 강조하고 있는 것이다. 이러한 실천 행위에는 수행과 그것의 궁극적 도달점이 내포되어 있다.

수행은 깨달음에 도달하기 위한 수단이나 방법을 의미하며, 궁극적인 깨달음의 세계에 도달하기 위한 과정이다. 이러한 과정이 필요할 수도 있고 필요하지 않을 수도 있지만 필요로 하는 사람들을 위해 준비된 것이 바로 5종법사행이나 오바라밀이다.

5종법사행이나 오바라밀은 자리이타라는 대승불교의 이념을 실천궁행하면서 궁극적으로는 반야의 완성을 통해 깨달음의 세계에 들어가는 것이다. 반야의 완성은 수행의 과정이면서도 동시에 수행의 결과라고 말할 수 있다. 수행의 과정과 완성이 구분된 것이 아니다. 길장이 '반야란 바로 부처님의 생명력으로 대상을 비춘다는 의미' 라 정의한 것은 그런 점에서 의미를 찾을 수 있다. 대상이란 관념적인 것이 아니라 우리가 살고 있는 삶의 현장과 주변 환경을 총칭하는 것이기 때문이다.

반야는 평등하고 위대한 지혜이며, 지혜를 생명으로 삼기 때문에 혜명(慧命)이라고도 한다. 반야를 아는 것이 바로 부처님의 생명력이 무한하다는 것을 아는 것이다. 그래서 5종법사행이나 육바라밀의 수행을 강조하는 것이다.

제18 수희공덕품

隨喜功德品

일념으로 기뻐하는 공덕

「수희공덕품(隨喜功德品)」의 핵심은 품명 그대로 『법화경』을 듣고 기뻐하는 마음과 그 공덕이다. 처음부터 '세존이시여, 만일 어떤 선남자 선여인이 이 『법화경』의 말씀을 듣고 따라 기뻐한다면 그로 인해 얻게 되는 복은 얼마나 됩니까?' 하고 질문하는 것으로 시작된다. 나아가 『법화경』의 내용을 다른 사람에게 전하기 시작하여 50번째 사람이 듣고 기뻐하는 공덕은 물질적인 보시를 통해 얻는 공덕보다 훨씬 훌륭하다고 설명한다.

"여래가 멸도한 후 사부대중과 지혜 있는 이로서 어른이나 어린이가 이 경전을 듣고 기뻐하며 승방이나 한적한 곳, 혹은 성읍, 촌락 등에서 그가 들은 바와 같이 부모 친척과 친한 친구와 지식 있는 이를 위해 힘껏 연설하여 많은 사람들이 듣고 따라 기뻐하며, 그들이 또 다른 사람들에게 전하여 가르치고, 그 가르침을 받은 이들이 듣고 따라 기뻐하며, 또

전하여 가르치며 전전하되 50번째에 이르면 미륵이여, 그 50번째의 선남자 선여인이 기뻐한 공덕을 내 이제 말하리니 너희들은 잘 들어라.

미륵이여, 이와 같이 50번째의 사람이 『법화경』을 듣고 기뻐한 공덕은 한량없고 가없는 아승기와 같거늘, 하물며 최초의 법회에서 듣고 기뻐한 사람들이야 말할 것이 있겠느냐? 그 사람의 복은 더욱 많아 한량없고 가없는 아승기로도 비유할 수 없느니라."

이상의 내용에서 알 수 있듯이 어려운 수행을 통하지 않고 『법화경』을 듣고 기뻐하는 것만으로도 무량한 공덕을 얻는다고 역설한다. 구체적으로 세 가지 경우를 언급한다. 첫째 『법화경』을 듣기 위해 승방에 나가 앉거나 서서 잠시라도 듣는 경우, 둘째 설법하는 곳에 앉아 있다가 다른 사람이 오면 권하여 앉아 듣게 하거나 자리를 나누어 앉는 경우, 셋째 『법화경』을 듣자고 권유하여 그 말을 듣고 잠시라도 듣게 하는 경우 등이다. 세 가지 중 어떤 경우든 무량한 공덕을 얻을 수 있다고 한다.

이러한 설법에는 공통적인 측면이 있다. 『법화경』을 듣고 기뻐하며 많은 사람들이 『법화경』을 들을 수 있는 분위기를 만드는 데 노력하는 것이다. 또한 당사자 한 사람에 국한되지 않고 지속적으로 『법화경』의 가르침을 전파하기 위해 헌신하는 것이다.

앞서 인용한 경전의 내용을 오십전전수희공덕(五十傳轉隨喜功德)이라 약칭하는데 이것은 처음의 파도가 다른 파도를 만드는 것과 같은 이치에서 설명한 것이다. 일파가 만파가 되듯이 한 사람의 법화행자가 주변으로 『법화경』의 사상을 전파하면 온 세상이 『법화경』의 가르침으로 넘쳐날 수 있다는 점을 말하는 것이다.

『법화경』의 가르침을 들으면 마음의 평화를 얻고, 인생의 나침반을 찾을 수 있으며, 이웃을 포용하고 사랑할 수 있다. 그런 점에서 「수희공덕품」은 경전에 대한 홍포의 의무를 다른 차원에서 가르치고 있는 것이다. 그것은 바로 사랑의 편지로 이웃에게 사랑의 바이러스를 전파하듯이 부처님의 가르침을 전하라는 것이다.

그러나 세상에는 다양한 기질의 인간들이 존재하기 때문에 『법화경』의 가르침에 동의하지 않는 사람들도 있을 수 있다. 물론 그들이 정상적인 정서와 사고의 소유자라면 문제가 없겠지만 대다수는 어떤 문제점을 지니고 있다고 전제하게 된다. 이 점에 대해 가상 길장은 『법화의소』에서 네 가지 부류의 인간 유형을 제시하고 있다.

1. 소승을 배운 사람들이 옛날의 가르침에 집착하여 따르지 않고 기뻐하지 않는 경우
2. 『법화경』은 무상(無常)의 인과(因果)를 가르치기 때문에 구경의 가르침이 아니라 집착하며, 일승의 원인(因)과 결과(果)는 상주 불멸한다고 듣더라도 믿지 않고 기뻐하지 않는 것
3. 관념에 집착하기 때문에 『법화경』이 방편의 문을 열어 진실한 모습을 보여주며, 궁극적으로 남김이 없는 요의(了義:불법의 도리를 명백하고 완전하게 나타낸 것)란 점을 듣고도 따르지 않고 기뻐하지 않는 것
4. 유소득인(有所得人: 어떠한 사상이나 관념, 범주에 사로잡힌 사람)이 방편과 진실이란 관념에 갇혀 따르지 않고 기뻐하지 않는 것

길장의 견해처럼 다양한 사람들이 각각의 이유를 들어『법화경』의 가르침에 동의하지 않을 수 있다. 그래서 '따라서 기뻐하는 것' 즉 수희(隨喜: 불보살이나 다른 사람의 좋은 일을 자신의 일처럼 따라서 함께 기뻐함)는 어려운 일이며, 때문에 역설적으로 많은 공덕이 있다고 강조하게 된다.

또한 길장은 수희의 종류를 두 가지 차원에서 구분하고 있다. 수희법(隨喜法)과 수희인(隨喜人)이 그것이다. 수희법이란『법화경』의 가르침을 듣고 기뻐하는 것이다. 이런 경우 금강반야가 발생해서 신심과 잘 융합하므로 수희라 부른다. 수희인이란 앞사람들이 만들어 놓은 것에 의해 기뻐하는 마음을 일으키는 것이다. 앞사람에게 들은 대로『법화경』을 수지하고 해설하여 기뻐하는 마음을 내기 때문에 수희인이라 정의한다. 이것은 가르침과 실천자라는 불가분리의 관계를 법과 사람의 입장에서 해설한 것이다. 즉 법화경의 가르침 속에는 우리를 깨달음의 세계로 인도하는 능력이 갖추어져 있고, 그 세계에 도달하게 되면 그것을 금강반야의 경지라고 본다(수희법). 그렇지만 사람들이 그러한 것을 믿고 따르고자 하는 마음이 없으면 안 되기 때문에 선인들의 발자취를 따라 수행하는 마음가짐(수희인)이 필요하다고 강조하게 된다. 길장의 해석과 달리 천태 지의는『법화문구』에서 수희를 '이사(理事)에 수순(隨順)하는 것'이라고 현학적으로 해설한다. 이사란 본질과 현상을 의미하는 단어이다.

한편 규기는『법화현찬』에서 수희를 축자적으로 설명한다.

"'수'란 순종한다는 뜻이다. '희'란 기뻐한다는 뜻이다. 몸과 마음이 순종하여 깊이 기뻐하는 마음을 일으킨다. 이것을 인연으로 공덕의 과

보가 생긴다."

또한 방편과 진실이란 점에서 경전 자체를 진실의 세계에 들어갈 수 있게 도와주는 뗏목과 같은 것으로 정의하고 '듣고 생각하고 닦는 바에 따라 모두 수희심을 일으킨다'고 말한다. 여기서 듣고 생각하고 닦는 것을 문사수(聞思修)라 하는데 이것은 방편적인 지혜이다. 지혜이지만 궁극적인 것이 아니라 수단적인 의미이기 때문이다.

이 품의 해설을 마치면서 수희의 의미를 간단히 살펴보자. 이 말은 범어 아누모다나(anumodana)를 번역한 것으로 두 가지 의미가 있다.

첫째는 마음으로 기뻐하고 공감하여 귀의하는 것이다. 「수희공덕품」의 제목이 된 이유는 「여래수량품」에 나오는 '부처님께서 상주불멸 한다'는 내용을 듣고 전적으로 공감하여 일심으로 귀의하기 때문이다. 이 품의 전체적인 내용도 이러한 범주를 벗어나지 않는다. 기뻐하고 마음에 새기되 실천으로 나타내며, 나아가 다른 사람들과 함께 기뻐할 수 있도록 노력해야 한다는 점이 부각되고 있다.

둘째는 참회란 의미이다. 자신의 잘못을 자각하고 뉘우쳐서 전날의 죄업을 없애려고 참회하는 것이다. 이 품의 내용과 직결되지는 않는다. 그렇지만 참회란 잘못을 고백하고 용서를 구하는 데서 시작된다는 점에서 청정한 마음으로 돌아가는 것이며, 그것이 『법화경』의 가르침을 듣고 기뻐할 수 있는 실마리가 된다는 점에서 종교적 의미를 읽을 수 있다.

제19 법사공덕품
法師功德品

육근이 청정해지는 공덕

「법사공덕품(法師功德品)」은 『법화경』 중반부에서 강조하고 있는, 법사의 활동이 지니는 공덕을 설명하고 있다. 『법화경』에 대한 찬탄과 귀의, 경전의 홍포 등 다양한 목적으로 설해지고 있지만 특징적인 것은 5종법사의 활동을 통해 육근(六根:눈·귀·코·혀·몸·마음, 즉 감각기관과 그것을 종합적으로 조절하고 통제하며, 판단하는 마음이 여기에 속한다)이 청정해지는 과보를 얻게 된다고 말하는 점이다. 즉 부처님께서 상정진(常精進)보살에게 『법화경』을 수지·독송·해설·서사하면 구체적으로 어떠한 공덕이 있는가를 육근과 결부시켜 설명하고 있다. 말하자면 육근이 청정해진다는 것은 일상적인 감각 활동과 작용의 범주를 초월해 불가사의한 정신적인 영역에 도달하거나 그러한 능력을 지닐 수 있게 된다는 점을 강조한다. 구체적인 경전의 내용을 살펴보면 다음과 같다.

"만일 선남자 선여인이 이 『법화경』을 받아 지니고 읽고 외우거나 해설하고 옮겨 쓰면, 이러한 사람은 팔백 가지의 눈의 공덕과 천이백 가지의 귀의 공덕과 팔백 가지의 코의 공덕과 천이백 가지의 혀의 공덕과 팔백 가지의 몸의 공덕과 천이백 가지의 마음의 공덕을 얻으리라. 이 공덕으로 육근을 장엄하여 모두 청정하리라. 이 선남자 선여인은 부모 소생의 청정한 육안으로 삼천대천세계의 안팎에 있는 산과 숲과 강과 바다를 보되, 아래로는 아비지옥에서 위로는 유정천(有頂天)에 이르며, 또한 그 가운데서 일체중생을 다 보고 아울러 업의 인연과 과보로 나는 곳을 다 보아 알리라."

이상의 인용문을 통해 알 수 있듯이 육근의 정화를 통해 시각, 청각, 취각, 미각, 촉각의 기능이 확대된다고 말하며, 나아가 이들 다섯 감각기관을 통합하고 판단하는 의식 작용의 능력이 일상적인 범주를 넘어 범우주적으로 확장된다고 말한다.

보다 구체적인 내용은 경전에서 다양하게 설명되고 있지만 그것을 상식적인 개념으로 설명하는 것이 불가능하다. 일반적인 시간과 공간의 개념을 초월해 전우주적으로 설명되고 있기 때문이다. 인도 전통의 신화가 스며들어 있는가 하면 종교적인 체험의 세계를 전제하고 있다. 단순한 감각기관과 그것의 중추인 의식의 세계를 통해 종교적인 형이상학의 세계를 지향하기도 한다.

인용문에 나오는 공덕을 종합하면 모두 육천 가지의 공덕이 된다. 구체적으로 살펴보면 다음과 같다. 즉 보살이 선업을 행하는 데는 신·구·의 삼업을 넘어가지 않는다. 이것을 확장하면 열 가지 선업이 된다. 십선업은 상호 간에 장엄을 하기 때문에 백 가지의 선이 된다. 스스로도 백 가지의 선을 행하지만 다른 사람도 행하게 만든다. 또한 주객 모두 백 가지 선을 찬탄하여 사백 가지의 선으로 확장된다. 이들을 5종법사는 모두 구비하고 있기 때문에 이천 종의 선이 된다. 다시 이것을 상중하품의 중생들이 모두 지니기 때문에 육천의 공덕이 성립한다.

혹은 백복장엄(百福莊嚴)과 십선장엄과 육근을 곱하여 육천 가지의 공덕을 설명하기도 한다. 모두 길장의 『법화의소』에 나오는 내용이다. 길장 이전에 법화사상을 집대성한 법운의 『법화의기』에 나오는 해석도 길장과 유사한 점을 발견할 수 있다. 중국 전통의 상호융섭(相互融攝)의 사상적 영향으로 추정된다. 여하튼 여기서는 그러한 설명들이 지니는 상징성을 통해 추구하고자 하는 본래의 의미를 찾아보기로 하자.

결론적으로 말하면 이상과 같은 표현은 종교적 수행을 통해 인식의 지평을 확대할 수 있으며, 물질적 세계의 한계를 넘어 정신적 안심입명을 체득할 수 있다고 말하는 것이다. 물질의 노예가 된다는 것은 인간의 기본적인 감각적 욕구에 충실하다는 것이다. 그러나 물질과 감각적 욕구를 통해 존재가 지니는 본질적인 당위성을 설명할 수는 없다. 아니 무엇인가 허전한 정신적 공백 속에서 쫓기듯이 살고 있는 우리를 만나게 된다. 인간이 살아가면서 진실한 만족과 행복을 찾지 못하는 이유는 바로 물질과 감각이 지니는 허구와 한계 때문이라 말할 수 있다.

경전은 그러한 점을 다양한 사례를 통해 설명하고자 한다. 그렇지만 그러한 설명은 매우 상징적이고 신화적이다. 신화와 상징을 통해 물질과 감각의 한계를 알려줌과 동시에 무한한 생명의 본질적 가치를 알려주고자 하는 것이다. 다섯 감각 기관과 의식은 그러한 점에서 소통의 다리이자 인식의 확장을 위한 훌륭한 도구가 아닐 수 없다. 망망한 우주적 공간 속에서 주체적 존재로 자각하게 만들 뿐만 아니라 인드라망과 같은 관계 속에 서 있는 자신을 깨닫게 하는 것이다.

이상과 같은 점에서 많은 『법화경』 연구가들은 다양한 해석을 시도했다. 천태 지의는 장엄이라는 단어로 압축하고 있다. 그는 육근 청정을 내외(內外)의 장엄으로 해석한다. 즉 눈, 귀, 코, 혀, 몸의 오근이 청정한 것은 외부의 장엄이며, 마음이 청정한 것은 내부의 장엄이라는 것이다. 또한 지옥에서 부처에 이르기까지 일체의 물질적 형상이 몸속에 나타나는 것은 내부의 장엄이며, 일체의 물질적 형상이 보현삼매(普賢三昧: 육근의 죄업을 참회하는 것)를 통해 바깥으로 화현하는 것은 외부의 장엄이라 말한다.

내외를 구분하여 장엄을 말하고 있지만 이것은 존재의 세계는 어느 하나에 의해 성립하는 것이 아니라 반드시 나를 중심으로 주객의 관계 속에 존재한다는 것을 의미한다. 공덕이 있더라도 그것은 관계 속에서 존재하는 것이기 때문에 장엄이라 표현한다. 따라서 '세간에서 생활을 도와주는 일체의 업무는 모두 정법에 따르는 것이다. 사람의 마음이 청정하면 천심(天心)이 행하는 것이지만 하늘이 동작하는 것은 모두 천심이 청정함을 안다'고 말한다. 약간은 이해하기 어렵지만 존재의 실상과 서로 위배하지 않는다면 지혜로운 마음이 청정한 것이라 해석하는 것이다.

삼론종의 길장은 『법화의소』란 책에서 「법사공덕품」에 대해 5종법사가 얻는 육천 가지의 공덕을 총체적으로 밝히고 있다고 전제하고, 상정진보살이 등장하고 있는 점에 주목한다. 즉 상정진(常精進)이란 '쉬임없이 노력한다. 혹은 수행한다'는 의미이다. 그런 점에서 육근을 청정하게 하려면 부단히 정진해야 하기 때문에 상정진보살을 등장시킨다고 본 것이다. 이것을 수연소의(隨緣所宜)라 말한다. 즉 인연에 따르지만 그것은 한 치의 틀림도 없다는 것이다.

법상종의 규기는 『법화현찬』이란 책에서 이 품을 3문으로 구분한다. 내의(來意), 석명(釋名), 해방(解妨)이다. 석명이란 제목을 풀이한 것인데 규기는 '법에 의지해 수행하면 궤범이 될 수 있기 때문에 법사라 부른다. 그래서 법사의 공덕을 밝히는 것'이라 말한다. 또한 다른 품과 달리 상정진보살이란 생소한 보살이 등장하는 이유에 세 가지 정도의 설명을 덧붙이고 있다. 첫째 상정진보살은 이름과 행동이 서로 부합하기 때문에 부처님의 설법을 듣는 청중이 되었다는 것, 둘째 5종법사의 미묘한 보살행을 실천하여 육천 가지의 공덕을 얻었는데, 그것은 자신의 수행으로 지나간 세월 동안 성취[修成]한 것이란 점, 셋째 항상 정진하지 않으면 깨달을 수 없으므로 상정진보살을 등장시킨 것이란 점 등으로 해석하고 있다.

공덕은 아름다운 것이며, 누구나 바라는 것이다. 그러나 노력하지 않는 자에게 달콤한 과보는 찾아오지 않는다. 부단한 정진을 통해서만 청정함이라는 과보를 얻을 수 있다는 것이 「법사공덕품」의 메시지이다. 우리가 희구하는 공덕은 노력하는 곳에서 찾아온다는 점을 상기시키고 있다.

제20 상불경보살품
常不輕菩薩品

인간에 대한 무한 사랑

상불경(常不輕)보살이란 '언제나 다른 사람을 존경하고 공경하는 보살'이란 의미이다. 상불경이란 단어 자체가 그러한 의미를 지니고 있다. 경전의 설법에 의하면 상불경이란 보살이 있었는데 그는 항상 사부대중을 만나면 대상을 가리지 않고 찬탄하고 예배하며 다음과 같이 말했다.

"나는 그대들을 깊이 공경하고 가벼이 생각하지 않습니다. 왜냐하면 그대들은 모두 보살의 도를 행하여 반드시 성불할 것이기 때문입니다."

상불경보살은 경전을 읽지도 않고 외우지도 않았으며, 단지 예배만 할 뿐이었다. 멀리서 사부대중을 보게 되면 쫓아가 예배하고 찬탄하며 '나는 그대들을 가벼이 생각하지 않습니다(존경합니다). 그대들은 모두 반드시 성불할 것이기 때문입니다'라고 말했다.

이러한 상불경보살의 행동을 오해하거나 지나치게 생각하는 사람들은 다음과 같이 말하며 심한 욕설과 함께 화를 내거나 심지어는 돌이나 막대기로 때리기도 했다.

"이 어리석고 무지한 비구야, 너는 어디서 와서 우리를 가벼이 생각하지 않는다고 말하며, 또한 반드시 성불하리라고 수기까지 주느냐? 우리는 그와 같이 허망한 수기는 받지 않겠노라."

그런 경우 상불경보살은 멀리 피하면서도 큰 소리로 '나는 그대들을 가벼이 여기지 않습니다. 그대들은 모두 다 성불할 것입니다'라고 말할 뿐이었다. 따라서 사람들은 그를 상불경이라 부르게 되었다고 한다.

이상을 통해서 우리는 상불경보살이 어떠한 난관에도 대립하거나 성내지 않으며, 그렇다고 자신의 주장이나 소신을 굽히고 있지 않다는 사실을 알 수 있다. 그의 신념은 일체 존재에 대한 사랑과 존경을 한없이 보여주는 것이었다.

그렇다면 상불경보살은 어떠한 신념에서 만나는 사람마다 나는 당신을 가볍게 여기지 않는다고 말하게 되었을까? 만나는 사람을 예배하고 칭찬했다는 것은 모든 사람을 존경하고 우러러보았다는 것을 의미한다. 조건 없는 사랑의 실천을 넘어 인간에 대한 무한한 숭배로 이해할 수 있는 상불경보살이 지니고 있는 행동 윤리의 준칙은 무엇이었을까?

『수능엄삼매경』은 지옥, 야마계, 축생, 천계, 인간계의 중생들에게 차별 없이 수기를 준다고 말한다. 구원에 대한 보편성을 차별 없는 수기로 표현한 것이다. 물론 『법화경』 역시 대소승이나 남녀노소를 불문하고 수기를 주고 있다. 나아가 일체중생을 구제하기 위해 다양한 보살들이 등장하여 구제 활동을 펼친다. 수기가 불성의 존재를 전제하는 것이라는 길장 스님의 해석을 빌리지 않더라도 구원의 보편성을 알기 쉽게 표현한 것이다.

천태 스님은 『법화문구』에서 다음과 같이 해석한다.

"안으로 인간에 대한 존경을 이해하고, 밖으로 존경해야 할 대상을 공경하며, 몸으로 존경을 실천하며, 입으로 존경의 가르침을 설하는 것이 가벼이 하지 않는다는 것이다."

또한 『법화현의』에서는 '나는 너희들을 가벼이 여기지 않는다. 너희들은 모두 성불할 것이기 때문이다'란 구절은 바로 정인불성(正因佛性)을 표현한 것이다. 중생들이 부처님의 지견을 열게 하는 것이란 구절은 바로 요인불성이다. 또한 부처님의 종자는 인연 따라 생기는 것이다'란 구절은 바로 연인불성이다' 라고 풀이하면서 상불경보살의 행위를 정인불성 때문이라 본다.

정인불성이란 중생이라면 누구나 지니고 있는 본질적인 불타의 속성을 말하는 것이다. 따라서 인간도 중생이란 점에서 불성을 지니고 있는 것은 너무나 당연하다. 내면에 잠재적인 상태로 있다고 해서 그것이 없는 것은 아니다. 마치 금광석 속에 금이 들어 있는데 제련하지 않으면 돌과 함께 있기 때문에 그냥 없다고 할 수 없는 것과 같다. 제련하면 언제나 그 금은 드러나는 것이기 때문이다.

천태 스님의 해석은 세친보살이 『법화경』을 해석한 책인 『법화론』의 영향을 받은 것이다. 이 책에서는 '중생은 누구나 불성을 지니고 있다는 것을 알고 있기 때문에 가벼이 하지 않는다' 고 풀이하고 있다. 불성을 지니고 있기에 언젠가는 성불할 존재가 분명하다는 점에서 타인을 사랑하고 존중하지 않을 수 없다는 논리다.

여기서 불성이란 생명의 본질적 가치이자 모든 중생이 평등해질 수 있는 평등의 원리이다. 불성이 있기에 모든 중생이 본질적 가치란 차원에서 평등해질 수 있다. 그러나 수단적 가치를 활용하는 데 익숙한 인간들의 교활한 지혜는 이러한 사실을 잘 수용하려고 하지 않는다. 감각에 의지하고 지각되는 것에 따라 편의적으로 수용하고 판단하고 활용할 뿐이다. 본질적 가치는 망각한 채, 수단적 가치에 따라 판단하는 데 익숙해져 있다. 그러나 기실 인간 위주의 사고를 조금만 벗어나면 중생은 어느 것이나 본질적 가치를 지니고 있다는 사실을 인식하게 된다.

또한 불성이란 존재의 통일적 요인이다. 다양한 모습으로 각각의 개성과 가치를 드러내고 있지만 우주 법계에서 본다면 불성이란 공통분모를 가지고 존재하게 된다. 하물며 인간이란 두말할 필요가 없다. 인종을 넘어, 국경을 벗어나, 남녀노소 빈부귀천을 막론하고 누구나 불성을 지니고 있다. 그 불성은 신과 같은 것은 아니지만 외형적인 것을 떠나 인간의 가치를 극대화 절대화하고 있다. 따라서 어떠한 명분으로도 인간의 존엄성을 침해하는 것은 사회적 악이 아닐 수 없다. 아니 우주적 범죄라 말하는 것이 타당할 것이다.

상불경보살은 그러한 사실을 행동으로 보여주고 있다. 특히 경전을 읽지도 외우지도 않고 오직 인간을 사랑하고 존경하는 데 헌신하고 있다는 경전의 말씀은 가슴을 절절하게 한다. 지식의 다소가 인간을 판단하는 척도가 아니라 행위가 인간의 가치를 판단하는 척도임을 강조하는 것이기 때문이다. 실천하지 않는 지식은 의미가 없기에 경전을 암송할 필요가 없다. 행동하는 실천 속에서 가치를 구현하고 새로운 지식을 창출하는 것이기에 아름답고 위대한 것이다.

학자들은 상불경보살의 행위를 절복(折伏)과 역화(逆化)로 읽고 있다. 절복이란 어려움이 있으면 그것을 회피하는 것이 아니라 극복하는 것이며, 역화란 절복에 그치지 않고 도리어 부처와 인연을 맺을 수 있는 단초로 삼아 성불의 종자를 널리 퍼트린다는 의미이다.

상불경보살은 상징적인 보살이다. 불교인의 행위가 어떠해야 하는가를 단적으로 보여준다. 불교라는 종교 집단을 편의적으로 이용하는 것이 아니라 부처님의 가르침을 실천하고자 하는 데 궁극의 가치를 두고자 한다. 여기에는 신념이 필요하며, 흔들리지 않는 믿음이 있어야 한다. 이상적인 종교운동은 굳은 신념과 믿음이 없으면 어렵다는 것을 의미한다. 그렇지 않다면 그것은 이미 본질적 의미를 상실한 껍데기에 불과한 것이 되고 만다.

중국의 신행 스님 역시 그러한 사실을 잘 알고 있었다. 따라서 그는 평생의 수행생활을 상불경보살을 모방하는 것으로 보낸다. 인간을 사랑하기 위해 무진장행을 조직했다. 요즘의 자원봉사와 같은 불교조직이었다. 그들은 인간을 사랑하고 공경해야 한다는 종교적 신념에 따라 중국 전역을 찾아다녔다. 자신이 할 수 있는 것이 있다면 인간을 사랑하고, 그 존엄성을 지키는 데 바치고자 했다. 아침저녁으로 지역사회에 봉사할 수 있는 일이 무엇인가를 찾았으며, 궁극적으로 인간들의 실존적 질곡을 해결할 방안이 무엇인가를 찾아내고자 노력했다. 임종에 이르자 신행 스님은 자신의 시신을 배고픈 들짐승들의 먹이로 주라고 유언하여 시신을 숲속에 버리는 임장(林葬)을 하게 된다. 마지막까지도 중생에 대한 사랑을 실천하고자 했던 것이다.

현재도 수많은 상불경보살의 후예들이 활동하고 있다. 그들은 불교라는 이름 속에 있을 수도 있지만 오히려 불교와 무관하게 활동하는 사람들도 많다. 인간의 존엄성은 그들의 노력으로 나날이 신장하는 것이다.

반면에 아직도 상불경보살을 기다리는 사람들도 많다. 다양한 이유가 그들 앞에 놓여 있다. 그런데 불교계는 잠자고 있는 것이 아닌가 말하고 싶다. 상불경보살의 정신이 사라진 것 같아 안타깝다. 경전에서는 '득대세야 너의 생각은 어떠하냐? 그때의 상불경 비구가 어찌 다른 사람이겠느냐? 그 사람이 바로 나 자신이었느니라. 만일 숙세에 내가 이 경전을 받아 지녀 읽고 외우며 다른 사람을 위해 설하지 아니하였다면 나는 아누다라삼먁삼보리를 얻지 못했을 것이다'라 강조한다. 부처님의 사랑이 상불경으로 표현되고 있으며, 그것을 실천하는 것은 다른 사람들이 아니라 법화행자들 자신이라는 점을 말하는 것이다.

제21 여래신력품
如來神力品

신통력으로 교화하다

「여래신력품(如來神力品)」은 특별한 부촉이라는 의미에서 별부촉(別附囑)이라 말한다. 뒤에 이어지는 품인 「촉루품(囑累品)」과 함께 여래께서 입멸하신 뒤에 법의 홍포와 수호를 당부하고 다짐하는 것이 전체적인 줄거리다. 통상적으로 경전의 마지막 품에 부촉하는 품이 나오는데 『법화경』은 제21 「여래신력품」과 제22 「촉루품」에 걸쳐 부촉하는 내용이 반복되고 있다.

「여래신력품」은 『법화경』의 특징인 5종법사의 수행을 다짐하는 것에서 시작된다. 즉 「종지용출품」에 등장하는 지용보살들은 이구동성으로 다음과 같이 말한다.

"세존이시여, 저희들은 부처님께서 열반하신 뒤에 세존의 분신들이 계시다가 멸도하신 곳에 가서 이 경전을 설하겠습니다. 왜냐하면 저희들도 이 진실하고 청정한 위대한 가르침을 얻어 수지하고 독송하고 해설하고 서사하며, 이것을 공양하려 하기 때문입니다."

이러한 다짐이 있자 부처님께서는 수많은 보살과 사부대중, 그리고 팔부신중(八部神衆) 앞에서 위대한 신통력을 보이게 된다. 신통의 내용을 정리하면 다음과 같다.

첫째, 광장설(廣長舌)를 내시니 위로 범천에까지 이르렀다.

둘째, 일체의 모공(毛孔:털구멍)에서 무한한 광명을 나타내어 시방세계를 두루 비추었다.

셋째, 보배나무 아래에 앉아 계시던 많은 부처님들도 광장설과 함께 빛을 뿌렸다.

넷째, 석가모니부처님과 여타의 부처님들이 백천년 동안 신통력을 보인 뒤에 다시 광장설을 거두어 들였다.

다섯째, 이때 큰기침을 하면서 함께 손가락을 튕기시니 이 두 가지 소리가 시방의 부처님 세계에 두루 울려 퍼져 땅이 여섯 가지로 진동하였다.

이상 다섯 가지의 신통력을 이해하기 쉽게 풀이하면 다음과 같이 말할 수 있다. 먼저 넓고 긴 혀[廣長舌]는 부처님의 32상 중의 하나이다. 중생들의 무지함을 깨우치려고 천촌만락을 유행하며 수많은 사람들에게 설법하는 위대성을 넓고 큰 혀로 상징하여 묘사한 것이다. 중국 송나라 때 활동한 소동파는 광장설을 부처님의 설법이나 가르침으로 칭송한 바 있다.

일체의 모공에서 무한한 광명을 발해 시방세계를 비추었다는 것은 부처님의 깨달음의 빛이 중생세계에 드리워져 있는 어둠의 그림자를 몰아낸다는 점을 상징적으로 표현한 것이다. 깨달음이란 빛으로 상징되며, 무명이나 번뇌 망상은 어둠으로 묘사된다는 점에서 대비적인 해석이다.

큰기침을 하며 손가락을 튕겼다는 것은 중생들을 깨우치려고 부단히 경책(警責)하고 있다는 것을 의미한다. 당나라 규기는 『법화현찬』에서 '게송을 설해 듣게 하고. 이미 들었으면 여실하게 수행하여 게으르지 않게 하기 때문' 에 경책한다고 하며, 길장은 『법화의소』에서 '손가락을 튀긴다는 것은 중생을 일깨워 수행하게 하면 깨달음을 얻기 때문이다' 라 말하고 있는데 같은 의미이다. 땅이 여섯 가지로 진동했다는 것은 부처님께서 보여주는 신통력을 시방세계가 함께 축하하고 기뻐한다는 의미이다.

통상 불교에서는 세상에 상서로운 일이나 조짐이 보이면 대지가 여섯 가지로 진동한다고 표현한다. 구체적으로 말하면 땅이 아래에서 위로 올라오는 것은 기(起)라고 한다. 솟아오르거나 꺼져 내리는 것은 용(涌)이라 하며, 한쪽으로 움직이는 것은 동(動)이라 한다. 은은히 소리 나는 것은 진(震)이라 하며, 꽝하고 소리 나는 것은 후(吼)라고 한다. 끝으로 큰 소리로 깨닫게 하는 것은 각(覺)이나 격(擊)이라 한다.

앞의 세 가지는 모양이 변하는 것이고, 뒤의 세 가지는 소리가 변하는 것이다. 그렇지만 어떤 것이든 현대인들의 상식으로 본다면 천재지변이라 말할 수 있다. 축하를 넘어 공포 분위기를 형성하기 쉽다. 그런 점에서 이러한 표현은 실제 그러한 일이 발생한다기보다는 범우주적으로 축하한다는 것을 상징하는 것이다. 당나라 시인 이태백의 시 중에서 '두 사람 마주 앉아 술을 마시니 산꽃이 피네' 라는 표현과 일맥상통한다. 기분이 좋으니 주변의 꽃들도 함께 그 기쁨에 동참한다는 표현이다. 한편의 음악을 연주할 때 각종 악기가 하모니를 이루어 아름다운 소리를 연출하는 것과 같다.

한편 길장은 부처님의 위신력을 설명하는 부분에 대해 신구의 삼업의 상서로움으로 해석한다. 즉 설상(舌相:혀의 모습)과 경해(警咳:경책하는 기침)는 구업의 상서로움에 속하며, 방광(放光)과 탄지(彈指)는 신업의 상서로움에 속하고, 땅이 움직이는 것은 의업의 상서로움에 속한다고 본다.

『법화경』은 계속하여 다음과 같이 홍법의 결의를 주문한다.

"이 한량없고 가이없는 백천만의 아승지의 세계를 지나 한 세계가 있으니, 그 이름은 사바세계요 그 세계에 계신 부처님은 석가모니불이라 부른다. 지금 그 부처님께서 여러 보살들을 위해 대승경전을 설하고 있는데 『묘법연화경』이라 부른다. 보살을 가르치는 법이며, 부처님께서 보호하고자 하는 것이니 그대들은 마음 깊이 따라 기뻐하고 또한 마땅히 예배 공양할지니라."

경전은 계속하여 홍법의 결의를 다짐한다. 그리고 상행(上行)보살이 대중에게 여래의 신통력을 네 가지로 요약하여 설명하면서 이러한 것을 일심으로 수지, 독송, 해설, 서사하며 수행해야 한다고 강조한다. 또한 다음의 네 가지를 가르치고 있다고 경전은 말한다. 즉 첫째 여래의 일체법, 둘째 여래의 자재한 신통력, 셋째 여래의 비밀한 법장(法藏), 넷째 여래의 깊은 일이다.

이에 대해 길장은 다음과 같이 상세한 설명을 더하고 있다. 여래의 일체법이란 중생들을 위해 수레[乘]의 방편과 진실을 구분한 것이다. 즉 일승과 삼승으로 구분해 설명한 것이다. 여래의 자재한 신통력이란 몸의 방편과 진실을 구분해 장점과 단점에 따라 적절하게 교화하는 것을 말한다. 즉 여래의 본신인 다보여래가 중생을 교화하기 위해 무수한 분신을 나타내는 일이다. 여래의 비밀한 법장이란 방편의 가르침과 진실한 가르침을 잘 활용하되 두루 미치지 않음이 없는 것을 핵심적인 요체로 삼되, 예전에는 아직 설한 적이 없기 때문에 비밀이라 한 것이다. 여래의 깊은 일이란 5승의 사람들에게 성불의 수기를 주기 때문에 깊고 깊은 일이라 한다. 여기서 5승이란 성문중생, 연각중생, 보살중생, 유성(有性)중생, 무성(無性)중생을 지칭한다.

「여래신력품」 산문 부분의 끝에서는 탑을 조성하라고 강조한다.

"이 경전이 있는 곳은 동산이거나 산림 속이거나 나무 아래이거나 승방이거나 서민의 집이거나 전당, 산골이나 들판일지라도 마땅히 그곳에 탑을 쌓을 것이니, 왜냐하면 이곳은 모두 도량으로서 여러 부처님께서 이곳에서 아누다라삼먁삼보리를 얻으시며, 또 여러 부처님들께서 이곳에서 열반하시기 때문이니라."

이러한 가르침은 도량이 따로 있는 것이 아니라 지금 있는 곳에서 진실하게 수행하면 그곳이 법신의 상주처요 도량이라는 것을 의미한다. 인용 부분에서 탑이란 경전을 넣은 탑인 챠이트야(caitya : 경탑)를 지칭하며, 경전의 내용을 마음으로 새기면 그 내용이 각각 개개인의 머릿속에 들어가 있는 것이므로 각각의 당사자가 바로 경전의 탑이 된다고 보는 것이다. 그런 점을 고려하면 인용문에서 말하는 탑은 형상화된 탑을 말하는 것은 아니다.

규기는 이 부분에 대해 수희공양을 권하는 것으로 해석하고 법신의 미묘한 도리가 이 속에 들어 있기 때문이라 본다. 따라서 '도를 쌓는 곳을 도량이라 말한다. 도를 이룬 곳, 깨달음을 얻은 곳, 설법하는 곳, 열반처 등은 모두 도량이다'라고 풀이한다. 이러한 해석에는 지금 내가 서 있는 곳을 떠나 별도의 도량이 있을 수 없다는, 규기 자신의 현실 중시의 의식이 잘 반영되어 있다. 정토나 불국토는 지금 현재 내가 서 있는 곳에 있어야만 한다는 것이다.

천태 지의는 이 부분을 별부촉으로 해석하고 상세하게 설명하고 있다. 『법화문구』권10의 하에서 부처님의 입멸 이후 부촉을 네 단계로 구분하여 설명한다.

첫째, 칭탄(稱歎)부촉은 '그때 부처님께서 상행 등의 보살대중에게 말씀하셨다'에서 '이 경전의 공덕을 다 설명할 수 없느니라'까지이다.

둘째, 결요(結要)부촉은 '중요한 것만 말하면'에서 '모두 이 경전에서 선설하여 펼쳐보였느니라'까지이다. 신통력의 핵심 네 가지를 설한 부분이다.

셋째, 권장부촉은 '그러므로 너희는 여래의 멸후'부터 '그곳에 모두 탑을 세워 공양해야만 한다'까지이다.

넷째, 석(釋)부촉은 '왜냐하면 마땅히 알아야만 한다'에서 '모든 부처님께서 이곳에서 열반하시기 때문이다'까지이다.

제22 촉루품 囑累品

『법화경』을 알리는 공덕

「촉루품(囑累品)」은 『법화경』이 끝나고 있다는 것을 의미하는 부분이다. 일반적으로 촉루품의 내용은 경전을 널리 전파해 달라고 제자들에게 부탁하는 것이며, 『법화경』의 촉루품 역시 대체적으로 그러한 형식에서 벗어나지 않는다. 다만 부촉이란 말 대신 촉루라는 말을 사용하고 있는데 특별한 의미는 없다. 여기서는 우선 이 단어의 의미를 간략하게 살펴보기로 한다.

촉루(囑累)라고 하거나 부촉이라 하는 것은 위촉(委囑)한다는 의미를 지니고 있다. 부처님께서 당신의 입멸 이후에 당신의 가르침을 세상에 널리 전파시켜야 한다는 사명을 제자들에게 부탁하는 것이다. 이런 점에서 천태 지의는 촉루라고 할 때의 촉(囑)은 부처님께서 부촉하는 것이고, 루(累)란 선전하는 것이라 해석한다.

"성스러운 취지에서 얻어진 이름이기 때문에 촉루라고 한다. 촉은 부촉을 머리를 조아려 받는 것이며, 루는 달게 받되 근심하지 않는 것이다. 보살이 경순(敬順)하여 얻은 이름이기 때문에 촉루라고 한다. 또한 촉은 여래의 금구(金口)로 부촉한 것이며, 루는 보살이 단심(丹心)으로 받아들이는 것이다. 주고받는 것을 함께 논하는 것이기 때문에 촉루품이라 한다(『법화문구』)."

이상의 인용문은 주체와 대상을 분리해서 보는 것이 아니라 상호 관계성 속에서 해석하는 것이 특징이다.

길장은 『법화의소』에서 촉루에 두 가지가 있다고 말한다. 첫째, 법을 사람에게 부탁하는 것인데 대승의 미묘한 법을 모든 보살들에게 부촉하는 것이다. 둘째, 사람을 사람에게 부탁하는 것인데 이세(二世)의 중생을 사의(四依)의 보살에게 부탁하는 것이다. 말하자면 『금강반야론』에서 아직 근기가 성숙하지 않은 보살을 근기가 성숙한 보살에게 부탁하는 것과 같은 이치다. 『대지도론』에 의하면 반야는 비밀법이 아니므로 성문에게 부촉하며, 법화는 비밀법이기 때문에 보살에게 부촉한다고 설명한다.

「촉루품」은 「여래신력품」에 이어서 『법화경』의 선전을 부촉하고 있지만 내용적으로는 약간의 차이가 있다. 「여래신력품」은 지용보살을 대상으로 부촉하고 있는데, 이 지용보살은 본화(本化)의 보살이다. 반면에 「촉루품」은 적화(迹化)의 보살과 모임에 참석한 모든 대중에게 공동으로 부촉하고 있다. 그런 점에서 총부촉이라 부르기도 한다.

이상에서 언급한 적화의 보살이란 본화의 보살과 대비되는 것이며, 석가모니부처님의 교화를 받은 보살들을 지칭하는 단어이다. 『법화경』

에 한정해서 석가모니부처님을 살펴보자면 중심이 되는 부처가 아니라 작용의 부처이기 때문에 적불(迹佛)이라 한다.

천태 지의의 해설에 따르면 전체적인 내용은 크게 두 부분으로 구분할 수 있다. 첫째는 부촉을 설하는 부분이다. 둘째는 참석한 대중이 기뻐하는 부분이다. 여기서 부촉에 관한 부분은 다시 여래의 부촉, 보살들이 받아들임, 일이 끝나자 본래의 나라로 각자 돌아가는 것 등으로 세분할 수 있다. 또한 여래의 부촉을 정부촉(正咐囑), 석부촉(釋咐囑), 계부촉(誡咐囑)으로 분류하기도 한다.

정부촉이란 부처님께서 보살들에게 직접 부촉한 것을 말한다. 즉 '나는 한량없고 가이없는 백천만억 아승지겁에 이 얻기 어려운 아누다라삼먁삼보리를 닦고 익혀서 지금 너희들에게 부촉하나니, 너희들은 이 법을 받아 지니고 읽고 외우며, 널리 설하여 일체중생들이 듣고 알게 하라'고 하는 구절까지를 말한다.

석부촉이란 깨달음의 가르침인 『법화경』을 부촉하는 이유에 대해 밝히고 있는 부분이다. 즉 '왜냐하면'부터 '여래는 일체중생의 위대한 시주이니 여래의 법에 따라 배우되 아끼거나 인색한 마음을 내지 말지니라' 하는 부분까지이다.

계부촉(誡咐囑)이란 부처님께서는 미래세의 중생들을 위해 이 경전을 설하며, 사람들이 부처님의 지혜를 얻을 수 있게 하라고 보살들에게 당부하는 부분이다. 즉 '앞으로 오는 세상에 어떤 선남자 선여인'부터 '여러 부처님의 은혜를 갚는 것이니라' 까지의 부분이다.

또한 천태 지의는 이 품의 핵심 구절을 4실단으로 풀이한다.

"내가 한량없는 백천만억 아승지겁에 이 얻기 어려운 아누다라삼먁삼보리를 닦고 익혀 지금 너희에게 부촉하나니, 너희는 마땅히 일심으로 이 법을 유포시켜 더욱 늘어나게 하고 이롭게 하여라."

이상의 인용문에서 '내가'에서 '부촉한다'까지는 삼세로 이어지는 법의 계승을 말한다는 점에서 세계실단으로 본다. '일심으로 유포시켜야 한다'는 것은 위인실단이라 말한다. 또한 '더욱 늘어나게 한다'는 것은 대치실단이며, '이롭게 한다'는 것은 일승의 진실한 모습을 깨달아 이롭게 한다는 의미에서 제일의실단으로 본다. 천태는 사실단(四悉檀)을 통해 다양한 중생들을 구제할 수 있다고 생각했다. 사실단은 본래 다양한 교설들의 논리적 모순을 해결하고 교리체계의 질서를 확립하기 위해 구상된 것이다. 그것이 천태의 입장에서는 중생을 교화하거나 현상을 설명하는 다양한 교설의 방법으로 이해되고 있었던 것이다.

「촉루품」에서 부촉에 대한 설명을 하는 문장 중에 다음과 같은 구절이 있다.

"중생들에게 부처의 지혜와 여래의 지혜와 자연의 지혜를 능히 주기 때문에 여래는 일체중생의 위대한 시주이다."

이상의 인용문에 언급되고 있는 부처의 지혜, 여래의 지혜, 자연의 지혜에 대한 의미상의 구별은 분명하지가 않다. 중국의 주석가들도 각각 다른 해석을 하고 있다. 즉 천태 지의는 『법화문구』에서 '부처의 지혜를 일체지(一切智)로, 여래의 지혜를 도종지(道種智)로, 자연의 지혜를 일체

종지(一切種智)'로 해석하고 있다. 규기는 『법화현찬』에서 '부처의 지혜를 일체종지로, 여래의 지혜를 일체지로 간주하고 있으며, 이 두 가지 지혜는 스승이 없이 얻어지는 지혜이므로 자연지라 한다' 고 풀이한다. 길장은 『법화의소』에서 '부처의 지혜는 유혜(有慧)를 비추는 것이고, 여래의 지혜는 공혜(空慧)를 비추는 것이며, 자연의 지혜는 공과 유 두 가지를 걸림없이 알 수 있는 것이다. 따라서 공용(功用)이 없는 지혜' 라고 풀이한다. 삼론종의 대가답게 공가중(空假中)의 입장에서 해석하고 있다.

천태나 길장 등 법화사상가의 해석은 각각의 견해를 밝힌 것이며, 어느 하나만이 옳다고 할 수 없다. 다만 범어본에 의거해 해석하면 '부처의 지혜를 주고, 여래의 지혜나 자신에게 내재하는 지혜를 주는 자이다' 라 되어 있기 때문에, 부처님의 위대한 지혜를 강조하기 위해서 동일한 내용을 반복해서 표현한 것이 아닌가 생각한다. 그렇게 본다면 세 가지의 지혜를 구분하는 것은 작용상의 구분이며, 본질적인 차이를 설명하는 것은 아니라고 말할 수 있다.

또한 경전의 선전과 수지 독송을 강조하기 위해 다음과 같이 말한다.

"어떤 중생이 이 경전을 믿지 않고 수지하지 않으면 여래의 깊고 미묘한 다른 법 가운데서 보이고 가르치고 이롭게 하고 기쁘게[示敎利喜]할지니라. 만일 너희가 이와 같이 한다면 이것이 바로 모든 부처님의 은혜를 갚는 것이니라."

『법화경』을 널리 알려 중생들을 이롭게 하는 것이 부처님의 은혜를 갚는 것이란 표현은 이성적 종교인 불교의 모습을 잘 보여주고 있다. 왜냐하면 전법의 목적이 이기적이고 배타적인 집단의 이익을 추구하기 위한 것이 아니라 전 중생의 이익과 기쁨을 위한 것이기 때문이다. 이것이 바로 시교이희이며, 전도선언의 내용을 압축적으로 잘 표현하고 있다.

부촉이 끝나고 '부처님의 분부를 잘 받들어 실천하겠다'는 보살들의 다짐이 끝나자 석가모니부처님은 그 자리에 있던 분신보살들과 다보불탑에게 각각 본래의 불국토로 돌아가라고 당부한다. 이에 수많은 분신의 부처와 다보여래, 그리고 상행 등의 보살, 사리불 등의 성문, 사부대중, 일체 세간의 8부중 등이 함께 기뻐하게 된다.

마지막에서 눈여겨보아야 할 것은 부처님의 부촉을 받고 모두 본래의 불국토나 본래의 자리로 되돌아간다는 점이다. 법을 널리 알린다는 것은 내가 서 있는 이 자리에서 시작해야 한다. 내가 서 있는 도량을 아름답게 장엄하지 못한다면 결코 부처님의 부촉을 받드는 것이라 말할 수 없다. 그런 차원에서 법회가 끝나자 본래의 자리로 되돌아가라고 부촉한 것이며, 이것은 각자 서 있는 본래의 자리에서 시교이희할 수 있도록 노력하라는 가르침으로 받아들일 수 있다. 범위를 좁혀 해석하자면 부촉이란 현재 각자가 서 있는 그 자리에서 경전의 가르침을 실천궁행하는 것이기도 하다.

제23 약왕보살본사품

藥王菩薩本事品

소신공양에 대하여

『법화경』「약왕보살본사품(藥王菩薩本事品)」에서 가장 중요하고, 유명한 내용은 소신공양이다. 내용이 경이로울 뿐만 아니라 역사상의 영향 또한 지대하다. 최근까지 동북아 불교국가에서 시행된 소신공양은 그 형태가 어떠한 것이든 드높은 수행의 표상으로 알려졌고, 여전히 많은 스님들이 소신공양을 하고 있다.

소신공양은 그 내용에 따라 손가락을 태우는 소지공양, 팔을 태워 공양하는 연비(燒臂)공양, 육신 전체를 불태워 공양하는 소신(燒身)공양으로 구분할 수 있다. 어느 것이나 육신의 일부, 혹은 전체를 태운다는 점에서 소신공양이란 말로 통칭한다.

경전에 의하면 다른 어떠한 공양보다도 자신의 몸을 태워 부처님께 공양하는 것이 최상의 공양이라 강조하는데, 내용은 다음과 같다.

1. 몸으로 공양하는 것만 같지 못하리라 하고, 곧 여러 가지 전단,

훈륙, 도루바의 향과 필력가, 침수, 교향 등을 먹고, 또 1천2백 년 동안 첨복 등의 꽃 향유를 마시며, 또 몸에 바르고 일월정명 덕부처님 앞에서 하늘 보배 옷으로 스스로의 몸을 감고, 거기에 향유를 부어 적신 뒤 신통력의 발원으로 몸을 태우니, 그 광명이 80억 항하의 모래 같은 세계를 두루 비추었느니라

2. 백복으로 장엄한 팔을 팔만사천 탑 앞에서 태워 7만2천 년 동안을 공양하고

3. 발심하여 아누다라삼먁삼보리를 얻으려면 손가락이나 발가락 하나를 태워서 부처님의 탑에 공양할지니, 이렇게 하면 국토나 처자나 또는 삼천 국토의 산, 숲, 하천, 못 등과 여러 가지 보배나 진귀한 물건으로 공양하는 것보다 나으니라

이상에서 인용문을 세 가지로 나누어 예시했는데, 1은 전신을 태우는 것이며, 2는 팔을 태우는 것이며, 3은 손가락이나 발가락을 태워 공양하는 것이다. 이러한 경전의 내용이 소개되자 많은 불교도들은 직접 소신공양을 실천하고자 했다.『홍찬법화전』에는 소신공양을 한 12명의 신도 이야기가 나온다.『경덕전등록』권27에 나오는 부흡(傅翕)은 그의 나이 52세 때인 548년에 소신공양했다. 이에 그의 제자들 역시 그를 따라서 소신공양을 하고자 하는 사람이 많았다. 팔을 태운 사람, 손가락을 태운 사람, 코를 벤 사람, 귀를 자른 사람이 20명이며, 3일간 금식하고 재계한 사람이 15명, 자신의 몸을 팔아 공양한 사람이 20명이었다고 한다. 부흡의 장자 보건도 597년 소신공양했다. 기타『고승전』제12 망신편(亡身編)과『속고승전』제27 견신편(遣身編) 등에 소신공양에 대한 기록이 나온다.

그러나 '소신공양이 계율과 어긋나는 것이 아닌가?' 하는 의문은 일찍부터 있었다. 당나라 초기에 활동한 삼론종의 길장도 그러한 사람 중 한 명이었다. 그는 다음과 같이 자문자답한다.

"비니결계(毘尼結戒)에 의거하면 소신(燒身)은 투란차죄를 얻고, 연비(燒臂)는 돌길라죄를 얻는다. 그렇다면 소신공양을 하는 보살은 죄를 범하는 것이 아닌가?(『법화의소』)"

인용문에 나오는 투란차는 바라이죄나 승잔죄를 얻는 것이며, 돌길라는 이부정, 백중학, 칠멸정에 해당하는 죄이다. 이후 보다 명확하게 반대 의견을 표명한 스님으로 의정(義淨)이 있다. 당나라 때 의정은 『남해기귀내법전』권4에서 소신공양은 불교의 교리에 어긋나는 것이라 비판한다. 자신의 몸을 불살라 공양한다는 숭고한 종교적 행위를 떠나 초기불교의 생명존중사상이나 율장의 정신과 정면으로 배치된다는 점에서 문제가 아닐 수 없다.

『법화경』「약왕보살본사품」에 나오는 소신공양과 관련된 구절들을 분석하면 소신공양을 논리적으로 설명하는 것이 불가능하다. 소신공양에 관한 설법이 사고나 논리의 영역을 초월해 있으며, 전반부의 설명과 후반부로 이어지는 문장 역시 논리적인 정합성이 없다. 따라서 이 설법의 상징성이 무엇인가를 세밀하게 탐색해야 한다고 보며, 다음의 내용을 주목할 필요가 있다.

첫째, 소신공양을 하며 일어난 불꽃을 통해, 그 광명으로 80억 항하의 모래 같은 세계를 두루 비추었다.

둘째, (소신공양하는) 그 몸이 1천2백 년 동안을 탄 뒤에야 몸이 다 타 버렸느니라.

셋째, 일월정명덕불이 7만2천 년 동안 팔을 태워 공양하여 일체의 대중이 아누다라삼먁삼보리의 마음을 내게 했다.

넷째, 대중 가운데서 맹세하기를 '내가 두 팔을 버렸지만 반드시 부처님의 금색의 몸을 얻으리라. 만일 나의 이런 서원이 참되고 헛되지 않다면 나의 이 두 팔은 예전처럼 회복되리라'고 하자 과연 옛날처럼 회복되었다.

다섯째, "일체중생희견보살이 어찌 다른 사람이겠느냐? 지금의 약왕보살이 바로 그이니라. 그가 이렇게 몸을 버려 보시한 것은 이와 같이 한량없는 백천만억나유타이니라."

인용문의 내용을 살펴보면 자신을 불태워 세상을 밝히는 등불이 되겠다고 하거나 그렇게 하기 위해 자신의 몸을 1천2백 년 동안 태웠다고 한다. 또한 소신공양의 서원이 진실했으므로 두 팔을 태웠지만 다시 이전 상태로 회복되었다고도 한다. 시간과 공간개념을 초월해 있는 것이다. 여기서 우리는 법화행자들이 『법화경』의 가르침에 따라 일체중생을 이롭고 안락하도록 헌신적으로 노력하는 것을 생각할 수 있다. 그러한 사상의 연장 선상에서 약왕보살이 등장하기 때문이다.

『법화경』「권지품」에 등장하는 약왕보살은 전생에 부처님을 길러준 마하파세파티이며, 마하파사파제의 전생이 일체중생희견보살이다. 그런데 「권지품」에서는 부처님께서 입멸한 뒤 중생들의 선근이 감소하고,

증상만이 많은 악세에 나타나므로 신명을 바쳐 불법을 지키는 보살로 묘사된다. 「약왕보살본사품」에 오면 약왕보살은 사신(捨身)이란 고행을 통해 불법을 호지하고 홍포하는 보살이 되며, 「묘음보살품」과 「다라니품」에서는 설법자, 즉 법사를 수호하기 위해 다라니를 설하는 보살 중의 으뜸이 된다. 「묘장엄왕본사품」에서는 약왕보살이 본래 선지식이란 것을 화제로 삼고 있다.

약왕보살이란 부처님이 일체중생을 위해 헌신하는 것을 의사에 비유한 점에서 「여래수량품」에 나오는 훌륭한 의사[良醫]의 비유와도 상통한다. 이상과 같이 『법화경』에 등장하는 약왕보살의 모습은 다양하지만 그것은 다름 아닌 중생을 구제하고자 하는 염원의 표현이며, 중생의 소원이 다르므로 그들에게 접근하는 방법도 다를 수밖에 없었던 것이다.

이러한 내용을 상징적으로 표현하는 것은 약왕보살의 전생 보살인 일체중생희견보살이 현일체색신삼매(現一切色身三昧)를 얻어 소신공양을 결행한다는 점이다. 일체중생희견보살의 이름은 '일체의 중생을 기쁘게 바라보는 보살' 이란 의미이다. 또한 현일체색신삼매란 중생과 감응도교(感應道交)하기 위해 등장하는 삼매의 이름이다. 중생들을 기쁘게 하려고, 혹은 중생들의 고뇌를 해결해 주기 위해 다종다양한 색신을 필요로 하는 경우 언제나 나타낼 수 있는 삼매이다. 이것은 시공을 초월해 있는 제불보살이 중생들과 감응하기 위해 구상된 삼매이며, 이런 점에서 천태 지의는 『법화경』 특유의 법화삼매를 「약왕보살본사품」에서 찾고자 했다.

중국의 대표적인 『법화경』 연구가들이 내린 소신공양의 상징성에 대한 해석은 다양하며, 일정하지 않다. 이들의 견해를 정리하면 대략 다음과 같다.

천태 지의는 약왕보살이 소신공양한 이유로 '일신(一身)을 버리고 양팔을 태운 것은 삶을 가벼이 여기고 법을 중시한 것이며, 목숨을 버려 도를 지킨 것'이라 해석한다. 이어서「약왕보살본사품」이하 다섯 품은 '위대한 법을 크게 홍포하고, 중생들이 커다란 이익을 얻도록 원하기 때문에 신력(神力)을 다하고 그 신명[形命]을 던지는 것'이라 하거나 혹은 '참다운 법공양이란 안으로 지관(智觀)을 운용하여 번뇌의 인과를 관찰하고, 공혜(空慧)를 써서 모두 제거하는 것'이라 보고, 태우는 주체나 대상이나 어느 것에도 사로잡히지 않는 실상을 체득해야 한다고 말한다.

길장은 소신공양을 부처님에 대한 보은(報恩)으로 해석하고 있다. '약왕이 신명재(身命財)로 보은하는 공양은 경전을 홍포하여 남을 이롭게 하고 중생을 교화하는 것'이라 말한다. 그는 보은공양을 현세공양과 전신(轉身)보은공양으로 나눈다. 현세보은공양에는 외재(外財)공양과 내신(內身)공양이 있는데 소신공양은 삼업(三業) 중에서 신업(身業)에 해당한다고 보았다. 전신공양은 불재세시(佛在世時)의 공양과 불멸후(佛滅後)의 공양으로 구분하며, 소신이나 소비(燒臂)공양은 불멸후의 공양으로 분류하고 있다. 그는 보살이 소신과 소비를 통해 착정(着情)을 깨뜨리기 때문에 염착심(染着心)을 일으키지 않는다고 말한다.

중국 법상종의 초석을 다진 규기는 소신공양을 다음과 같이 정의한다.

"약왕이 당시 모임 중에 있었다 하더라도 과거의 소신(燒身)과 연비(燃臂)를 말한 것은 스스로 고행을 실행해 정법을 유통시키고자 한 것이며, 당시의 모임을 이롭게 하고자 함이다(『법화현찬』)."

인용문에 이어서 규기는 불법을 공양하는 방법이 일곱 가지 있는데 그 중의 하나가 소신공양이라 보며, 이러한 소신공양에는 향유를 마시는 것과 연세(年歲)를 밝히는 것 내지 연신(燃身)의 세 가지가 있다고 본다. 또한 사리를 공양하는 방법 열 네 가지 중에 기탑(起塔)이 있는데 여기에 비련(悲戀)과 소신(燒身), 기탑의 세 가지가 해당된다고 해석하고 있다. 주목할 점은 탑을 세우는 것에 소신공양을 배정하고 있다는 점에서 물질적인 탑이 아니라 정신적인 탑을 상징하는 것으로 볼 수 있다.

이해를 돕고자 『지지론』에 나오는 열 가지의 공양을 소개한다. 즉 부처님의 몸을 공양하는 것인 신공양, 불탑을 공양하는 것인 지제(支提), 불신과 불탑 앞에서 공양하는 것인 현전(現前), 불신과 불탑의 앞이 아니더라도 널리 공양하는 불현전(不現前), 자신이 불신과 불탑을 직접 공양하는 자작(自作), 다른 사람들이 부지런히 불신과 불탑을 공양하게 하는 타작(他作), 물건을 공양하는 것인 재물. 여기에는 자구공양, 경구공양, 장엄구공양의 세 가지가 있다. 수승한 마음가짐을 공양하는 승심(勝心)에는 바르게 이해하는 마음, 순수하고 진실한 마음, 회향하는 마음의 세 가지가 있다. 물들지 않은 마음을 공양하는 것인 무염(無染)에는 마음이 오염되지 않아 일체의 허물을 여의는 것과 재물에 오염된 것이 없어서 온당하지 않은 재물을 여의는 것이 있다. 끝으로 지처도 공양이 있는데 여기에는 재공양, 수희공양, 수행공양이 해당한다.

열 가지 찬양과 수지의 공덕

소신공양의 이야기를 마치면 『법화경』을 수지하는 공덕이 다른 어떠한 공덕보다도 크다는 점을 강조하며, 이어서 『법화경』을 열 가지의 비유를 들어 찬양한다. 모두가 경전의 위대함을 나타내는 것이다. 그 내용을 일별하면 다음과 같다.

첫째, 냇물이나 강물 등에서 바다가 제일이듯이 『법화경』도 여래가 설한 가르침 중에서 가장 깊고 위대하다.

둘째, 토산, 흑산, 소철위산, 십보산 등의 여러 가지 산 중에서 수미산이 제일이듯이 『법화경』이 모든 경전 가운데서 최고이다. 여기서 토산이란 흙으로 이루어진 산이다. 흑산이란 검은 산이며, 철위산이란 『구사론』11 「분별세품」에 의하면 불교의 우주관 중에서 금륜의 가장 바깥에 있으면서 철로 이루어진 산이며, 이것이 세계 전체를 둘러싸고 있다고 한다. 십보산이란 『화엄경』 「십지품」에 의하면 설산, 향산, 가리라산, 선성산, 유건다라산, 마이산, 니민다라산, 연가라산, 숙혜산, 수미산을 말하는데 모두 상상 속의 산이다.

셋째, 모든 별 중에서 달이 제일이듯이 『법화경』 역시 일체의 경전 가르침 속에서 가장 밝게 비추어 주는 것이다.

넷째, 태양이 일체의 어둠을 제거하듯이 『법화경』 역시 일체의 불선(不善)의 어둠을 깨뜨릴 수 있다.

다섯째, 일체의 작은 왕들 속에서 전륜성왕이 제일이듯이 『법화경』도 모든 경전 중에서 가장 존귀하다.

여섯째, 제석천이 33천 중에서 으뜸이듯이 『법화경』도 모든 경전 중에서 으뜸이다.

일곱째, 대범천왕이 일체중생의 아버지이듯이 『법화경』 역시 일체의 현자(불교를 수행하는 자들 가운데서 범부의 단계에 있는 자를 지칭), 성인(범부의 단계에서 나아가 진리의 일부분을 깨달은 성자를 지칭), 학인(아직 배워야 할 것이 남아 있는 단계를 말하며, 아라한의 이전의 수행자), 무학인(수행을 완성했거나 더는 배워야 할 것이 남아 있지 않은 아라한을 말한다), 발보리심자(비로소 발심하여 수행하고자 하는 사람)의 아버지이다.

여덟째, 일체의 범부들 중에서 수다원, 사다함, 아나함, 아라한, 벽지불이 제일이듯이 『법화경』도 여래가 설했든 보살이 설했든 성문이 설했든 모든 경전의 가르침 중에서 가장 훌륭하다. 이 경전을 수지할 수 있는 자가 있다면 이 역시 마찬가지로 일체중생 중에서 제일이다.

아홉째, 일체의 성문, 벽지불 중에서 보살이 제일이듯이 『법화경』도 일체 모든 경전의 가르침 중에서 제일이다.

열째, 부처님은 모든 진리의 임금[法王]이듯이 『법화경』도 모든 경전

중의 임금이다.

  이상의 설명이 끝나자 『법화경』이 지니는 불가사의한 공덕에 대해 열두 가지의 비유를 들어 설명한다. 『법화경』을 수지하면 얻을 수 있는 공덕들이기 때문에 경전의 수지를 권장하는 내용이라 말할 수 있다. 즉 맑고 시원한 연못이 목마른 사람들을 만족시켜 주는 것과 같다. 추위에 떨던 사람이 불을 만난 것과 같다. 헐벗은 이가 옷을 얻은 것과 같다. 상인이 물건 살 사람을 만난 것과 같다. 자식이 어머니를 만난 것과 같다. 나루터에서 배를 만난 것과 같다. 병자가 의사를 만난 것과 같다. 어두운 밤에 등불을 만난 것과 같다. 가난한 사람이 보배를 만난 것과 같다. 백성들이 현명한 군주를 만난 것과 같다. 행상이 바다를 만난 것과 같다. 횃불이 어둠을 제거하는 것과 같다. 이상의 열두 가지 중에서 '행상이 바다를 만난 것과 같다'는 것은 해상무역에 종사하던 무역업자들이 바다가 없으면 움직일 수 없다는 절박한 상황을 비유적으로 설명한 것이다.

  열 가지의 찬양과 열두 가지의 비유로 『법화경』의 위대한 공덕을 설명한 뒤에 다음과 같이 설법한다.

  "『법화경』은 중생들의 모든 고통과 일체의 질병을 여의게 하며, 능히 모든 생사의 속박에서 벗어나게 하느니라. 그러므로 만일 어떤 사람이 이 『법화경』을 듣고 스스로 쓰거나 다른 사람을 시켜 쓰면, 그가 얻는 공덕은 너무나 많아 부처님의 지혜로도 그 많고 적음을 헤아려 알 수 없다."

  인용문처럼 수지, 독송으로 발생하는 공덕이 헤아릴 수 없이 많다고 강조한 뒤에 돌연 「약왕보살본사품」을 들으면 한량없는 공덕을 얻을 수 있다고 말한다. 특징적인 내용은 두 가지로 요약할 수 있다. 첫째 「약왕보살본사품」을 듣는 여인은 다시는 여인의 몸으로 태어나지 않는다. 둘째 여래께서 멸도한 뒤 5백 년이 되어 어떤 여인이 이 경전을 듣고 가르침대로 수행하면 죽어 극락세계의 아미타불이 계신 곳에 태어나게 된다.

설법의 핵심은 여성과 정토에 관한 문제이다. 그런데 「약왕보살본사품」 서두에서 약왕보살의 전생인 일월정명덕부처님의 국토에는 여성, 지옥, 아귀, 축생, 아수라 등과 기타 여러 가지 어려운 일이 없다고 강조한다. 뿐만 아니라 「오백제자수기품」에서는 부루나가 성불했을 때 건립하게 되는 국토에 여성이 없다고 묘사되어 있으며, 「제바달다품」에서는 8세의 용녀가 변성성불(變性成佛)하는 모습을 연출하고 있다. 그런데 「약왕보살본사품」에서는 여인의 몸으로 다시 태어나는 일이 없다고 하거나 여성의 몸으로 극락정토에 태어날 수 있다고 말한다.

여인의 성불 문제나 여성들의 인권에 관한 문제는 『법화경』만이 아니라 많은 경전에서 다양한 시각으로 표출되고 있다. 그렇지만 적어도 『법화경』은 여성들의 성불을 인정하고 있다. 수기를 준다든가 아니면 변성성불을 말한다든가 혹은 여인이 없다고 말한다. 여인이 없다는 것은 여성들의 실존적 고뇌가 소멸되었다는 것을 의미한다. 따라서 『무량수경』의 48대원 중에서 제35원인 '아미타정토에는 여인이 없다'고 하는 서원과 상통한다. 세친 논사의 『정토왕생론게』에서도 '정토에는 여인이 없다'고 말한다. 이러한 것은 적어도 남녀평등을 실현하고자 하는 불교도들의 염원과 의지가 반영되어 있는 것이라 본다. 왜냐하면 『아촉불국경』처럼 '아기를 낳는 고통이 없다'고 표현하는 경우도 있지만 『수능엄삼매경』이나 『유마경』처럼 공사상에 입각해 남녀를 차별하는 것은 미망에 불과한 것이라 말하기도 한다. 보다 진보적인 경전, 즉 여인들의 즉신성불(卽身成佛)을 넘어 『대보적경』처럼 보살행을 실천하는 데는 여성의 몸이 보다 유리하므로 일부러 여성의 몸을 받는다고도 가르친다. 이러한 각 경전의 내용을 감안하면 『법화경』의 여성관은 과도기적 성향을 보이는 것이 일반적이다. 그렇지만 분명한 것은 여성의 존재 그 자체를 존엄한 인격의 당체로 존중하고 있다는 점이다.

역시 주목할 내용은 『법화경』을 수지한 공덕으로 극락정토에 태어날 수 있다는 경전의 가르침이다. 정토사상은 본래 『법화경』과 계통을 달리하는 불교운동으로 파악되고 있다. 『법화경』 역시 부처님은 시공을 초월한 영원한 존재로 묘사하고 있지만 지구 이외에 정토가 있다고 강조하지는 않는다. 그럼에도 「약왕보살본사품」에서 여성의 문제와 정토사상이 결합하여 표명되고 있다는 점은 이 품이 후대에 『법화경』의 실천성과 대중성을 강조하기 위해 편입되었음을 암시하는 것이기도 하다. 혹은 법화행자들이 별도의 불교운동으로 전개되고 있던 정토신앙자들을 포용하기 위해 『법화경』에 편입시켰을 수도 있다. 이유야 여하튼 「약왕보살본사품」이 정토왕생신앙의 사상적 영향 속에서 『법화경』의 전파를 도모하고자 하는 의도를 내포한 것은 분명하다. 동시에 사회적 약자인 여성들을 대상으로 『법화경』의 전파를 도모하고 있다는 점에서 당시 불교운동가들의 사회의식을 엿볼 수 있다.

제24 묘음보살품
妙音菩薩品

현일체색신삼매와 34신의 시현

「묘음보살품(妙音菩薩品)」의 핵심은 크게 두 가지로 요약할 수 있다. 우선은 묘음보살이 현일체색신삼매를 얻어 일체중생을 이롭게 한다는 점이다. 또 하나는 34신(서른네 가지의 변화신)을 나타내어 다양한 중생들을 제도하는 것이다. 전체적인 줄거리가 이 두 가지를 중심으로 전개되고 있다.

먼저 경전에 의하면 품의 이름이 된 묘음보살은 과거세에 십만 가지의 재기와 음악[伎樂]으로 운뢰음왕부처님을 공양했기 때문에 미묘한 음성을 얻게 되었다고 하며, 길장은 이에 대해 옛날의 다른 경전에서는 사자후보살이라 불렀다고 말하고 있다. 왜냐하면 미묘한 소리로 사자후를 하게 되면 중생들이 듣기를 좋아했기 때문에 묘음(妙音)이라 불렀다고 하고, 소리는 진리를 표현할 수 있고 중생들을 굴복시킬 수 있기 때문에 사자후라 한다고 풀이한다.

규기 스님은 묘음을 풀이하면서 음(音)은 음성을 말하는 것이고, 묘

(妙)는 뛰어나다는 것을 의미한다고 말한다. 수행 중일 때는 음악을 잘 베풀어 부처님을 공양했으며, 깨달음을 완성한 다음에는 설법을 잘해서 중생을 이롭게 했기 때문에 그것은 행위와 공덕을 동시에 밝혀서 그 이름을 표방하는 것이며, 해서 묘음보살이라 부른다고 주장한다.

「묘음보살품」에 의하면 34신을 나타내어 중생을 제도하는 묘음보살의 보살행에 대해 화덕보살이 부처님께 다음과 같이 질문한다.

"세존이시여, 이 묘음보살은 깊이 선근을 심었습니다. 이 보살은 어떠한 삼매에 머물러 있기에 이와 같은 변화를 나타내어 중생을 제도하고 해탈시킬 수 있는 것입니까?"

이에 부처님께서 답했다.

"선남자여, 그 삼매의 이름은 현일체색신(現一切色身)이며, 묘음보살은 이 삼매 속에 머물러 있기에 한량없는 중생들을 이롭게 할 수 있느니라."

바로 묘음보살이 성취한 큰 신통력과 지혜의 힘은 바로 현일체색신삼매에서 나온다고 말할 수 있다.

길장은 이 점에 대해 다음과 같은 견해를 보이고 있다. 인행(因行)에 두 가지가 있는데 여러 가지 덕의 근본을 심는 것과 모든 부처님을 공양하는 것이다. 그 결과 얻어지는 공덕이 두 가지 있는데 깊고 미묘한 지혜를 성취하는 것과 일체의 삼매를 얻는 것이다. 나아가 묘음보살이 34신을 나타내어 중생을 제도하는 신통력은 지혜와 삼매에서 비롯된 것으로 본다. 신통력은 수행의 결과이며, 삼매는 보살의 행인(行因)이지만 삼매라는 행인이 있기 때문에 신통력을 나타낼 수 있다는 것이다.

경전에 의하면 묘음보살은 16종의 구체적인 삼매를 포함해 무수한 삼매를 얻었다고 말하고 있다. 묘당상삼매, 법화삼매, 정덕삼매, 수왕희삼매, 무연삼매, 지인삼매, 해일체중생어언삼매, 집일체공덕삼매, 청정삼매, 신통유희삼매, 혜거삼매, 장엄왕삼매, 정광명삼매, 정장삼매, 불공삼매, 일선삼매 등이다. 이러한 삼매에 대해 천태는 특별한 해설을 보여주지 않지만 길장과 규기는 각각 설명을 더하고 있다. 여기서는 길장의 해설에 의거해 이들 삼매가 지니는 각각의 성격을 소개한다.

묘당상삼매는 삼매 중에서 가장 뛰어난 것이며, 이 삼매에 들어가면 장군이 깃발을 얻어 자신의 위대한 모습을 표현하는 것과 같다. 법화삼매는 나무의 꽃이 피어서 나무를 장식하는 것과 같으며, 이 삼매를 얻으면 모든 삼매 중에서 공덕의 꽃을 얻어 스스로 장엄하는 것이다. 『법화경』에 따라 해석하면 삼승과 일승에 자유자재하고 장점과 단점에 구애받지 않는 것이다. 정덕삼매는 일체의 삼매를 청정하게 하는 것이다. 마치 돌을 태워 쇠를 단련하면 쇠가 청정해지는 것과 같다. 무연(無緣)삼매는 멸진정(滅盡定)을 말하며, 이 삼매를 얻으면 삼수(三受) 중에서 삼독의 인연을 일으키지 않는다. 수왕희삼매란 일체의 삼매에 달관하여 자유자재하기 때문에 희비애결희(戲非愛結戲: 즐기되 애착하지 않고 즐거움을 마무리하는 것)이라 부른다. 이에 대해 규기는 보다 상세한 해설을 하고 있다. 즉 수는 별의 모습을 말하고, 왕은 자유자재함을 말하며, 희는 유락(遊樂)을 말한다. 자유자재함을 얻어 여러 가지 모습을 보이는 것이 마치 별들이 항상 유희에 빠져 중생을 이롭게 하는 것과 같다. 지인삼매란 반야가 지혜(智)이고, 삼매에 상응하는 것이 인(印)이다. 사람이 안

온한 나라에 들어가려면 허가장이 있어야 들어갈 수 있으며, 사인이 없으면 들어갈 수 없는 것과 같다. 보살이 이 삼매를 얻으면 실상에 들어갈 수 있다. 해일체중생어언삼매란 이 삼매를 얻으면 모든 중생들의 언어를 이해하고 설법을 하는 것이다. 집일체공덕삼매란 이 삼매를 얻으면 보살의 공덕이 모두 구족되는 것이다. 청정삼매란 여의주가 있으면 일체의 허물을 정화할 수 있는 것과 같은 것이다. 이 삼매는 일체 삼매의 티끌을 정화할 수 있다. 번뇌의 티끌은 치료하기 쉽지만 삼매의 티끌은 끊기 어렵다. 신통유희삼매에 들어가면 팔상(八相)으로 성도할 수 있다. 혜거삼매란 횃불을 집고 밤길을 가면 험한 곳에 빠지지 않는 것과 같은 것이다. 규기는 이 삼매에 대해 '진제와 속제의 일체 경계를 비추어 밝히기 때문'이라 풀이하고 있다. 삼론가와 법상가의 해석이 뒤바뀐 느낌을 주고 있다. 장엄왕삼매란 항하사와 같은 국토가 모두 7보로 부처님의 처소를 장엄하는 가운데서 이 삼매를 얻으며, 일시에 일체의 공덕을 장엄할 수 있는 것과 같다. 또한 이 장엄을 관찰하면 공이요 무소유이며, 공과 유의 두 가지 장엄에서 자유자재함을 얻으므로 왕이라 부르는 것이다. 정광명왕삼매란 이 삼매에 들어가면 광명을 내비치어 일체중생의 마음에 청정함을 얻게 하는 것이다. 정장삼매란 이 삼매에 들어가면 모든 공덕의 창고를 정화시킬 수 있다. 불공삼매란 2승을 구분하지 않는 것이다. 반면에 규기는 이 삼매에 대해 2승과 함께 얻을 수 없는 삼매로 풀이하고 있다. 일선삼매란 태양이 승천하여 일체중생을 비추되 골고루 비추고는 다시 시작하는 것과 같은 것이다. 다른 경전에서는 일륜삼매라 불렀다.

이상에서 길장의 해설에 의거해 설명한 16종의 삼매는 삼매의 기능과 역할에 따라 제각기 다르게 붙여진 이름이라 말할 수 있다. 경전에서는 이들 이외에도 무수한 삼매가 있으며, 그것을 응용해 현일체색신삼매가 완성된다고 말한다. 그렇게 본다면 현일체색신삼매는 특정한 기능의 삼매를 지칭하는 것이 아니라 중생을 교화하기 위해 활용되는 일체의 삼매를 통칭하는 것이라 말할 수 있다. 다만 길장은 비록 공한 것이지만 있는 것처럼 생각과 의지에 따라 자유자재하며 곳곳에서 화신을 나타내는 것을 보현색신삼매, 즉 현일체색신삼매라 해석하고, 삼승과 일승의 개회(開會)에 집착하지 않는 것이 법화삼매라고 하여 그 특징을 구분한다.

「묘음보살품」은 묘음보살이 현일체색신삼매의 힘에 의해 다양한 중생들을 구제한다는 내용을 설하고 있다. 경전에 나타난 34신의 내용을 살펴보면 매우 다양하며, 인간의 범주를 넘어 다양한 존재의 모습을 보여주고 있다. 이것은 뒤에 나오는 「관세음보살보문품」의 33신과 동일한 유형이며, 보살의 실천행은 생물학적인 종의 차이를 초월해 있다는 점을 나타낸다. 대승불교의 사상적 꽃이라 말할 수 있는 이류중행(異類中行)의 전형을 보여주는 것이다. 이들의 구체적인 내용은 다음과 같다.

범왕의 몸, 제석의 몸, 자재천의 몸, 대자재천의 몸, 천대장군의 몸, 비사문천왕의 몸, 전륜성왕의 몸, 각종 소왕의 몸, 장자의 몸, 거사의 몸, 재관의 몸, 바라문의 몸, 비구의 몸, 비구니의 몸, 우바새의 몸, 우바이의 몸, 장자 부인의 몸, 거사 부인의 몸, 재관 부녀자의 몸, 바라문 부녀자의 몸, 동남의 몸, 동녀의 몸, 천신의 몸, 용의 몸, 야차의 몸, 건달바의 몸, 아수라의 몸, 가루라의 몸, 긴나라의 몸, 마후라가의 몸, 인비인의 몸, 모든 지옥의 몸, 아귀·축생·후궁의 몸 등이다.

제25 관세음보살보문품

觀世音菩薩普門品

관음신앙의 연원과 종교학적 의의

　불교에서 관음신앙이 언제부터 중요시되었는지 명확하게 밝혀진 것이 없다. 다만 『법화경』의 「관세음보살보문품(觀世音菩薩普門品)」이 성립된 것은 대략 기원후 2세기 무렵이며, 서북인도에서 성립된 것으로 추정한다. 관세음보살 자체의 기원은 서북인도에서 당시 유행하고 있었던 이란 종교의 여신인 아나아히타아로 생각되지만 발생 당시의 관세음보살은 현세를 이롭게 하는 보살로 숭배되었다고 본다.

　또한 「관세음보살보문품」이 현재와 같은 형태로 완성된 것은 601년 번역된 『첨품묘법연화경』 이후의 일로 본다. 왜냐하면 『정법화경』의 「광세음보문품(光世音普門品)」에는 산문만 있고 현재와 같은 게송은 보이지 않기 때문이다. 학자들의 연구에 의하면 406년 구마라집이 번역한 『묘법연화경』에도 본래 게송이 없었던 것으로 밝혀져 있다. 현재 유통되고 있는 라집본 『묘법연화경』의 「관세음보살보문품」은 『첨품묘법연화경』이 등장한 뒤에 이를 참고하여 교정, 보완한 것이다.

관세음보살은 처음 인도의 편잡 지역, 특히 인더스 강 하류지역의 민중들에 의해 숭배되었다고 간주되고 있으며, 그것이 간다라 지방을 비롯해 전인도에 보급된 것은 5세기 이후 굽타시대를 거쳐 8세기경의 파라왕조시대에 이르러 비로소 가능해졌다. 물론 그 이전에 중국에 관음신앙이 전래된다. 그것은 적어도 축법호가 『정법화경』을 번역한 서기 286년에는 이미 소개되었다고 볼 수 있기 때문이다.

관세음보살신앙이 언제 어디에서 시작되었는가를 명확하게 말할 수는 없지만 적어도 그 사상적 연원을 추정하는 것은 가능하다. 그것은 관세음보살을 지칭하는 범어에서 그 단서를 발견할 수 있다. 즉 관세음보살의 원어는 두 가지가 있는데 그것이 사상적 연원을 추정할 수 있는 실마리가 된다. 이들에 대해 간단하게 살펴보면 다음과 같다.

첫째는 관세음이란 말로 번역되는 아바로키타스바라(avalokita-svara)란 단어이다. 이 명칭 속에는 희랍적인 색채가 풍부하게 나타나 있으며, 서구인의 순음(脣音)에 따라 부르던 명칭으로 본다. 특히 관음신앙의 발생지로 보는 편잡 지방과 인더스 강 하류지역은 아리아인들이 이주했던 지역이다. 그들은 이곳에서 인도의 원주민들과 함께 관세음보살의 위덕과 신통력을 찬양하고 귀의했는데, 명칭 속에 그러한 영향이 나타나 있다는 것이다. 따라서 관세음이란 명칭 속에는 서북인도에서 중앙아시아 지역, 이란 고원 일대의 문화적 유습이 나타나며, 이런 점은 『대지도론』 권1에서 '관세음보살은 다른 나라에서 왔다'고 한 기록과도 무관하지 않은 것으로 본다.

둘째, 아바로키테스바라(avalokite-svara)란 명칭은 관자재라고 번역되며, 이것은 인도 전래의 종교적 분위기가 농후하게 투영되어 있다. 힌두교의 비쉬뉴 신앙의 사상적 영향이 강하게 나타나 있다고 보는 것이다. 특히 관음의 33신은 중생을 제도하기 위해 다양한 모습을 드러낸다는 사고유형이며, 이것은 비쉬뉴 신이 물고기, 자라, 멧돼지, 라마, 크리슈나, 불타 등의 열 가지로 그 모습을 바꾸어 나타난다는 권화(權化)사상과 무관하지 않다.

세친은 관음신앙의 기초를 두 가지 관점에서 파악하고 '첫째 믿음의 힘 때문이며, 둘째는 필경지(畢竟知) 때문이다'라고 분석한다. 믿음의 힘 때문이라는 것은 나 자신도 관세음보살과 같아서 다른 존재가 아니라는 믿음의 힘을 말하는 것이다. 필경지란 관음보살에 대해 공경하는 마음을 일으키며, 그의 공덕처럼 나도 또한 그렇게 된다는 사고를 지니는 것이다. 이것은 일심으로 칭명하는 믿음의 힘 때문에 근원적 본체인 관음과 자기 자신이 혼연일체의 경지에 들어간다는 것을 의미하며, 다른 한편으로는 관조하는 지혜인 반야바라밀을 실천하여 스스로가 관자재보살로 활동한다는 것을 의미하는 것이라 말할 수 있다. 결국 관음보살과 관음을 예배하는 당사자가 혼연일체가 되는 것에서 시작하여, 관음의 공덕을 실천하는 실천자로 거듭나는 것이 궁극적 지혜인 필경지(畢竟知)의 경지라 말할 수 있다는 것이다.

출발은 관음을 신앙과 예배의 대상으로 삼게 되지만 종착지에 도달하면 관음은 우리와 구분할 수 없는 주객미분의 일체가 되어 있는 것이며, 우리 자신을 통해 그의 공덕을 사회에 드러내는 것이 된다. 바로 물아일체의 상태에서 각자가 관음의 대리자로 변신할 때 진정한 의미의 관음신앙이 완성된다는 것이다.

이런 점은 중국의 법화사상가들도 다르지 않았다. 천태 지의와 가상 길장은 관음을 열 가지 측면에서 고찰하고 있다. 특히 천태는 관세음보살의 관을 단순하게 바라보는 것이 아니라 '깊이 관조한다'는 의미에서 수행의 차원으로 승화시키고 있다. 이들을 간략하게 소개해 보기로 한다.

천태는 관세음보살의 관세음을 축자적으로 해석한다. 즉 관(觀)은 여러 가지 입장이 있다. 석관(析觀:색을 멸하여 공에 들어감, 성실종의 관법. 석색입공관, 생멸관), 체관(體觀:인연따라 일어난 모든 존재의 當體에 卽一해서 현상계 그대로가 공한 것으로 體達하는 관법, 체공관, 體色入空觀이라고도 한다), 차제관(次第觀:3관을 수행하거나 설법하면서 차례대로 공관을 닦고, 다음에 가관으로 들어가며, 마지막으로 중도제일의관에 들어가는 것. 3관을 구분하여 단계적으로 이해하는 태도), 원관(圓觀:원교의 관법. 원융한 중도관. 중도를 깨닫는 관법)이다. 관세음보살이 다양한 방법으로 중생들을 구제하기 위해 그 몸을 드러내는 것은 관법이 원융하지 못하면 불가능해진다.

세(世)에도 여러 가지가 있다. 유위세(有爲世:인과 연으로 이루어지고, 그러기에 생멸 변화하는 세계. 미혹의 세계, 범부의 세계), 무위세(無爲世:생멸을 초월한 절대 진실의 세계), 이변세(二邊世:대립의 세계, 즉 생사열반계), 부사의세(不思議世:부처님이나 대보살의 불가사의한 실상의 경지)이다.

음(音)이란 근기(根機)를 말하는 것이다. 근기에도 여러 종류가 있다. 인천의 근기, 이승의 근기, 보살의 근기, 부처님의 근기이다. 인천의 근기는 어떠한 악도 만들지 않고 온갖 선을 받들어 행하는 것이다. 이승의 근기란 생사를 싫어하고 무위를 기뻐하는 것이다. 보살의 근기란 남을 앞세우고 자신은 뒤에 가는 자비와 인양(仁讓)이다. 부처의 근기란 모든 존재 속에서 언제나 평등하게 관조하여 어떤 것에도 걸림 없는 사람이 일도(一道)에 의해 생사에서 벗어나는 것을 말한다. 이 여러 가지 소리[音]를 제거하고 오직 부처님의 소리만 지니는 근기를 취하며, 그런 뒤에 응현(應現)을 베푸는 것이다. 이러한 기응(機應:근기에 따라 적절하게 감은하는 것)의 인연 때문에 관세음이라 한다.

길장은 관세음과 중생의 관계라는 차원에서 관세음의 이름을 풀이하고 있다. 만일 관세음이 우리 개개인 자신과 아무런 관계가 없다면 그것은 별다른 의미가 없다고 보기 때문이다. 나아가 관세음과 개개인 자신의 관계가 단순히 개인적 차원에 머무는 것이 아니라 지순한 정신적 합일의 세계를 구축하는 것이며, 그것이 사회 윤리적으로 표현되어야 한다고 본다. 때문에 의지와 그것의 표현이란 차원에서 신구의 삼업으로 설명한다. 즉 관세음의 이름은 세 가지가 있는데 관세음(觀世音), 관세의(觀世意), 관세신(觀世身)이다. 여기서 음은 언어나 말, 의는 의지나 마음, 신은 행위의 시행자 즉 몸을 지칭한다. 이처럼 설명하면서 '성인은 본래 이름이 없지만 중생을 위해 명칭을 세운 것은 중생들의 삼업이 선을 일으키도록 하기 위해서'라 말한다.

종교학적으로 본다면 관세음보살은 사랑의 화신이다. 사랑의 화신은 조건 없이 필요로 하는 사람에게 다가간다. 그렇지만 필요로 했던 사람이 사랑의 화신과 일체가 된 다음에는 그 당사자가 사랑의 메신저가 된다. 그는 이미 관음이라는 사랑의 화신, 사랑의 바이러스에 감염되어 자신이 또 다른 사랑의 화신이 되어 있는 것이다. 이것이 바로 관음과 중생의 일체이다.

관음의 공덕과 가림 없는 사랑

경전에서는 「관세음보살보문품」의 존재 이유에 대해 지지보살이 부처님께 다음과 같이 질문하고 있다.

"세존이시여, 만일 어떤 중생이 이 「관세음보살보문품」의 자유자재한 행업과 보문(普門)으로 시현하는 신통력을 듣는다면 마땅히 알아야만 한다. 이 사람의 공덕은 적지 않으리라고."

인용문에 나오는 보문시현이란 다양한 방법으로 몸을 나타낸다는 의미이며, 「묘음보살품」에서 말하는 현일체색신삼매(보현색신삼매)의 작용과 같은 것이다. 본 품에서는 관세음보살이 33신을 나타내 중생을 구제한다는 내용이 설해지고 있다. 따라서 지지보살이 등장하는데 지지보살은 대지를 유지해주는 보살임과 동시에 생물학적인 종의 차이를 넘어 부처님의 사랑을 온 우주에 전달하는 사랑의 메신저로 알려져 있다.

무진의보살이 부처님께 '세존이시여, 관세음보살은 무슨 인연으로 관세음이라 합니까?' 하고 질문하자 부처님께서 이 질문에 대해 '선남자여, 만일 한량없는 백천만억 중생이 여러 가지 고뇌를 받을 적에 이 관세음보살의 이름을 듣고 일심으로 그 이름을 부르면 관세음보살이 바로 그 음성을 듣고 모두 해탈케 하느니라' 라 대답한다. 관세음보살의 이름이 나오게 된 이유를 밝힌 것이다. 즉 다양한 고뇌에 시달리는 중생이 관세음보살의 이름을 부르면 관세음보살은 바로 그 음성을 듣고 중생들을 고뇌에서 벗어나게 한다는 것이다. 이처럼 중생의 음성을 관찰한다는 점에서 관세음보살이 나타난 것이라 말한다.

경전은 이어서 관세음보살의 이름을 부르면 중생들이 어떠한 재난에서 벗어날 수 있는가에 대한 구체적인 사례를 들어 설명하고 있다. '저 관음을 생각하는 힘[念彼觀音力]' 때문에 발생하는 관세음보살의 가피력이라 말할 수 있다. 그것은 다음에 설명할 일곱 가지의 재난이다.

첫째, 화난(火難)이란 관세음보살의 이름을 일심으로 부르는 사람은 맹렬한 불 속에 들어가더라도 그 불에 타는 일이 없다.

둘째, 수난(水難)이란 큰 강물에 표류하더라도 관세음보살의 이름을 일심으로 부르면 바로 얕은 데로 이르게 된다.

셋째, 풍난(風難)이란 큰 바다에서 폭풍우를 만나고, 선단이 나찰이란 귀신의 나라에 도달하게 되더라도 그중 한 사람이라도 관세음보살을 일심으로 칭명하면 나찰의 재난에서 벗어날 수 있다.

넷째, 도장난(刀杖難)이란 처형장에 끌려가서라도 죽음에 임박해 관세음보살의 이름을 일심으로 부르면 칼과 막대기가 조각조각 부서져 그 재난에서 벗어날 수 있다.

다섯째, 나찰난(羅刹難)이란 온갖 야차나 나찰이 몰려와 해치려고 하더라도 관세음보살의 이름을 일심으로 부르면 사람을 해치지도 못할 뿐만 아니라 쳐다보지도 못한다.

여섯째, 가쇄난(枷鎖難)이란 죄가 있고 없고를 떠나 수갑과 쇠고랑에 의해 손과 발이 묶이고 몸이 포박당하더라도 관세음보살의 이름을 일심으로 부르면 그것들이 모두 끊어지고 그 재난에서 벗어날 수 있다.

일곱째, 원적난(怨賊難)이란 도둑들이 가득 찬 속에서 상단의 우두머리가 상인들을 이끌고 귀중한 보물을 옮길 때 상인들 중에서 누군가 한 사람이라도 관세음보살을 부르면 두려움 없이 편안하게 이 도둑들을 벗어날 수 있다.

이상과 같은 일곱 가지의 재난 이외에도 관세음보살의 이름을 부르면 탐욕과 성냄과 어리석음의 세 가지 독소를 제거할 수 있다고 가르친다. 뿐만 아니라 '아들이나 딸을 낳고자' 하는 바람으로 관세음보살을 예배하고 공양하면 복덕과 지혜를 구비한 아들과 딸을 낳을 수 있으며, 이들은 덕의 근본을 잘 심었으므로 여러 사람의 존경을 받게 된다고 설한다.

경전에서는 구체적인 관세음보살의 공덕을 설명한 뒤에 다시 한 번 '관세음보살의 이름을 수지하면 헤아릴 수 없이 많은 복덕과 이익을 얻을 수 있다'고 강조하며, 이어서 무진의보살이 부처님께 '관세음보살은 어떻게 이 사바세계에서 노니시며, 어떻게 중생들에게 설법하시며, 방편의 힘과 그 일은 어떠합니까?' 하고 질문한다. 이것은 관세음보살이 사바세계에서 어떠한 구제 활동을 하고 어떤 설법을 하며, 교화의 수단이 지니는 영향력과 그러한 결과는 어떠한가를 물은 것이다.

천태는 이상의 구절에 대해 '노닌대[遊]'는 것은 교화하여 이롭게 하는 방법이며 중생을 제도하는 것이라고 해석한다. 설법이란 교화를 통해 남을 이롭게 하는 것이며, 방편의 힘이란 교묘하게 지혜를 활용하여 중생들의 마음에 부응하고 그들을 구제하는 것이라 생각한 것이다. 구체적으로는 성인의 모습을 나타내는 현성방편과 범부의 모습을 나타내는 시범방편, 그리고 성인도 아니고 범부도 아닌 존재의 모습을 나타내는 시비성비범방편으로 구분한다. 따라서 구체적인 중생 구제의 활동으로 33신을 나타내는 것이다. 33신은 다음과 같다.

> 부처님의 몸, 벽지불의 몸, 성문의 몸, 범왕의 몸, 제석의 몸, 자재천의 몸, 대자재천의 몸, 천대장군의 몸, 비사문의 몸, 소왕의 몸, 장자의 몸, 거사의 몸, 재관의 몸, 바라문의 몸, 비구의 몸, 비구니의 몸, 우바새의 몸, 우바이의 몸, 장자의 부녀의 몸, 거사의 부녀의 몸, 재관의 부녀의 몸, 바라문의 부녀의 몸, 동남, 동녀, 하늘의 몸, 용의 몸, 야차의 몸, 건달바의 몸, 아수라의 몸, 가루라의 몸, 긴나라의 몸, 마후라가의 몸, 집금강신의 몸

이류중행의 표상처럼 알려져 있는 33신은 교리적으로 본다면 작용을 모아 본체로 돌아가는 것이며, 삼승을 모아 일승으로 회귀하는 것이기도 하다. 이상에 소개된 존재의 유형은 일반적으로 33신이지만 이외에 인비인(人非人:사람인 듯도 하고 아닌 듯도 한 존재)을 별도의 존재로 해석하면 34신 혹은 35신 내지 그 이상이 될 수도 있다. 「묘음보살품」의 34신과 별다른 차이가 없다. 다만 33신을 중시하는 것은 3이란 숫자가 지니는 의미 때문이라 말할 수 있다. 전통적으로 3이란 숫자는 완전하고

성스러움을 의미한다. 십이란 숫자도 완전함을 의미한다. 따라서 33이란 숫자는 완전하고 성스러움을 의미하는 숫자가 겹치고 있으며, 그런 점에서 모든 형상, 모든 존재를 통칭하는 개념으로 활용되고 있는 것이다. 동일한 의미에서 33신의 내용을 이해한다면 인간과 귀신 등 다양한 존재를 대상으로 관세음보살의 구제 활동이 전개되고 있다는 사실을 알게 된다. 보문시현이란 말과 정확하게 일치하는 것이다.

경전은 이상의 33신을 설명하고 난 뒤에 총괄적으로 다음과 같이 말한다.

"이 관세음보살은 두려움과 위급한 재난 속에서 능히 두려움 없음을 베풀기 때문에 이 사바세계에서는 모두 시무외자(施無畏者)라 부른다."

인용문에서 시무외자란 두려움 없음을 베풀어 주는 자라고 축자적으로 해석할 수 있다. 그런데 무외(無畏)란 글자 그대로 해석하면 두려움 없는 것이란 의미이지만 관념적인 차원이 아닌 실제적인 입장에서 해석하면 평화나 평안을 의미하는 것이다. 정신적, 심리적으로 안온함과 평화스러움을 느낄 수 있도록 해준다는 뜻이다. 바로 관세음보살은 이 세상에 존재하는 모든 존재들을 가장 안락하고 평화스럽게 만들어 주는 보살이라는 점에서 33신을 설명한 다음 총괄적으로 말을 끝맺는 것이다.

평화를 줄 수 있다는 것은 조건 없는 사랑이 전제되어 있기 때문이다. 어여쁨과 가여움을 동시에 지니되 있는 그대로 받아들이고 감싸안지 않으면 사랑을 느낄 수 없다. 따라서 관세음보살과 일체가 된 사랑의 화신들은 세상을 바라보는 다음과 같은 눈을 지녀야 한다고 가르친다. 그것은 다음과 같은 눈으로 표현된다.

'진실한 눈, 청정한 눈, 넓고 크고 지혜로운 눈, 가엾게 바라보는 눈, 사랑스럽게 바라보는 눈으로 모든 존재를 우러러 보아야 한다.'

우리의 눈은 단순히 바라보는 기관이 아니라 사랑의 힘으로 세상을 정화해야 한다는 점에서 다음과 같이 반복한다.

'티없이 맑고 깨끗한 빛인 지혜의 태양은 모든 어둠을 깨뜨릴 것이며, 바람과 물과 불의 세 가지 재난을 굴복시킬 수 있으며, 두루 세상을 밝게 비춘다.'

혹은 다음과 같이 표현한다.

'가여움의 본질인 계율은 우레와 같으며, 어여쁜 마음의 미묘함은 큰 구름이라 감로의 법우(法雨:진리의 비)를 쏟아부어 번뇌의 불꽃을 없애 버린다.'

관세음보살의 걸림 없는 사랑이 관음과 일체가 된 사람들을 통해 다시 세상 속에 화현한다는 것을 가르치는 것이다.

제26 다라니품 陀羅尼品

법사를 수호하는 다라니

「다라니품(陀羅尼品)」은 『법화경』을 수지, 독송, 해설, 서사하는 법사를 수호하기 위해 다섯 종류의 다라니를 설하고 있기 때문에 붙여진 이름이다. 먼저 약왕보살이 등장해 부처님께 『법화경』을 수지, 독송, 해설, 서사하는 자들이 얻는 복덕이 얼마나 되는가를 묻는다. 이에 대해 부처님께서는 '8백억나유타 항하사의 부처님을 공양하는 복보다 이 경전의 게송 한 구절이라도 수지, 독송, 해설하고 경전에 설해진 대로 수행하는 것이 훨씬 커다란 공덕이 있다'고 말한다.

약왕보살을 비롯해 다섯 명이 부처님께 유사한 맹세를 하면서 각각 특색 있는 주문을 설한다. 이들의 맹세를 차례대로 정리하면 다음과 같다.

1. 약왕보살. "세존이시여, 저는 이제 설법자에게 다라니주를 주어 그들을 수호하겠습니다."
2. 용시보살. "세존이시여, 저도 『법화경』을 독송하고 수지하는

이를 옹호하기 위해 다라니를 설하겠습니다. 만일 법사가 이 다라니를 얻으면 야차나 나찰, 혹은 부단나(열병을 가져오는 귀신), 길자(시체에 붙어 있는 귀신), 구반다(사람의 정기를 빨아 먹는 귀신), 아귀 등이 그의 허물을 찾아내려 하더라도 능히 얻지 못할 것입니다."

3. 비사문천왕. "세존이시여 저도 중생을 불쌍히 여기고 법사를 보호하기 위해 이 다라니를 설하겠습니다."
4. 지국천왕. "세존이시여, 저도 역시 다라니의 신묘한 주문으로 『법화경』을 수지하는 자들을 보호하겠습니다."
5. 열 명의 나찰녀. "세존이시여, 저희들도 『법화경』을 독송하고 수지하는 이를 위해 그들을 보호하고, 그들의 쇠약함과 환난을 없애주겠습니다. 만일 어떤 이가 이 법사의 허물을 찾아내려 하더라도 능히 찾지 못할 것입니다."

열 명의 나찰은 이상의 서원을 끝내고 다라니를 설한 다음에 어떠한 일이 있더라도 나찰이나 야차, 혹은 악귀나 열병, 남과 여, 동남이나 동녀의 모습에 의해, 혹은 꿈속에서도 악귀에 시달리는 일이 없도록 하겠다고 맹서한다.

이상에서 약왕보살을 비롯한 다섯 부류의 존재들이 차례대로 부처님 앞에서 법사를 보호하겠다는 맹세를 함과 동시에 다라니를 설하고 있다. 따라서 이것을 오번신주(五番神呪)라 부른다.

구마라집이 번역한 『묘법연화경』의 「다라니품」에 나오는 다라니 역시 음역한 것이다. 그러나 축법호가 번역한 『정법화경』의 「총지품」에는 다라니를 의역하고 있다. 가상 길장은 『법화의소』에서 『묘법연화경』과 『정법화경』을 대교하여 그 의미를 풀이하고 있다. 이들 다라니는 여기서 법화행자를 수호하는 차원을 넘어 『법화경』의 유통을 목적으로 하고 있었기 때문에 단순하게 현세 이익을 얻기 위한 수단으로 설한 것은 아니었다. 불교의 대중화와 지지기반의 획득이라는, 당시로선 매우 현실적인 문제와 함께 부처님의 가르침을 현실에 구현해야 한다는 시대적 사명의식이 녹아 있는 것이다.

『법화경』에는 믿음에 의해 재난을 제거하는 방법이 여러 가지 나오고 있다. 그렇지만 이들을 분류하면 크게 세 부분이 된다. 첫째, 경전을 수지하는 것에 의해 재난을 제거하는 방법이다. 주로 「약왕보살본사품」, 「묘음보살품」, 「묘장엄왕본사품」, 「보현보살권발품」 등이다. 둘째, 칭명에 의해 재난을 제거하는 방법인데 「관세음보살보문품」이 여기에 해당한다. 다만 이것은 경전을 수지, 독송, 청강하는 것에 의해 얻어지는 현세 이익과 동일한 유형으로 판단할 수도 있다. 셋째, 다라니의 주문에 의한 방법인데 「다라니품」과 「보현보살권발품」이 여기에 해당된다. 다만 경전에 나오는 다라니는 의역하지 않고 음역했기 때문에 그 의미를 파악하기는 쉽지 않다. 또한 범어 원문으로 읽는다고 하더라도 상징과 축약이 심하므로 논리 정연한 문장으로 다가오질 않는다. 그 의미를 정확하게 파악하는 것이 불가능하다.

중국의 도안 스님은 다라니는 '다섯 가지는 번역하지 않는 것이 원칙'이라는 오종불번(五種不翻)에 따라 번역하지 않고 있다. 오종불번이란 첫째, 비밀고(秘密故)인데 다라니는 비밀스러운 말이기 때문에 이것을 번역하면 신비성과 미묘한 뜻이 줄어든다고 말한다. 둘째, 다함고(多含

故)인데 다라니는 하나의 단어에 많은 의미가 내포되어 있다는 것이다. 셋째, 차방무고(此方無故)인데 인도에는 표현할 단어가 있어도 중국에는 적합한 단어가 없다는 것이다. 넷째, 순고고(順古故)인데 아누다라삼먁삼보리와 같이 예로부터 사용해오고 있기 때문에 번역하지 않아도 여러 사람이 그 뜻을 알 수 있다. 다섯째, 존중고(尊重故)인데 번역하면 본래의 의미를 상실할 우려가 있으므로 본래의 음을 존중하여 그대로 사용하는 것이다.

다라니는 현재 진언이나 주문과 같은 개념으로 사용되고 있지만, 적어도 인도 중기시대에 밀교 경전이 나타나기 전까지는 각각 다른 의미와 개념을 지니고 있었다. 진언(眞言, mantra)은 본래 베다에서는 신을 찬미하는 찬가를 의미했지만 아타르바베다에서는 재난을 제거하고 복을 부르는 주법(呪法)으로 사용되었다. 이것이 대승불교에 흡수되어 진언이 되고, 불교적으로 재해를 제거하는 주문이 되었다.

주(呪, vidya)는 한역에서는 명주(明呪)로 번역되며, 학문, 지혜 내지 주법(呪法)이라는 세 가지 의미를 내포하고 있다. 『팔천송반야경』에서는 반야바라밀을 대명주(大明呪)로 지칭하며, 그것을 수지하면 각종 재난을 피할 수 있다고 말한다.

제임스 조지 프레이저의 『황금가지』란 책에는 주술과 종교의 관계에 대한 인류학적 연구 결과가 보고되고 있다. 제임스 조지 프레이저는 주술이 기본적으로 두 가지의 기초 위에서 전개되고 있다고 말한다. 첫째는 유사한 것은 유사한 것을 낳는다고 생각하는 동일률(同一律)이다. 둘째는 한 번 서로 접촉한 것은 실제의 접촉이 끝난 뒤에 멀리 떨어져 있더라도 여전히 상호작용을 계속한다는 연속성이다. 우리가 어렸을 때 '헌이 줄게 새 이 달라'고 하면서 이를 뽑았던 기억이 있는데 여기에 해당한다고 말할 수 있다. 이상과 같은 사고 위에서 주술이 발전하게 된다. 그리고 전자는 유감주술에 해당하고 후자는 감염주술에 해당한다고 본다. 이러한 주술이 종교에 다양한 형태로 영향을 주게 되며, 다양한 종교의례와 결합한다고 말한다. 불교의 다라니는 주술과 지혜라는 두 가지 요소가 결합되어 있다는 점에서 힌두교에 만연해 있던 주문을 불교적으로 수용하여 재해석한 것으로 평가할 수 있다.

다라니는 한역해서 총지(總持)라고 하거나 혹은 외자로 지(持)라고 하는데 무엇인가를 보유한다는 의미이다. 이는 요가 수행법의 하나인 집지(執持)와 연관된다. 집지란 정신을 통일해 마음을 집중하는 것이다. 이것이 대승경전에서 삼매와 병기(幷記)되는데, 이것은 동일한 의미를 지니기 때문이다. 『대지도론』에서는 독송하고 수습하여 항상 생각하는 것인 문지(聞持)다라니와 의미에 통달했다는 것을 의미하는 실상(實相)다라니를 거론하고 있는데 다라니라는 단어 속에 부처님의 가르침을 받아 지닌다는 의미를 본래부터 포함하고 있기 때문이다.

그러나 시간이 흐르면 밀교의 영향에서 '총지라는 단어는 병을 치료하는 힘이 있다, 법을 보호하는 힘이 있다, 죄를 소멸시키는 힘이 있다, 병을 치료하고 법을 보호하며 죄를 소멸하는 힘이 있다, 깨달음을 얻게 하는 힘이 있다' 등 다양한 의미를 포함하게 된다.

문제가 되는 것이 있다면 초기불교시대에 부처님께서는 사주, 관상, 점술, 주문 등의 신비적이고 비합리적인 것을 불교도들이 행해선 안 된다고 경계하고 있다는 점이다. 그렇다면 대승불교를 비롯해 불교에 스며들어 있는 주문은 어떻게 이해해야만 하는 것인가? 아쇼카 석주(石柱)

의 비문, 즉 마애법칙 제9장은 아쇼카대왕 시대까지도 주술적인 종교의 례를 엄격하게 억제하였다는 사실을 알려준다. 그러나 마우리아왕조의 붕괴 이후 퓨샤미트라에 의한 바라문교의 부흥 때문에 주술적인 경향이 급격하게 증대된 것으로 본다. 힌두교의 형성 과정에서 그들의 종교의 례에 토착적인 신앙이 포섭되었고, 이것이 대승불교에도 일정 부분 자극을 준 것이다.

  대승불교의 경전 속에 의례적이고 주술적이며 신비주의적인 색채가 강화된 것은 다양한 요인이 있다. 힌두교의 부흥과 번성, 그리고 불교를 지지하는 기반세력의 변화이다. 즉 불교를 지지했던 기반세력은 도시 중심의 부유한 상공업자에서 토착성이 강한 농촌사회의 농민층으로 변하고 있었던 것이다. 동시에 번쇄한 부파불교의 몰락과 힌두교의 부흥은 지지기반을 확충하고 대중성을 획득해야만 하는 대승불교 운동가들에게 가장 민감한 현안으로 다가오게 된다. 그래서 힌두교적인 성향이 강한 주문과 작법을 불교에 도입하는 것이다. 다만 안전장치로 고안된 것이 있다면 경전을 주문 그 자체로 대중에게 가르쳤다는 점이다. 이것은 경전을 중시하는 신앙의 확산과 결부되어 일반적인 경향을 나타내고 있다. 그렇지만 후기의 밀교처럼 힌두교적인 요소를 너무 많이 수용하여 불교 본래의 정체성이 상실되자 불교가 힌두교에 편입되는 불행을 초래하게도 된다.

제27 묘장엄왕본사품
妙莊嚴王本事品

전법의 화신들

본 품은 묘장엄왕의 전생담이 설해져 있기 때문에 「묘장엄왕본사품(妙莊嚴王本事品)」이란 품명이 붙었다. 묘장엄왕은 두 명의 아들이 있었다. 정장(淨藏)과 정안(淨眼)이다. 이 두 아들은 어머니인 정덕부인과 함께 왕의 선지식이 되기로 결심한다. 이교도였던 묘장엄왕을 교화하여 『법화경』과 인연을 맺어주고자 하는 과거세의 이야기이다. 정장과 정안이라는 법화행자의 행적을 설명하면서 『법화경』을 유포하고자 하는 목적을 나타내고 있기 때문에 화타(化他:남을 교화하는 것)유통 중의 한 품이 되었다.

또한 정장은 지금의 약왕보살이라 말하며 약왕보살의 전생담과 서원을 밝히고 있으며, 그렇기 때문에 서원의 수레를 탄다는 의미에서 서원승승(誓願乘乘)이라 부르기도 한다. 약왕보살은 본 품 이외에 「서품」, 「법사품」, 「권지품」, 「약왕보살본사품」, 「다라니품」에 등장한다. 『관약왕약상이보살경』에 의하면 이 보살은 설산에서 나는 최고의 약초를 중생의 심신을 다스리기 위해 여러 스님들에게 공양했기 때문에 그 인연으로 약왕보살이란 이름을 얻은 것으로 되어 있다. 상징적인 표현이지만 중생의 병을 치료하는 최상의 약은 부처님의 가르침이란 점을 강조하고 있으며, 그런 점을 고려하면 가르침을 실천궁행하는 오종법사 내지 법화행자는 모두 약왕보살이 될 수 있다.

　본 품의 전체적인 대강의 내용을 요약하면 다음과 같다. 즉 옛날 운뢰음수왕화지불이라는 부처님이 계셨다. 그 나라의 이름은 광명장엄이며, 그 시대를 희견(喜見)이라 했다. 그때 묘장엄왕이라는 임금이 있었는데 그의 왕비는 정덕부인이라 불렸다. 두 사람 사이에 두 명의 아들이 있었으며, 이들의 아버지인 묘장엄왕은 외도를 숭상하고 있었다. 두 왕자는 불교를 믿고 있었는데 보살도를 실천하고 육바라밀과 37조도법, 4무량 등을 실천하면서 깨달음을 얻기 위해 정삼매를 비롯한 다양한 삼매에 통달해 있었다. 마침 그때 운뢰음수왕화지불은 『법화경』을 강의하고 있었다. 두 왕자는 『법화경』 강의를 듣고자 어머니인 정덕왕비에게 허락을 구함과 동시에 함께 가기를 청하자 어머니는 두 왕자에게 부왕을 설득하여 외도를 버리고 불교에 입문할 수 있도록 하는 것이 좋겠다고 권유한다. 여기서 두 왕자는 부왕을 개종시키기로 결심하고, 부왕을 불교에 입문시키기 위해 다양한 기적을 부왕 앞에서 연출한다. 부왕은 불가사의한 신통력을 보고 크게 놀라며 '너희의 스승은 누구이고, 너희는 누구의 제자인가?'를 묻는다. 두 왕자는 자신들의 스승이 운뢰음수왕화지불이라고 밝히고, 그 부처님께서 현재 『법화경』을 강의하고 계시는데 그 법회에 함께 가자고 청해 동의를 얻는다. 때맞추어 두 왕자는 '출가하여 불도를 수행하고 싶다'는 청을 어머니인 정덕왕후에게 아뢰고 허락을 받게 된다.

묘장엄왕은 왕비와 두 왕자, 기타 많은 권속과 함께 부처님 계신 곳으로 찾아가 부처님의 설법을 듣고 감동을 받아 자신의 목에 걸었던 영락을 풀어 부처님께 공양을 올리게 된다. 여기서 부처님은 묘장엄왕에게 '이 임금은 나의 법 안에 출가하여 비구가 될 것이며, 보살도를 닦아 바라수왕불이 되리라'고 수기를 준다. 이에 묘장엄왕은 왕위를 동생에게 넘기고 부인과 아들, 기타 권속을 데리고 출가하게 된다. 그 후 팔만사천 년 동안 『법화경』을 수행하여 일체정공덕장엄삼매를 얻게 된다. 이에 부처님은 대중에게 묘장엄왕은 지금의 화덕보살이요, 정덕부인은 광조장엄상보살이며, 두 아들은 약왕보살과 약상보살이라 알려준다.

이야기에서 알 수 있듯이 내용은 묘장엄왕이 주인공인 과거세 이야기가 핵심이다. 길장은 이 품에 대해 크게 두 부분으로 구분했다. 첫째는 아들이 아버지를 교화하여 회사입정(廻邪入正:사법을 돌려서 정법에 들어감)하게 하고, 믿음을 일으키게 하는 전반부이고, 둘째는 아들이 아버지를 교화하여 부처님을 만나 가르침을 듣고 올바른 견해를 얻게 하는 후반부이다. 그리고 내용상 본 품의 중심인물은 정장과 정안의 두 왕자라고 말할 수 있다.

이 두 왕자는 아득한 옛날부터 많은 부처님을 섬기고 『법화경』을 수지했으며, 보살도를 닦아 많은 사람을 교화했다. 그럼에도 다시 묘장엄왕을 불교로 인도하기 위해 왕자로 태어난 것이라고 그들의 어머니에게 말한다. 『법화경』을 전파하고 이교도들을 교화하기 위해 자원해서 이교도의 집에 태어났다고 하는 선언은 원생(願生)보살의 의지와 법화행자들의 전법서원이 교묘하게 융합되어 있다는 점을 알려 준다.

경전은 묘장엄왕의 말을 빌어 두 왕자를 선지식이라 부르고 있다.

"세존이시여, …중략… 이 두 아들은 저의 선지식입니다. 숙세에 심었던 선근을 다시 일으켜 저를 이롭게 하려고 저의 가문에 태어난 것입니다."

그러자 부처님께서 말씀하신다.

"그렇다. 그대가 말한 것과 같다. 만일 선남자 선여인이 선근을 심어서 선지식을 만나게 되면 그 선지식은 능히 부처님의 일을 하게 되리라. 보여주고 가르치며 이롭게 하고 기쁘게 하여[示教利喜] 아누다라삼먁삼보리에 들어가도록 하리라. 대왕께서는 마땅히 알아야만 한다. 선지식은 커다란 인연이니 교화하고 인도하여 부처님을 만나게 하고 아누다라삼먁삼보리의 마음을 내게 하느니라."

이상의 인용문에서 중요한 것은 시교이희와 선지식이란 용어이다. 선지식은 바로 부처님의 가르침을 소개하고 가르치며 중생을 이롭게 하고 그들을 행복하게 하는 것이 중요한 임무라는 사실을 깨우쳐 주기 때문이다.

선지식이란 좋은 친구, 훌륭한 지도자란 뜻이다. 「제바달다품」에서도 석가모니부처님은 제바달다를 선지식으로 부르고 있다. 부처님께서 깨달음을 성취하는 데 제바달다의 역할이 컸다는 의미이다. 제바달다는 악역을 도맡아 했던, 혹은 승단을 파괴하려고 했던 악독한 무리의 우두머리라는 점을 고려한다면 부처님에게는 반면교사가 되었을 것이다. 하지만 「묘장엄왕보살품」의 두 아들은 이교도인 아버지의 마음을 돌려

『법화경』을 수지하고 수행하게 한 문자 그대로 선지식이다. 규기는 『법화현찬』에서 『선계경』이나 『보살지지경』을 인용해 선지식을 가까이하면 다음과 같은 이익이 있다고 강조한다. 즉 계율을 지킴에 결점이 생기지 않는다. 듣는 것이 많다. 수행해 깨닫게 된다. 중생을 가엾게 생각하는 마음을 지닌다. 두려움이 없어지고 마음이 평안해진다. 어려움을 잘 참고 능히 이겨낼 수 있다. 게으름이 없다. 말하는 것이 분명해 진다.

그런 점을 감안한다면 인용문에서 '선지식은 커다란 인연'이라고 표현하는 것은 자신이 선지식을 만날 수 있도록 노력해야 한다는 점을 말하는 것이다. 선지식이란 인생을 살아가는 데 가장 소중하고 커다란 원인과 조건의 하나이다. 그러나 『법화경』에서 말하는 선지식이란 『법화경』의 유포에 힘쓰는 것이다. 다만 별도로 선지식이 있어서 그들에게 그러한 임무를 맡기는 것이 아니고 경전을 수지하는 사람 개개인의 주체적인 노력에 의해 좌우된다는 점을 말한다.

동일한 맥락에서 천태는 선지식을 다양하게 풀이하고 있다. 즉 '선지식이 부처님의 일을 한다'는 것은 외호(外護)선지식이다. '보여주고 가르치며 이롭게 하고 행복하게 해준다는 것[示敎利喜]'은 교수(敎授)선지식이다. '교화하고 인도해 부처님을 뵙게 한다'는 것은 동행(同行)선지식이다. '깨달음에 들어가게 한다'는 것은 실제실상(實際實相)선지식이다. 경전에 나오는 구절을 선지식과 대입시켜 다양하게 해석하고 있는 것이다.

지금까지 전체적으로 본 품의 내용을 살펴보았다. 보다 세밀하게 말하면 본 품은 「약왕보살본사품」이나 「묘음보살품」과 내용상 연결되어 있다. 이 품에서 중심 역할을 하는 운뢰음수왕화지불의 불국토는 광명장엄이며, 원어는 바이로차나 라쉬미 쁘라띠만디따(Vairocana-ras' mi-pratimandita)이며, 이 말은 '태양의 빛으로 빛난다'는 의미다. 이것은 「묘음보살품」에 나오는 정화수왕지불의 불국토인 정광장엄이란 말의 원어와 동일한 것이다.

이어서 옛날의 묘장엄왕은 지금의 화덕보살이라고 말하고 있는데 화덕보살은 「묘음보살품」에서 부처님과 문답하면서 묘음보살의 수행과 그 공덕을 이끌어내는 역할을 담당하는 보살이다. 또한 정장왕자의 현실적인 모습인 약왕보살은 「약왕보살본사품」에서 그 전생이야기가 밝혀진다. 「묘음보살품」에서도 타방정토의 묘음보살이 가장 만나보고 싶어 하는, 사바세계에서 활동하는 보살 중의 한 명으로 약상보살과 함께 거명되고 있다. 또한 정안왕자의 현재의 모습인 약상보살은 「약왕보살본사품」에서는 그 이름을 찾아볼 수 없지만 「묘음보살품」에 그 이름이 나오고 있다.

「약왕보살본사품」, 「묘음보살품」, 「묘장엄왕본사품」의 공통점은 삼매를 강조하고 있다는 점이다. 삼매는 대승불교에서 중시하는 보살의 수행 덕목 중의 하나이지만 『법화경』에 한정해서 살펴본다면 다른 품에서는 볼 수 없는 다양한 삼매가 언급되고 있다.

제28 보현보살권발품
普賢菩薩勸發品

법사의 수호자인 보현보살

「보현보살권발품(普賢菩薩勸發品)」의 핵심적인 내용은 『법화경』의 홍포와 『법화경』을 수지, 독송, 바르게 기억하는 사람들을 수호하고자 하는 보현보살의 다짐이다. 전체적인 이야기가 동방세계에서 온 보현보살이 등장하여 경전의 수호와 설법자를 격려하는 것으로 구성되어 있기 때문에 품명이 되었다. 또한 이 품에도 다라니주가 나온다. 「다라니품」은 재난을 제거하는 다라니주가 중심인 데 비해, 본 품은 경전을 독송하는 공덕과 억지(憶持)의 다라니, 재난을 제거하는 다라니가 동시에 소개되고 있는 것이 특징이다.

보현보살은 '문수의 지혜, 보현의 실천행'이란 말에서 알 수 있듯이 문수보살과 병칭되는 유명한 보살이다. 그렇지만 『법화경』 전체를 통해 문수보살은 누차 언급되고 있지만 보현보살은 이 품에 이르러 비로소 등장하게 된다. 경전은 서두에서 보현보살이 '자재한 신통력, 위덕(威德)이 널리 알려진 헤아릴 수 없이 많은 위대한 보살들과 함께 동방에서 왔다'고 말한다. 그가 지나온 국토마다 크게 진동하고 보배로 된 연꽃이 비 오듯 내렸으며, 무수한 기악들이 울려 퍼졌다고 묘사한다. 이처럼 상서로운 일들이 모두 보현보살의 신통력에 의해 발생한 것이라 말한다.

경전에 의하면 보현보살은 동방의 보위덕상왕불의 국토에 살고 있었다. 그런데 무수한 대보살들을 이끌고 사바세계에 온 보현보살은 석가모니부처님께 다음과 같이 묻게 된다.

"세존이시여, 저는 보위덕상왕불의 국토에 살다가 이 사바세계에서 『법화경』을 설한다는 것을 멀리서 듣고 무수한 여러 보살들과 함께 설법을 들으러 왔습니다. 원컨대 세존께서는 설하여주옵소서. 선남자, 선여인들이 여래가 멸도한 뒤에 어떻게 해야 이 『법화경』을 얻을 수 있겠습니까?"

보현의 질문에 대해 석가모니부처님께서는 '선남자, 선여인이 네 가지 법을 성취하면 여래가 멸도한 뒤에 『법화경』을 얻을 수 있다' 고 대답한다. 네 가지 법의 구체적인 내용은 다음과 같다.

첫째, 부처님의 가피력이 있어야 한다. 원문은 호념(護念)으로 되어 있는데 범어본에 의하면 원래의 단어는 가호나 가지(加持)란 의미이다. 여래의 위신력을 받아 그것을 발휘한다는 뜻이므로 가피력이라 말할 수 있다.

둘째, 여러 가지 덕의 근본을 심어야 한다.

셋째, 정정취(正定聚)에 들어가야 한다. 여기서 정정취란 성불하리라고 이미 결정되어 있는 것을 말한다. 일종의 성불에 대한 예정이며, 수기와 상통하는 의미가 있다.

넷째, 일체중생을 구원하고자 하는 마음을 내야만 한다.

이상과 같은 네 가지 조건을 완성하는 사람이 『법화경』을 얻을 수 있다고 강조하는 것은 법화행자들이 궁극적으로 추구하고자 하는 종교적 실천의 목적이 무엇인가를 여실하게 알려주는 것이다.

네 가지 법에 대한 설명을 듣자 보현보살은 여래의 입멸 이후에 『법화경』을 수지하는 자를 수호하겠다는 맹세를 부처님 앞에서 다음과 같이 말한다.

"세존이시여, 후 5백세의 오탁악세 속에서 이 경전을 수지하는 사람이 있으면 제가 마땅히 그들을 수호하여 그 쇠락함이나 환란을 제거하고 안온토록 하겠습니다. 혹여 누군가 그들의 잘못을 찾으려 해도 그 결함을 찾지 못하게 하겠습니다."

다짐을 마친 보현보살은 악마나 야차, 나찰 등 다양한 악마의 군대들이 괴롭히려 해도 경전을 수지하는 자들을 지키겠다고 맹세한다. 만일 경전을 수지하는 자가 걷거나 머물거나 앉거나 눕거나 『법화경』을 수지하고 독송한다면 그때 자신은 이빨이 여섯 개인 흰 코끼리를 타고 대보살들과 함께 그 장소에 모습을 나타내, 그들을 찬양하고 수호하며 그들의 마음을 편안하게 해주겠다고 맹세한다. 그것이 바로 『법화경』을 공양하는 것과 마찬가지라 생각하기 때문이라는 것이다.

이어서 보현보살은 경전을 독송하고 수행하는 공덕에 대해 설명한다. 『법화경』을 수지하고 독송하는 자는 보현의 몸을 보고 정진할 것이며, 보현보살을 보았기 때문에 삼매와 다라니를 얻게 되리라 말한다. 즉 선다라니, 백천만억선다라니, 법음방편다라니 등이다. 이 다라니는 경전을 기억하고 마음에 머물게 하는 힘을 지니는 다라니이지만 지혜를 얻어 세상살이하면서 잘 활용할 수 있게 하는 다라니이기도 하다. 또한

『법화경』을 수행하는 경우 삼칠(3·7)일간 일심으로 수지, 독송, 서사하는 사람에게는 20구절의 다라니주를 설해준다고 말한다. 이 다라니는 '비인(非人)도 파괴할 수 있는 자가 없다'고 말하듯이 재난을 제거해 주는 다라니이다. 참고로 구마라집역 『법화경』에 나오는 다라니는 음역으로 되어 있어 그 뜻을 알 수 없지만 길장은 『법화의소』에서 다라니를 의역하고 있다.

경전에서는 보현보살의 말을 빌려 『법화경』의 수행에 대해 다음과 같이 말하고 있다.

"만일 이 경전을 수지하고 독송하며, 바르게 기억하여 그 뜻을 잘 이해하고 설한 대로 수행하면 그 사람은 보현보살의 실천을 행하는 것입니다. 헤아릴 수 없이 많은 부처님의 처소에서 깊이 선근을 심은 것과 같습니다. 이것은 많은 여래께서 자비로운 손으로 그의 머리를 어루만져 주는 것이 될 것입니다."

『법화경』에서 강조하는 것은 수지, 독, 송, 해설, 서사인데 이 다섯 가지를 수행하는 것이 바로 보현행을 실천하는 것과 동일하다는 것을 강조한다. 보현행과 법화행자들의 수행이 다른 것이 아니라 동일하다고 보는 것이다.

보현보살은 실천행을 대표하는 보살로 알려져 있었다. 그렇지만 『법화경』 전편을 통해 등장하지 않았던 보현보살이 이 품에 등장하여 여래의 입멸 이후 『법화경』을 수행하는 것이 보현행이라 말하면서 법화행자들의 실천을 강조하고, 여래의 입멸 이후에도 『법화경』을 홍포하고 수지할 것을 권장하고 있다.

『법화경』의 보현보살은 경전을 수지하는 자들을 수호하는 보살로 등장하며, 이런 점은 관세음보살과 같은 역할이라 생각할 수 있다. 그러나 관세음보살이 법화행자를 수호하는 것은 단순한 수호에 그치는 것이 아니라 매우 구체적인 현세 이익적인 성격을 나타내고 있다는 점이 다른 점이다.

보현보살의 기원은 분명하지 않다. 보현의 범어 이름은 사만따바드라(samantabhadra)이며, '다방면에 뛰어난' 혹은 '완전한 행복'이라는 의미를 지닌다. 따라서 '변길(遍吉)'이라 번역하기도 한다. 이 보살이 처음 등장하는 불경은 『삼만타발타라보살경』(섭도진역, 280-312)이다. 다음에 『60화엄경』의 「입법계품」에서 보현은 선재동자에게 과거에 닦은 보살행을 보여주고 있다.

"내가 닦은 보살행은 부처님의 세계를 맑게 하고 중생을 교화하며, 대비심을 기르고 제불과 선지식을 공양하며, 정법을 호지하고 일체 안팎의 모든 중생을 평안케 하며, 세간과 출세간의 지혜를 닦고, 일체중생이 생사의 고뇌에서 벗어나게 하며, 모든 부처님의 공덕을 찬탄하는 것이니라."

그 결과 보현보살은 '위없이 청정한 몸을 얻었으며, 일체의 세간을 벗어나 마땅히 교화해야 할 자들을 따라 보지 않는 것이 없다. 모든 국토에 노닐되 가지 않는 곳이 없다. 자유자재한 힘을 나타내 보이지만 싫어하는 자가 없다'고 말하게 된다.

『40화엄경』의 「보현행원품」에서는 열 가지의 행원을 들고 있다. 모든 부처님을 예경하는 것, 여래를 찬양하는 것, 널리 수행하고 공양하는 것, 업장을 참회하는 것, 공덕을 기뻐하는 것, 법륜을 굴려달라고 청하는 것, 부처님께서 세상에 머물러 달라고 청하는 것, 마땅히 부처님을 따라 배우는 것, 항상 중생들에게 수순하는 것, 모든 것을 두루 회향하는 것 등이다. 또한 『관보현보살행법경』에 의하면 보현은 동방의 묘희국에서 태어났으며, 보현의 색신을 관하는 관법을 닦는다고 한다.

　이상 여러 경전에 보이는 내용을 종합해 보면 보현보살은 영원한 보살행을 통해 청정한 몸을 획득하고, 중생의 소원에 따라 어느 곳에나 응현하는 보살이라 정의할 수 있다. 특히 『화엄경』은 법신사상 중심의 보살행이 강조되고 있지만 『법화경』은 법신은 응화하는 것이란 점을 중시하고, 그것을 현세이익과 결합시키고 있다. 그런 점에서 길장은 다음과 같이 말한다.

　"보현이라 말하는 이유는 여러 가지 법문이 있기 때문이다. …중략… 보(普)에 두 가지가 있다. 첫째 법신의 보이다. 어느 곳에나 두루 나타나 있기 때문에 모든 것을 섭수한다. 3세 부처님의 법신은 모두 보현의 법신이다. 화엄경에서 '보현의 신상(身相)은 허공과 같다. 여여함에 의지하지 부처의 나라에 의지하지 않는다'고 하는 것과 같다. 둘째 응신의 보이다. 두루 시방세계에 응하여 일체의 방편을 만들기 때문에 시방삼세 부처님의 응신은 모두 보현의 응신이다. 이 모두는 보현의 응용(應用)이다. 그러므로 대지도론에서 '보현은 그가 머무는 곳을 말하지 않는다. 만일 말하고자 한다면 마땅히 모든 세계 속에 존재한다고 말해야만 한다. 바로 그것이 증거이다'라고 설명한다(『법화의소』)."

　구원의 대상이 존재하는 곳은 바로 보현보살이 계시며 활동하는 곳이란 점에 주목했던 것이다.

색인

12분교(十二分敎) 44, 83
12연기설(十二緣起說) 131
40화엄경(40華嚴經) 363
4념처관(四念處觀) 74
5정심(五停心) 74
60화엄경(60華嚴經) 363
9분교(九分敎) 43, 44, 83

ㄱ

가류타이(迦留陀夷) 161, 166
가비라성(迦毗羅城) 166
가상 길장(嘉祥吉藏) 201, 213, 259, 269, 331, 332, 345
가야가섭(伽倻迦葉) 28, 166
겁빈나(劫賓那) 167
경덕전등록(景德傳燈錄) 308
계족산(鷄足山) 202
고승전(高僧傳) 308
공왕불(空王佛) 172
곽상(郭象) 244
관무량수경(觀無量壽經) 155
관보현보살행법경(觀普賢菩薩行法經) 364
관세음보살(觀世音菩薩) 27, 329, 330, 331, 332, 333, 334, 335, 336, 338, 339, 363
관심석(觀心釋) 29
관약왕약상이보살경(觀藥王藥上二菩薩經) 351
광덕(光德) 124

광조장엄상보살(光照莊嚴上菩薩) 353
괴일체세간포외(壞一切世間怖畏) 154, 156
구마라집(鳩摩羅什) 2, 14, 17, 49, 50, 51, 52, 53, 244, 329, 344, 362
구사론(俱舍論) 69, 314
규기(窺基) 65, 82, 83, 112, 141, 213, 270, 279, 293, 296, 303, 312, 313, 321, 323, 324, 355
근본설일체유부(根本說一切有部) 209
금강경(金剛經) 68, 69, 71, 75, 189
금강반야(金剛般若) 270
금강반야론(金剛般若論) 300
기사굴산(耆闍崛山) 25, 26, 27
기세인본경(起世因本經) 88, 90

ㄴ

나제가섭(那提迦葉) 28, 166
나카무라 하지메[中村 元] 52
남양 혜충(南陽慧忠) 71, 249

ㄷ

다마라발전단향여래(多摩羅跋栴檀香如來) 124
다마라발전당향신통(多摩羅跋栴檀香神通) 154
다무라 요시로오[田村芳朗] 16
달마굽다(達磨笈多) 17
달마마제(達磨摩提) 18
대기설법(對機說法) 98

대목건련(大目健連) 27
대반열반경(大般涅槃經) 33
대보장엄(大寶莊嚴) 92
대보적경(大寶積經) 318
대요설보살(大樂說菩薩) 194, 198, 214
대장엄(大莊嚴) 124
대주 혜해(大珠慧海) 164
대지도론(大智度論) 6, 49, 50, 51, 52, 76, 82, 300, 330, 347, 364
대통지승부처님[大通智勝如來] 148, 149, 150, 151, 157, 158
대품반야경(大品般若經) 63
도상론(圖相論) 249
도생(道生) 스님 13, 51
도안(道安) 스님 71, 345
도일체세간고뇌(度一切世間苦惱) 154
도행반야경(道行般若經) 154
득어망전(得魚忘筌) 29

ㄹ
리바다(離婆多) 167

ㅁ
마조(馬祖) 스님 164, 165
마하가섭(摩訶迦葉) 27, 95, 123, 124, 131, 172, 202
마하가전연(摩訶迦旃延) 27, 95, 123, 124, 131
마하목건련(摩訶目健連) 95, 123, 124, 131, 172

마하지관(摩訶止觀) 47
마하파사파제(摩訶波闍波提) 27, 145, 214, 310
만선성불론(萬善成佛論) 72, 74, 175
명상여래(名相如來) 124
묘광보살(妙光菩薩) 10, 35, 36
묘법연화경(妙法蓮花經) 14, 17, 18, 49, 50, 294, 329, 344, 345
묘음보살(妙音菩薩) 321, 322, 323, 325
묘장엄왕(妙莊嚴王) 351, 352, 353, 354, 356
무량수경(無量壽經) 63, 155, 317
무량의경(無量義經) 31, 32
무진의보살(無盡意菩薩) 335, 336
문수보살(文殊菩薩) 27, 34, 35, 37, 208, 359
문지다라니(聞持陀羅尼) 260
문질품(問疾品) 43
미륵보살(彌勒菩薩) 34, 35

ㅂ
박구라(薄拘羅) 167
반야경(般若經) 6, 7, 11, 59, 63, 64
반야바라밀(般若波羅蜜) 45, 63, 261, 263, 331, 346
번뇌마(煩惱魔) 256, 257
범상(梵相) 154, 155
법상종(法相宗) 82, 112, 279, 312
법운(法雲) 스님 18, 31, 229, 277
법의(法意) 7, 18

다시 읽는 법화경 367

법헌(法獻) 18

법화경의기(法華經義記) 31

법화경의소(法華經義疏) 31

법화론(法花論) 49, 201, 285

법화문구(法花文句) 19, 37, 54, 76, 81, 189, 195, 201, 219, 224, 261, 270, 285, 296, 300, 302

법화문구기(法花文句記) 219

법화유의(法花遊意) 64, 189

법화의소(法花義疏) 141, 195, 201, 269, 277, 278, 300, 303, 309, 345, 362, 364

법화현론(法花玄論) 76, 228, 256

법화현의(法花玄義) 57, 58, 141, 285

법화현찬(法花玄贊) 66, 82, 270, 279, 293, 303, 312, 355

변성성불(變性成佛) 317

보살영락본업경(菩薩瓔珞本業經) 118

보살지지경(菩薩地持經) 355

보생(寶生) 124

보요경(寶耀經) 33

보현보살(普賢菩薩) 15, 359, 360, 361, 362, 363, 364

본적석(本迹釋) 29

부루나(富樓那) 27, 132, 161, 162, 163, 172, 317

불본행집경(佛本行集經) 144

비나야잡사(毗奈耶雜事) 209

비사문천왕(毗沙門天王) 325, 344

ㅅ

사가타(莎迦陀) 167

사갈라용왕(娑竭羅龍王) 208

사나굴다(闍那崛多) 17

사나야사(闍那耶舍) 209

사리불(舍利弗) 27, 28, 47, 56, 58, 61, 62, 67, 68, 70, 71, 87, 91, 92, 95, 96, 105, 123, 167, 172, 304

사마(死魔) 226, 227

사분율(四分律) 86

사유경(思惟經) 209

사자상(獅子相) 153, 155

사자음(獅子音) 153, 155

삼론종(三論宗) 31, 111, 278, 303, 309

삼만타발타라보살경(三曼陀跋陀羅菩薩經) 363

삼보별체설(三寶別體說) 74

삼제원융론(三諦圓融論) 54

상멸(常滅) 154, 155

상불경보살(常不輕菩薩) 283, 284, 285, 286, 287, 288

상응부경전(相應部經典) 89

상정진보살(常精進菩薩) 278, 279

석가모니부처님[釋迦牟尼佛] 8, 25, 27, 28, 30, 36, 58, 88, 89, 143, 144, 145, 148, 150, 151, 152, 161, 162, 165, 167, 172, 198, 199, 200, 201, 202, 205, 206, 207, 236, 241, 242, 243, 249, 292, 300, 301, 304, 354, 360

석가모니불(釋迦牟尼佛) 30, 31, 154,

294
석선바라밀차제선문(釋禪波羅蜜次第禪門) 117
선견율비바사(善見律毗婆娑) 209
선계경(善戒經) 355
선다라니(旋陀羅尼) 260, 361
선재동자(善才童子) 363
세친(世親) 13, 49, 201, 317, 331
소품반야경(小品般若經) 154, 196
속고승전(續高僧傳) 308
수능엄삼매경(首楞嚴三昧經) 284, 317
수미상(須彌相) 154, 156
수미정(須彌頂) 153, 154
수보리(須菩提) 27, 63, 68, 95, 97, 123, 124, 131, 172
스즈키 나카오[鈴木中雄] 131
승우(僧佑) 18
승조(僧肇) 51, 244
신행(信行) 스님 287
십바라밀(十波羅蜜) 5
십선업(十善業) 276, 277

ㅇ

아난(阿難) 25, 26, 27, 91, 171, 172, 209
아누다라삼먁삼보리(阿耨多羅三藐三菩提) 85, 95, 96, 153, 154, 172, 288, 295, 301, 302, 308, 310, 346, 354
아니루다(阿尼樓馱) 27, 161, 167
아미타경(阿彌陀經) 6, 155
아약교진여(阿若憍陳如) 27, 28, 161,
166
아육왕경(阿育王經) 209
아촉(阿閦) 153
아촉불국경(阿閦佛國經) 154, 317
아함경(阿含經) 26, 58, 64, 125, 143, 256
앙산 혜적(仰山慧寂) 71
야수다라(耶輸陀羅) 214
약교석(略教釋) 29
약상보살(藥上菩薩) 353, 356
약왕보살(藥王菩薩) 214, 310, 311, 312, 317
양의경(良醫經) 256
에드워드 콘즈(EDWARD CONZE) 69
여시어경(如是語經) 83
연등불(燃燈佛) 35, 36
염부나제금광여래(閻浮那提金光如來) 124
오바라밀(五波羅蜜) 45, 104, 261, 263
오음마(五陰魔) 226, 227
와스투(vastu) 70
요설무애변재(樂說無碍辯才) 260
용녀(龍女) 207, 208, 209, 317
용녀성불론(龍女成佛論) 209
용수(龍樹) 49
용시보살(勇施菩薩) 343
우루빈나가섭(優樓頻螺迦葉) 28, 161, 166
우타이(優陀夷) 161, 166
우파굽타(優婆憍多) 209

다시 읽는 법화경 369

운뢰음왕부처님[雲雷音王佛] 321
운자재(雲自在) 154, 156
운자재왕(雲自在王) 154, 156
원생보살(願生菩薩) 15, 237
유마경(維摩經) 6, 11, 43, 64, 154, 318
유보(有寶) 124
유학무학인(有學無學人) 27
육바라밀(六波羅蜜) 5, 8, 66, 74, 97, 263, 264, 352
이와모토 유타카[岩本裕] 16
인연석(因緣釋) 29
일념삼천론(一念三千論) 46
일념삼천설(一念三千說) 46, 50
일불승(一佛乘) 8, 44, 71, 115, 137, 227, 242
일승(一乘) 36, 44, 45, 49, 62, 76, 109, 113, 137, 140, 152, 165, 220, 226, 227, 237, 248, 250, 269, 295, 302, 323, 325, 337
일월등명불(日月燈明佛) 10, 30, 31
일월등명여래(日月燈明如來) 35
일월정명덕불(日月淨明德佛) 310
일체법공(一切法空) 7, 187, 188, 224
일체중생희견보살(一切衆生喜見菩薩) 310, 311

ㅈ

잡아함경(雜阿含經) 86, 202, 227
장부경전(長部經典) 88
장자궁자(長者窮子) 95, 98, 101, 103, 123
정법화경(正法華經) 14, 17, 18, 329, 330, 344, 345
정인불성(正因佛性) 48, 285
정토왕생론게(淨土往生論偈) 317
제바달다(提婆達多) 17, 205, 206, 207, 354
제법실상(諸法實相) 51, 52, 53, 54, 109, 115
제상(帝相) 154, 155
제석천(帝釋天) 27, 207, 315
제임스 조지 프레이저(JAMES GEORGE FRAZER) 346
주리반특가(周陀槃特迦) 167
주타(周陀) 167
중론(中論) 51, 52
중본기경(中本起經) 144
증상만(增上慢) 56, 57, 58, 59, 60, 82, 83, 141, 142, 311
증일아함경(增一阿含經) 202
지국천왕(持國天王) 344
지사문의(指事問義) 29
지적보살(智積菩薩) 208

ㅊ

천수경(千手經) 207
천태 지의(天台智顗) 13, 19, 31, 36, 37, 41, 44, 46, 47, 51, 54, 63, 64, 65, 81, 82, 86, 99, 103, 188, 195, 201, 213, 224, 229, 239, 244, 256, 261, 270, 278, 296,

299, 301, 302, 311, 312, 331

천태종(天台宗) 13, 31, 63, 219

첨품묘법연화경(添品妙法蓮華經) 17, 329

첨품법화경(添品法華經) 17, 18

축법호(竺法護) 14, 17, 330, 344

출삼장기집(出三藏記集) 18

취사통경(就事通經) 29

칠엽굴(七葉窟) 25

ㅌ

탐원(耽原) 스님 71

ㅍ

팔천송반야경(八千頌般若經) 346

ㅎ

하이데거(HEIDEGGER) 71, 248

형계 담연(荊溪湛然) 219

혜기(慧基) 229

혜룡(慧龍) 229

홍찬법화전(弘讚法花傳) 308

화광여래(華光如來) 91

화덕보살(化德菩薩) 322, 353, 356

화신불(化身佛) 105, 182, 201

화엄경(華嚴經) 27, 64, 199, 314, 364

환지부국품(還至父國品) 144

환희국(歡喜國) 153, 154

황금가지[The Golden Gough] 346

희만(喜滿) 124

진정한 믿음과 깨달음의 시작
다시 읽는 법화경

1판 1쇄 펴냄 2010년 4월 21일

차차석 지음

펴낸이 이혜총　**전무** 김계성　**편집부장** 최승천　**기획편집** 박선주 정영옥
디자인 최현규 남미영　**마케팅** 문성빈 김미경 홍경희 최현호　**회계관리** 차은선
펴낸곳 조계종출판사

출판등록 제 300-2007-78호　등록일자 2007년 5월 1일
주소 서울시 종로구 견지동 13번지 대한불교조계종 전법회관 7층
전화 02 733 6390　팩스 02 720 6019　홈페이지 www.jogyebook.com

ⓒ 차차석, 2010

ISBN 978-89-93629-40-8 93220

★ 책값은 뒤표지에 있습니다.
★ 저작권법에 의하여 보호를 받는 저작물이므로 무단으로 복사, 전재하거나 변형하여 사용할 수 없습니다.